Changing Social Policy:

Theories, Empirical Research and Comparative Reflections

变迁中的社会政策

理论、实证与比较反思

莫家豪 岳经纶 黄耿华 著

社会科学文献出版社
SOCIAL SCIENCES ACADEMIC PRESS (CHINA)

目录

理论篇 中国社会政策：概念与发展

第一章 民生时代与社会政策 …………………………………… / 3
第二章 政策背景：改革开放以来中国社会经济变迁 ………… / 16
第三章 中国社会政策的发展与核心议题 ……………………… / 34
第四章 中国社会政策范式的转变 ……………………………… / 51
第五章 当代大学生与社会机会及社会流动：对社会
　　　　政策的启示 …………………………………………… / 72

实证篇 具体政策领域的研究

第六章 社会福利需要与保障：以广州为研究个案的评估 …… / 87
第七章 市场转型、下岗失业与社会政策的渐进变迁：
　　　　基于下岗与再就业服务政策的研究 ………………… / 106
第八章 中国医疗保障制度与农民工医保政策 ……………… / 127
第九章 中国高等教育：从国家福利到私有化和
　　　　市场化 ………………………………………………… / 161
第十章 社会管理创新的理论与行动框架：以社会政策学
　　　　为视角 ………………………………………………… / 184

比较篇　大中华视域下的反思与前瞻

第十一章　香港和澳门的社会发展挑战与政策应对 ………… / 197
第十二章　生产型福利资本主义还能持续吗？ ………………… / 219
第十三章　香港与内地的社会政策和社会服务：融合与启示 ……… / 244
第十四章　结论：中国社会政策的特征与未来挑战 ……………… / 262

后　　记 ………………………………………………………… / 277

理论篇

中国社会政策：概念与发展

第一章 民生时代与社会政策

民生问题自古以来就是中国政治的核心议题之一。"国计民生"的说法充分证明了民生问题与国家发展存在着不可分割的关系。① 富有洞察力的先贤早已提出"民为邦本""以人为本""民为贵""与民休息"等观点。进入21世纪，随着中国经济持续多年的高速发展，中国领导人开始思考如何在经济增长与社会发展之间保持平衡这一重大理论与现实问题。自2003年以来，中共中央提出了一系列注重民生和社会发展的新理念和新观点，如"科学发展观""和谐社会""社会建设""社会管理"等。2007年10月，中共十七大政治报告以"加快推进以改善民生为重点的社会建设"为题，提出了"民生六大任务"。2012年11月，中共十八大报告直接指出，"公平正义是中国特色社会主义的内在要求。要在全体人民共同奋斗、经济社会发展的基础上，加紧建设对保障社会公平正义具有重大作用的制度，逐步建立以权利公平、机会公平、规则公平为主要内容的社会公平保障体系，努力营造公平的社会环境，保证人民平等参与、平等发展权利"。在这样的宏观政策环境和国家长远政策目标的宣示下，民生问题和有关民生的公共政策得到社会各界的关注和热烈讨论。可以说，一个关注民生、重视民生的新时代已经来临。

然而，正如伟大的民主革命先行者孙中山先生所提醒的，"民生"两

---

① 郑功成：《关注民生》，人民出版社，2004，第2页。

个字是中国向来用惯了的一个名词；我们常说什么国计民生，不过我们所用的这句话，怕多是信口而出，不求甚解，未见得含有多少意义的。① 结合当下有关民生问题的讨论，我们感到孙中山先生的提醒非常有现实意义。我们认为，如何恰当地把握民生内涵，分析民生现状，界定解决民生的重点政策领域，制定改善民生的政策策略，是一项关系我国和谐社会建设和科学发展的重要议题。

一 "民生"话语的流行与困惑

当下，中国已经进入社会转型期，社会急剧变迁。社会变迁所带来的社会风险不容忽视，而风险的背后实质就是民生问题。② 与此同时，公民权利意识伴随市场经济转型而日渐觉醒，人们高度关注民生问题，相关讨论空前热烈。

中国共产党作为执政党，迅速掌握民情，及时调整政策。在2003年"非典"危机之后，中国共产党开始重新思考执政观念，同时对公共政策格局进行转型。胡锦涛总书记在2003年"七一讲话"中正式提出"权为民所有，情为民所系，利为民所求"的新执政宣言，强调"关心群众疾苦"。2003年10月，中共十六届三中全会首次提出了"科学发展观"这一新的理念。2004年9月，中共十六届四中全会放弃了"效率优先，兼顾公平"的提法，明确提出了构建"社会主义和谐社会"这一国家发展的长远目标。2005年底，中共十六届五中全会通过的《关于制定国民经济和社会发展第十一个五年规划的建议》则明确提出，未来中国要"更加注重社会公平，使全体人民共享改革发展成果"。2006年10月，中共十六届六中全会通过的《关于构建社会主义和谐社会若干重大问题的决定》，则是我国社会发展和社会建设的纲领性文件。《决定》全面系统地论述了构建和谐社会的若干重大问题，阐述了构建和谐社会的指导思想、目标任务和原则，并提出了相应的政策原则。2007年10月，中共十七大

---

① 孙中山：《孙中山全集》（第九卷），中华书局，1986，第355页。
② 郑功成：《关注民生》，人民出版社，2004，第9页。

政治报告明确要求,"必须在经济发展的基础上,更加注重社会建设,着力保障和改善民生,推进社会体制改革,扩大公共服务,完善社会管理,促进社会公平正义,努力使全体人民学有所教、劳有所得、病有所医、老有所养、住有所居,推动建设和谐社会"。为了落实中央政策,各省市2008年的政府工作报告和财政预算案,都把民生问题摆在首要位置,纷纷表示"政府工作重心是解决民生问题,新增财力的大部分用于发展社会事业和改善民生"。一时间,"民生型政府"①"民生财政"②等话语应运而生。

然而,在轰轰烈烈的民生讨论中,一个基本的问题,即何谓民生,并没有在公众、学者和决策者之间形成共识。无可否认,理论界对民生问题的内涵进行了不同的探索。社会学家认为,民生问题就是一个社会的成员,如何从社会和政府获得自己生存与发展的社会资源和社会机会,来支撑自己的物质生活和精神生活的问题。③ 财税学者则提出,所谓民生问题应该是人的基本消费和公共服务的均等化,主要包括基本营养、基本保健、基本教育和基本住房。④ 在政治学家看来,民生问题是社会价值和利益分配不和谐的表现。⑤

虽然不同角度的分析都触及了民生问题的理论本质和价值取向,但是它们缺乏明确的公共政策意涵和指向,不具可操作性,也无法有效引导公众对民生问题的讨论。随手打开报纸,就可以看到国人在民生问题认识上的混乱。

在2008年初的广东省人大会议上,财政报告中提到,2008年广东新增财政的70%用于"民生投入"。于是有人大代表问财政厅官员,究竟什么是"民生"。该财政官员按自己的理解回答说:"教育、卫生、科技、文化、农林水、环保、公共交通、社会保障、城乡社区事务管理应该都属于民生的范围。"人大代表马上质疑:"如果这么统计,那么除了公检法、

---

① 肖陆军:《论民生型政府建设的价值取向》,《安徽农业科学》2007年第11期。
② 丛明:《用民生财政改善民生》,《中国财政》2007年第4期。
③ 郑杭生:《社会建设要以改善民生为重点》,《北京党史》2008年第1期。
④ 黄衍电、黄文达:《谈财税政策中的民生价值取向》,《商业时代》2007年第36期。
⑤ 曹文宏:《民生政治:民生问题的政治学诠释》,《社会主义研究》2007年第6期。

行政机关的支出不包括，其他都包括了。""如果这么说，政府不管怎么用钱，全都变成了社会公共事业的民生支出了！"①

类似的问题也出现在2008年初的广州市人大会议上。代表审议广州市2008年财政预算时发现，本年度"新增财力"投入32亿元改善民生，其中30个亿用于还建设债，白云国际会议中心就还了5个亿。对此，财政部门解释说修路、建房也是民生。后来，广州市财政局长还向来自大学的市人大代表请教什么是"民生"。教授代表则解释说，广义上凡是指与老百姓息息相关的，都可叫做民生，比如衣食住行等都在内；而按狭义理解，则专是指弱势群体的生存问题。对此，有代表问：建设会议中心这样的大工程，算不算民生问题。教授代表认为，按广义理解，是民生问题。②

同样是在广州的人大会议上，一位身兼区长职务的人大代表在分组讨论上也表达了类似的困惑："现在都说新增财力几成用于改善民生，这个词很笼统了，很难界定，究竟哪些是民生？养公务员、养居委会是不是用于民生呢？"来自高校的一位代表不无尖锐地指出：现在民生这个词太时髦了，如果这样把概念外延开放，政府很容易把所有投入都归于民生投入，现在有些报出来的数字，说是每年民生投入达几成，其实里面有的是戴了民生的假帽子。③

在上海市人大会议上，市人大常委会一位负责人针对时下有些地方把诸如基础设施建设之类都纳入"民生投入"的现象提出了批评。这位负责人认为，民生投入首先应该解决的是老百姓基本生活生产所需，绝不能把政府那些重大建设项目甚至技术改造等笼而统之地冠以"民生"的名目。

无论是代表的疑问，还是官员的请教，抑或学者的抱怨，都反映了我国在民生概念上的普遍困惑。"民生"概念的流行和民生问题的泛化，导致民生概念被滥用，被误用，一些根本无关民生，甚至损害民生的政策、

---

① 吴璇：《代表追问财政厅啥叫"民生"》，《新快报》2008年1月20日A3版。
② 杨晓红：《财政局长向代表请教何谓"民生"》，《南方都市报》2008年2月21日A7版。
③ 余颖：《民生投入高比例？人大代表关注"民生"含义》，《羊城晚报》2008年2月18日A4版。

措施和项目，在民生的包装下继续大行其道，误民误国。其实，民生概念的混乱，归根结底，在于政府公共治理和施政理念中缺乏社会政策思维。简言之，民生概念边界的模糊就是源于社会政策理念的缺位。

长期以来，政府有清晰的政治和经济政策，但缺乏社会政策。虽然政府政策也涉及民生内容，但只是限于对零散的政府行为的叙述，缺乏明确的社会政策价值和理念，更远未上升至施政哲学层面。有关的政策辩论大多只是就事论事，局限于个别的具体问题，缺乏整体思路和统筹，导致可操作性不强，成效相互抵消等后果。其实，现代国家的政府职能就是提供公共福利与服务，回应民众从教育、卫生、就业、社保到衣食住行等方面的需求。正如广州市委书记朱小丹指出的，"我们说的民生就是老百姓直接具体的利益！收入、就业、基本医疗、基本养老、基本生活、住房……这才叫改善民生"。[①] 而这些正是社会政策致力解决的问题。因此，讨论民生问题就离不开社会政策。

二 社会政策：在社会变迁中促进公民福祉

那么，何谓"社会政策"呢？我们如今对公共政策概念已经习以为常了，却很少关注作为公共政策重要组成部分的社会政策。众所周知，公共事务千头万绪。因此，一国政府的公共政策常常有不同的类别。有的政策致力于分配利益给每一个人，有的政策致力于在"有者"与"无者"之间进行利益的再分配，有的政策致力于规制。根据政府不同部门的职能和公共问题的性质，公共政策又可以划分成政治政策、科技政策、经济政策、社会政策、司法政策等类别。其中，经济政策和社会政策是最主要的两类。经济政策关心的通常是区域发展和协作、基础设施建设以及创造就业。社会政策关心的是公民需要和期望的满足。

所有成功的社会都必须探索以各种方式来保护其社会成员，防范因幼年、老年、残疾、疾病而带来的各种风险，以及满足他们对收入和住所的需要。社会的这些功能涉及的都是民生问题，也是社会政策的基本内容。

---

① 《羊城晚报》2008年3月11日A2版。

在成熟的市场经济社会，"社会政策"是一个常用的概念。从定义上讲，"社会政策"指的是国家为了实现福利目标而在公民中进行资源再分配的各种有意识的干预活动。[①] 概言之，一切旨在确保社会变迁能够促进公民福利和福祉的社会干预实践都属于社会政策的范畴。政府制定和实施社会政策，目的是通过提供社会保障津贴、免费教育、医疗服务、公共房屋等来改善个人的生活机会和社会关系。[②] 因此，大多数公共服务专业人士都需要学习社会政策。而进行社会政策研究的，不仅包括学者，也包括政策制定者和专业政策工作者。

一般而言，社会政策一词用来说明国家在公共福利方面的角色，可以简单地定义为"影响公共福利的国家行为"。[③] 虽然人们对社会政策的精确定义存有分歧，但是对其包含的内容则有基本共识。通常来说，经典的社会政策内容主要包括政府在以下五大领域为其公民提供津贴和服务的活动。

- 社会保障津贴：解决贫穷问题；
- 医疗卫生服务：解决疾病问题；
- 住房提供和补贴：解决肮脏问题；
- 教育服务：解决无知问题；
- 就业服务：解决失业问题。

这一共识的形成与1942年英国政府推出的、对社会政策发展具有重大影响的《贝弗里奇报告》密切相关。该报告的核心内容是：社会福利是社会集体应尽的责任，是每个公民应享受的权利。报告提出要通过实施社会政策来消除贫穷、疾病、无知、肮脏和无所事事等五大社会问题（即所谓"五大恶"）。[④]《贝弗里奇报告》被认为是社会政策发展的一个里程碑。当然，随着社会的发展，社会政策的内容也在不断扩大。现时，

[①] John Baldock, Nick Manning, and Sarah Vickerstaff, *Social Policy* (Oxford: Oxford University Press, 2007), xxxi.

[②] Saul Becker and Alan Bryman, *Understanding Research for Social Policy and Practice* (Bristol: Policy Press, 2004), 4.

[③] Michael Hill, *Understanding Social Policy* (London: Blackwell Publishing, 2003), 1.

[④] William Beveridge, *Social Insurance and Allied Services: A Report by Sir William Beveridge* (London: HMSO, 1942).

旨在解决特殊群体或个人问题的社会服务,如老人照顾、幼儿看护、残疾人服务等被纳入社会政策的主要范畴。此外,交通、环境、文化和艺术等政策也开始纳入当代社会政策的范畴。一些社会规制性政策,如平等机会、反对歧视、食品安全等政策,也被纳入社会政策范畴。[①]

中共十七大关于"学有所教、劳有所得、病有所医、老有所养、住有所居"的论述,涉及教育、就业、医疗卫生、社会保障和住房等社会政策领域,与经典社会政策的内容基本吻合,可以视为当代中国社会政策的基本框架和核心内涵。虽然它没有包含个人社会服务的内容,但是契合中国当前的社会经济发展水平。当然,"劳有所得"这个提法有值得商榷之处。在市场经济条件下,用劳动力交换收入是基本的契约,付出劳动就要获得收益,这是天经地义的事情。从社会政策的角度看,"不劳而有所得"(即劳动者在不能劳动的时候应该有所得)才是政府要干预的问题。

社会政策不论是作为政策实践还是理论研究,其发展与市场经济紧密关联。西方市场经济发展的经验表明,社会政策是市场经济体系成功的基本条件之一。随着工业化的发展,西方国家都经历了一个政府职能主要是社会政策职能不断扩大的过程。所有工业化国家在市场经济的初期,也就是在19世纪都出台了济贫法或类似的政策;随着市场经济的发展,它们都在20世纪中期建立起现代福利国家的基本制度。而从二战以后到60年代的20余年间则是社会政策发展的黄金时代。当然,政府对社会政策在市场经济中作用的认识并非出于统治者的先知先觉,而是社会经济力量的推动。

社会政策之所以被视为市场经济成功运作的基本条件,是因为国家需要通过社会政策来驯服市场的自发力量和再分配社会资源。市场力量尽管在创造效率方面有重要作用,但是其自发作用会带来社会两极分化和贫富阶层之间的严重对立,导致市场失灵,威胁市场经济体系和社会的运作。国家通过实施社会政策,可以对市场自发力量进行干预,对追求利润最大化的市场力量进行约束,对社会财富进行再分配,缩小因市场竞争带来的贫富差距,减少劳资之间的矛盾,从而达致社会稳定,乃至和谐。正是由

---

① 武川正吾:《福利国家的社会学》,商务印书馆,2011。

于社会政策是驯服市场力量的重要手段,在成熟的市场经济体系中,实施社会政策成了政府的基本职能,就业、教育、医疗、住房、个人社会服务等都是政府关注的基本政策问题。今天,社会政策已成为现代政府的中心任务:它决定哪些风险需要通过国家干预而得到规避;哪些再分配需要以国家权威加以强化。从社会政策的支出水平看,社会福利已经成为发达的市场经济国家的最大产业。①

中国经济体制改革的目标是要建立社会主义市场经济体制。社会主义市场经济体制不仅要提高经济效率,发展生产力,也要注重经济发展成果的公平分享,注重人的价值和尊严。简言之,社会主义市场经济就是社会政策(公平)加上市场经济(效率)。否则,"社会主义市场经济"中的"社会主义"这个修饰语就失去了意义。换言之,社会政策是社会主义市场经济题中的应有之义。

三 中国语境中社会政策概念的演进

社会政策是伴随着近代工业化生产而衍生出来的一个研究领域。不过,社会政策是一个较为宽泛和"复合"的概念,长期以来,在国际学术讨论中,它虽然有了一个大致的内容指向,但缺乏严格明确的内涵边界。而且,社会政策以现实的社会问题和政策议题为研究对象,这使得它与各国的公共管治实践具有相当密切的联系。在不同国家的语境下,社会政策概念的表达、运用特别是其与其他相关概念的关系会有所差异。因此,社会政策概念的研究,需要将其放置在特定国家的特定语境中,还需要进一步分析在该国家,作为学术用语的社会政策是如何被提出及塑造的,其指代的具体内容有哪些,具有哪些概念面向。基于这种逻辑,本部分试图围绕"中国语境中的社会政策概念"这一问题,对其演进过程进行简单分析和梳理。

1. 行政概念对中国社会政策概念的影响

在中国讨论"社会政策"概念,不得不谈及"社会保障"。在今天中

---

① John Baldock, Nick Manning, and Sarah Vickerstaff, *Social Policy* (Oxford: Oxford University Press, 2007), xxxiii.

国的学术界里，依然有不少学者对这两个概念的使用存在争议。我们要全面分析任何概念，不能只将其放在某一时间点进行横向的概念解剖，还应该将其放置在纵向的时间坐标上，考察其产生和演变历程。事实上，如将中国"社会政策"放于纵向的时间坐标上进行分析，确实有助于我们观察"社会保障"概念对"社会政策"概念形成的影响以及理解二者之间的关系。

1949年新中国成立后，除了与意识形态相关的一些学科外，中国的社会科学一度处于停滞状态。这导致公共管理领域的许多概念要落后于行政实践，并在其后受到官方概念的影响。在计划经济时期，不管是学术界还是官方，都没有社会政策的概念。在那个时期有的只是诸如"劳动保险""公费医疗""优待抚恤"等概念，以及相应的局部的、分割的单项社会保护制度和实践。改革开放以后，为了适应经济体制改革的需要，国家决定建立系统的社会保障体系，并在1986年4月12日第六届全国人大四次会议通过的《国民经济和社会发展第七个五年计划》中第一次提到"社会保障"的概念。《计划》提出，要"逐步建立改革各种类型的社会保险制度，改进和完善社会福利、社会救济和优抚工作，有步骤地建立起具有中国特色的社会主义的社会保障制度雏形"。不过，直到1991年的七届人大四次会议上，中国政府才以列举的方式将"社会保障"的外延界定为社会保险、社会福利、社会救济与优抚保障。[①] 这一"社会保障"的界定带有浓厚的"中国特色"和"官方色彩"，因为"在许多国家中仅仅意味着社会保险和现金救济的'社会保障'一词在中国反而成为包含一切的总称，相反，社会保险、社会福利服务、社会救助和优抚安置等重要的项目则变成了这一'社会保障'制度的组成部分"。[②] 随着中国开始大力推行社会主义市场经济建设，"大社会保障"的概念不断出现在政府文件中，"社会保障"一时间似乎成为"社会政策""社会福利"的代名词。

中国学术界对社会保障的关注和研究兴起于20世纪90年代。整体来看，学术界对社会保障概念的理解受到了官方行政概念的深刻影响，"大社会保障"概念成了主流的学术概念。在此背景下，中国的"社会保障"

---

① 唐钧：《中国社会保障制度的概念框架与制度架构》，http://www.chinavalue.net/General/Article/2007-10-8/83177.html，2007。
② 尚晓援：《"社会福利"与"社会保障"再认识》，《中国社会科学》2001年第3期。

学者的研究领域不局限于狭隘的国际惯例中的"社会保障",而是拓展到"大社会保障",涉及了社会政策的许多议题。在这个意义上,中国的"社会保障"学者实际上也就是社会政策学者。

2. 国际社会政策概念的导入

随着中国经济体制和社会体制改革进入深水区,诸如教育、医疗、住房等越来越多的社会民生问题凸显出来。面对这些纷繁复杂的民生议题和社会问题,"社会保障"的概念显然具有很大的局限性,不管是行政实践还是学术研究,都在寻求一个新的、更有代表性和概括性的概念,在这种情况下,"社会政策"的概念开始摆脱过去被"社会保障"代表的地位并开始独立出现。2006年10月,中共十六届六中全会通过的《关于构建社会主义和谐社会若干重大问题的决定》要求"加强社会建设理论和社会政策的学习研究和教育培训",这是官方文件中首次正式使用"社会政策"概念,并把它与"社会建设理论"相提并论。到2007年10月,中共十七大报告进一步提出,要"更加注重社会建设,着力保障和改善民生,推动建设和谐社会"。据此有学者指出中国公共政策格局正经历从经济政策到社会政策的历史性转变,中国进入了"社会政策"时代。[①]

事实上,社会政策概念在中国的使用,与国际社会政策概念的影响是分不开的。我国知识界对西方社会政策理论著作的大规模翻译和引介主要是在20世纪90年代后期和2000年之后,这与中国社会经济变迁的时代背景有关。从20世纪90年代中后期开始,与社会政策关注的公平和权利相关的一系列社会问题开始在中国出现,中国政府加大了对其他国家应对社会问题的政策措施的追寻,学术界也开始重视社会政策著作的翻译和研究。郑秉文主编的"当代社会保障制度研究丛书"就是在这样的背景下应运而生的,从1997年开始策划、2000年由法律出版社正式出版,该丛书包括了若干本重要的社会政策译著,如 Esping-Andersen 的《福利资本主义的三个世界》、Ramesh Mishra 的《资本主义社会的福利国家》等。同时,随着高等教育的扩张,一批高校相继设置了劳动和社会保障专业以

---

① 王绍光:《从经济政策到社会政策:中国公共政策格局的历史性转变》,载岳经纶等主编《中国公共政策评论(第1卷)》,上海人民出版社,2007。

及社会工作专业，这也对社会政策读物产生了庞大的需求。于是，各类译丛纷纷出笼，其中不乏社会政策方面的译作。例如，2003 年出版的"社会工作名著译丛"的 10 本译著中，就包括了 Gilbert 和 Terrell 的《社会福利政策导论》（上海：华东理工大学出版社，2003）；2006 年前后出版的"当代资本主义研究丛书"便包括三本重要的社会政策著作，如本特·格雷夫的《比较福利制度——变革时期的斯堪的纳维亚模式》（重庆出版社，2006）。真正以"社会政策"为旗号的译丛当推社会科学文献出版社 2004 年推出的"社会政策名著译丛"和商务印书馆 2004 年推出的"社会政策译丛"。这些译丛从海外不同出版社中精选了一批社会政策著作翻译出版，推动了社会政策概念和理论在中国的传播与推广。此外，其他一些学者翻译的零星的社会政策著作，如《社会政策学十讲》（Hartley Dean 著）、《发展型社会政策》（Anthony Hall 和 James Midgley 著）、《社会政策导论》（Ken Blakemore 著）也发挥了重要的影响。此外，一些以"社会政策"为主题的国际学术会议陆续在中国召开，也对"社会政策"概念在中国学术界广泛运用起了推动作用。

3. 中国社会政策概念框架的初步探索

在社会政策概念刚刚引入或在中国出现的时期，该概念的引入者或是偏好该概念的学者一般是在不同于"社会保障"概念的另一条轨道上去阐述社会政策概念的，尽量避免与"社会保障"等中国本土化的概念进行正面交锋。然而，随着社会政策概念的不断推广以及中国社会建设时代的到来，学者们开始意识到，在国际通用概念的基础上，构建中国的社会政策概念框架，以及厘清其与其他中国本土相关概念的关系十分重要。刘继同指出，"中国历史文化、社会环境、社会结构、人口结构、产业结构等方面均不同于英美国家，所以，中国社会政策概念的内涵、外延与社会政策框架集成部分也具有中国社会特有的基本内涵"。[①] 关信平则把中国社会政策的主要内容分为社会保障政策、公共医疗卫生政策、公共住房政策、公共教育政策、劳动就业政策、社会福利服务政策、针对专门人群的

---

① 刘继同：《中国社会政策框架特征与社会工作发展战略》，《南开学报（哲学社会科学版）》2006 年第 6 期。

社会政策体系等。他将社会保障划归为社会政策的其中一项内容或一个政策领域，确认了社会政策与社会保障之间是"包含与被包含"的关系。①岳经纶也认为，加强民生保障和社会建设要有社会政策的视野，不能局限于社会保障概念。社会保障只是社会政策中以解决贫困问题为目标的一个政策领域，社会政策还包括以解决疾病问题为目标的医疗卫生服务，以解决居所问题为目标的住房提供和补贴，以解决无知和失业问题为目标的教育和培训服务，以及以解决特殊群体或个人问题为目标的个人社会服务。②

此外，在社会政策的框架下，一些相关概念的讨论也十分激烈，这以"社会保障"与"社会福利"的概念辩论为代表。在过往的"大社会保障"概念之下，社会福利被列为社会保障大系统的一个子系统或社会保障制度的一部分。尚晓援认为，无论从其他国家或地区的实践经验来看还是遵循国际研究惯例，这种"中国特色"的分类法都是不恰当的，因为"社会保障在国际社会政策的研究中有相对固定的、通行的含义，指由国家或由立法保证的、针对8种主要收入风险而设立的、旨在增加收入安全的制度安排"；"社会福利的定义则宽泛和模糊得多"。③虽然中国学术界对于社会政策及其相关概念的争论还在进行，一些观点还存在分歧，但不可否认的是，这些争论或辩论正在使中国社会政策概念框架越来越清晰。

四 结语

改善民生，推进社会建设是构建社会主义和谐社会的必由之路。政府与公众对民生问题的困惑，又反映了社会政策思维仍未完全进入政府视野，导致不少政策只是着眼于短期效应和目标，缺乏中长期的战略规划。社会政策的概念和理论体系为我们准确把握民生问题的政策内涵和社会意义提供了明确的指引。简言之，我国的民生事业和社会建设需要构建清晰的社会政策途径，以社会政策来指导民生事业和社会建设，调整公共支出

---

① 关信平：《社会政策概论》，高等教育出版社，2005，第16~18页。
② 岳经纶：《社会政策视野下的中国民生问题》，《社会保障研究》2008年第1期。
③ 尚晓援：《"社会福利"与"社会保障"再认识》，《中国社会科学》2001年第3期。

结构。自 2003 年以来出台的一系列社会政策显示，中国政府既有政治意愿也有财政能力来充当社会市场的"助产士"。[①] 别国经验和中国近年实践都表明，解决民生问题，加大民生投入，都必须借助社会政策的理论和概念来作出恰当的制度安排和政策规划。它是对民生问题的最切实可行的回应和支持。因此，面对民生时代的来临和繁杂的民生问题，不仅要加强政府的政治意愿和财政能力，而且要把社会政策固化为最稳妥的着力点。

[①] 王绍光：《从经济政策到社会政策：中国公共政策格局的历史性转变》，载岳经纶等主编《中国公共政策评论（第 1 卷）》，上海人民出版社，2007。

第二章 政策背景：改革开放以来中国社会经济变迁

自20世纪80年代开始，市场经济（market economy）已在中国大陆蓬勃发展。人民消费和生活模式的改变、商品经济的繁荣、消费物品以及零售业的增长，都足以证明中国大陆正在经历着市场经济的"洗礼"。早在20世纪90年代中期，有学者在将中国近年经济发展与其他地区比较之后，便指出中国的社会及经济水平已达到国际认定的中等水平。[①] 这种发展状貌正恰如邓小平所预期的翻两番和翻三番之说。概括来说，近三十年的经济发展确实为中国社会带来了巨大的变化，并达至"小康水平"。

一 "先富"政策的施行与人民生活水平

1978年以来，邓小平强调以经济建设为工作重心，锐意改善民生，富国富民。1978年12月，邓小平提出"要允许一部分地区、一部分企业、一部分农民，由于辛勤努力成绩大而收入先多一些，生活先好起来"，并强调"这是一个大政策，一个能够带动和影响国民经济的政策"。[②] 邓小平说的这番话，为中国人民带来新中国成立以来鲜有的"富

[①] J. Cheng and S. Macpherson, eds., *Development in Southern China: A Report on Pearl River Delta Region Including the Special Economic Zones* (Hong Kong: Longman, 1995).

[②] 邓小平：《建设有中国特色的社会主义》，三联书店香港分店，1987；邓小平：《邓小平文选1975~1982》，人民出版社，1983。

足"情景。邓小平倡导"猫论","灵活地"借用市场概念和策略来搞活经济。过去二十年来,中国人民富足多了,达到邓小平所倡导的"翻几番"的目标。

1978~2010年三十多年间,先富政策提高了劳动效率,加速了国民经济的发展。1978年城镇居民家庭人均可支配收入为343.4元,城市居民家庭恩格尔系数是57.5%。2010年城镇居民家庭人均可支配收入升至19109.4元,是1978年的55.6倍,恩格尔系数是35.7%。1978年农村居民人均纯收入是133.6元,到2010年则升至5919元,提高了43倍,恩格尔系数则由1978年的67.7%降至41.1%。[1]

人民收入水平的提高以及人民生活状况的改善,也显著体现在中国居民的储蓄存款上(见表2-1)。1978年中国城乡居民的人民币储蓄存款为210.6亿元,1990年为7119.6亿元,到2010年则达到303302.2亿元。2010年的储蓄存款额度为1978年的1440倍。

表2-1 中国城乡居民人民币储蓄存款情况

单位:亿元

年份	年底余额			年增加额		
	总计	定期	活期	总计	定期	活期
1978	210.6	128.9	81.7	29.0	17.2	11.8
1980	395.8	304.9	90.9	114.8	138.5	-23.7
1990	7119.6	5909.4	1210.2	1935.1	1700.9	234.2
2000	64332.4	46141.7	18190.7	4710.6	1186.6	3524.0
2010	303302.2	178413.9	124888.6	42530.8	18183.5	24347.3

资料来源:《中国统计年鉴2011》。

城乡居民收入的增加,对他们的生活水平提高有着正面的影响。人民的消费能力,因收入提高而有所改变。有关国内市民的消费调查显示,中国城乡居民大部分消费主要不在于粮食,而在购置家庭电器、住房装修、衣饰及其他耐用物品上。

---

[1] 中华人民共和国国家统计局:《中国统计年鉴2011》,中国统计出版社,2011。

根据中国现代化战略研究课题组、中国科学院中国现代化研究中心的评估,[①] 2006 年中国综合现代化水平指数为 38,比 1980 年提高了 17,比 1990 年提高了 10,比 2000 年提高了 7。在综合现代化水平的世界排名方面,中国的排名在 1980 年时是第 93 位,在 1990 年时是 86 位,在 2000 年时是 61 位,2006 年中国则是第 59 位,比 1990 年上升了 27 位,比 1980 年上升了 34 位(见表 2-2)。

表 2-2 1980~2006 年中国综合现代化水平指数

	2006	2005	2004	2003	2002	2001	2000	1990	1980
中国综合现代化水平指数	38	38	35	33	33	32	31	28	21
中国的世界排名	59	55	59	62	60	60	61	86	93
高收入国家平均值	100	100	100	100	100	100	100	100	100
中等收入国家平均值	42	41	40	40	44	42	42	44	52
低收入国家平均值	26	26	26	25	26	23	24	32	28
世界平均值	53	53	53	52	55	51	50	53	60
国家样本数	108	108	108	108	108	108	108	107	104

资料来源:中国现代化战略研究课题组、中国科学院中国现代化研究中心《中国现代化报告 2009——文化现代化研究》,北京大学出版社,2009。

20 世纪 90 年代中期,中国社会科学院数量经济与技术经济研究所曾接受国家科委和财政部下达的"中国未来经济发展各阶段特点分析与支柱产业选择"的课题研究任务,对中国未来的经济发展作出较全面的分析。分析报告指出,未来中国经济发展过程可以分成三个阶段:①1996~2010 年,人民生活水平将会全面达到小康。在该阶段,中东部地区、西部城镇以及个别农村进入富裕小康的生活水平。大城市及沿海中小城市将普遍完成工业化。②2011~2030 年,全国将完成工业化,大部分地区基本实现信息化,部分科技领域名列世界前端,经济技术实力将居世界前列,人民平均生活水平达至当时发达国家的水平。③2031~2050 年,中国的科技水平将会接近或全面达到国际先进国家的中上水平(见表 2-3)。

---

① 中国现代化战略研究课题组、中国科学院中国现代化研究中心:《中国现代化报告 2009——文化现代化研究》,北京大学出版社,2009。

表 2-3 中国分三阶段发展经济目标与预测

阶 段	经济增长率（%）	国民生产总值（万亿元）	人均国民生产总值
1996~2010 年	8.60	20	14000 元（1690 美元）
2011~2030 年	6.00	62	40000 元（4830 美元）
2031~2050 年	5.00	153	100000 元（12077 美元）

资料来源：中国社会科学院数量经济与技术经济研究所《中国未来经济发展各阶段特点分析与支柱产业选择》，《明报》1997 年 10 月 5 日 A12 版。

二 地方差距与贫困问题

改革开放以来，中国的经济快速增长，人民收入水平不断提升。在邓小平提出的"让一部分人先富起来"的政策指引下，中央将发展经济的权力下放给地方政府，鼓励各地发挥各自优势，"不拘一格"发展经济。在这种情况下，各地由于所处的地理位置及拥有的天然资源不同，发展的速度差异显著增大。中国城乡分割的二元经济结构由来已久，自 1985 年后，中央把经济发展重心从农村转移至城镇，并对东部沿海地区实施将近十年的特殊发展政策。国家投资向东部倾斜，造成地方差距不断扩大，西部农村地区更成为贫困的重灾区。

中国东部地区地理条件优越，交通便利，信息畅通，这有利于促进人才、资金、技术的交流和各种生产要素的有机结合，再加上国家政策的倾斜，东部沿海城乡居民的收入连年增加。根据《中国统计年鉴2011》的统计数据（见表 2-4），2010 年中国东部地区生产总值（GDP）达 232030.7 亿元，占当年全国国内生产总值的一半以上，达到 53.1%；而同年，幅员辽阔的西部地区的生产总值为 81408.5 亿元，只占全国总额的 18.6%，东西部该年的生产总值比为 2.85:1。在固定资产投资方面，2010 年东部地区的数额达到 115854 亿元，占全国总额的 42.7%；而西部地区仅为 61892.2 亿元，大概为东部地区的一半。东西部地区在房地产开发方面也有了显著的差距。2010 年东部地区房地产开发总值为 24533.9 亿元，大概是全国数值的一半（50.8%）；西部地区的开发总值为9743.3亿元,东西部房地产开发数值的比例大概为5:2。此外,政府财政收支状况也能反映各地区的差距。2010年东部地区政府财政收入为23005.4亿元,占全国政府财政收入的56.6%;东部地区政府财政支出为30182.2亿元。以此相对比的是,2010年西部地区政府财政收入仅为7873.4亿元,财政支出为21403.6亿元。当然,在中国地区划分中(一般划分为东部地区、中部地区、西部地区和东北地区),各个地区的发展程度都有所差异,只是这种差异在最发达的东部地区与最欠发达的西部地区显得格外大,故本章此处主要将东西部地区做对比研究。

表2-4 中国地区发展差异(2010年)

地区	东部地区	中部地区	西部地区	东北地区
国内生产总值 (亿元)	232030.7 (53.1%)	86109.4 (19.7%)	81408.5 (18.6%)	37493.5 (8.6%)
人口 (万人)	50663.7 (38.0%)	35696.6 (26.8%)	36069.3 (27.0%)	10954.9 (8.2%)
固定资产投资 (亿元)	115854.0 (42.7%)	62890.5 (23.2%)	61892.2 (22.8%)	30726.0 (11.3%)
房地产开发 (亿元)	24533.9 (50.8%)	8752.3 (18.1%)	9743.3 (20.2%)	5229.9 (10.8%)
政府收入 (亿元)	23005.4 (56.6%)	6371.4 (15.7%)	7873.4 (19.4%)	3362.8 (8.3%)
政府支出 (亿元)	30182.2 (40.9%)	15062.3 (20.4%)	21403.6 (29.0%)	7236.3 (9.8%)

数据来源:《中国统计年鉴2011》。

随着"先富政策"的落实,中国沿海大城市及经济特区享受各种政策优惠,因而经济发展特别蓬勃。中国统计年鉴给出了2010年中国不同区域主要城市的主要经济指标(见表2-5)。从这些指标可以看出,东西部主要城市的经济发展程度确实存在显著差异。同样是省会城市,东部沿海地区的广州市2010年的地区生产总值为10748.3亿元,约是贵阳市的9.6倍。广州市在岗职工平均工资是54494.1元,是贵阳市的1.8倍。作为中国第一个经济特区,深圳市有着优厚的政策优势推进经济发展。2010年深圳市的地区生产总值达9581.5亿元,是乌鲁木齐的7.2倍。在固定电话用户数方面，2010年末，深圳市的用户数达到508.9万户，而乌鲁木齐只有155.1万户，深圳是乌鲁木齐的3.3倍。此外，不管是在货运量，还是剧场、影院数目，医院、卫生院数目，东部沿海地区主要城市的指标值都要明显优于西部主要城市的指标值。

表2-5 中国不同区域主要城市的主要经济指标（2010年）

城市名称	年末总人口（万人）	地区生产总值（当年价格）（亿元）	货运量（万吨）	在岗职工平均工资（元）	年末固定电话用户数（万户）	剧场、影院（个）	医院、卫生院（个）
北京	1258	14113.6	21886	65682.2	885.6	182	550
天津	985	9224.5	40368	52963.7	366.8	27	438
青岛	764	5666.2	26971	37803.5	155.5	40	254
上海	1412	17166.0	80835	71875.4	935.9	86	602
广州	806	10748.3	56644	54494.1	601.7	23	255
深圳	260	9581.5	26174	50455.0	508.9	16	107
贵阳	377	1121.8	10397	31128.5	98.1	4	222
昆明	584	2120.4	14906	32022.1	176.5	36	321
乌鲁木齐	243	1338.5	15192	40648.8	155.1	3	167

资料来源：《中国统计年鉴2011》。

邓小平提出的"先富"政策，无疑为大部分人带来了"财富"，让人们得以尝到改革的果实。但由于经济政策过于偏重东部及沿海地区发展，忽略了西部的贫困问题，造成了东西地区的贫富差距以及城乡居民生活水平的差异。早在1995年一项关于全国各省市区社会发展水平的评价就显示，东西部地区的地方差距日益严重。在综合评分（包括"社会结构""生活质量"及"社会秩序"等方面）的排序中，名列前十位的都是东部地区的城市。反之，列居榜末的后七位则属西部地区。凡此种种，东西部地区差距的确呈扩大趋势。[①]

贫富差距的扩大，导致社会不稳定，人民内部关系紧张。这种隐

---

① 有关这方面的讨论，详见朱庆芳《我国各省市区社会发展水平最新评价》，《开放时代》1997年第2期。

伏的危机不容忽视。中共中央在1995年9月28日中共十四届五中全会通过的《中共中央关于制定国民经济和社会发展"九五"计划和2010年远景目标的建设》中，把"引导地区经济协调发展，形成若干各具特色的区域经济，促进全国经济布局合理化"的提案作为会后十五年经济建设的主要任务。[①]进入21世纪以后，中央更加意识到东西部地区差距的严峻形势，开始制定并执行西部大开发政策，该政策旨在"把东部沿海地区的剩余经济发展能力，用以提高西部地区的经济和社会发展水平、巩固国防"。2000年1月，国务院成立了由时任国务院总理朱镕基担任组长，由时任国务院副总理温家宝担任副组长的西部地区开发领导小组。同年3月，国务院西部开发办也正式开始运行。此后，一些以开发大西部，推动西部地区社会经济发展为主要目的的工程，比如青藏铁路、"西气东输"等陆续启动。目前这些工程已相继竣工。社会科学文献出版社出版的《西部蓝皮书：中国西部经济发展报告（2009）》指出，1998~2008年的十年间，西部地区GDP以年均11.42%的增长率快速增长，高于同期全国平均水平。[②]然而，东西部的发展差距很难在短时期内消除，就目前而言，西部整体的社会经济发展依然滞后于东部地区。对此，国家发展和改革委员会于2012年2月发布的《西部大开发"十二五"规划》不仅强调要保持经济又好又快发展，增强公共服务能力，而且还确定了具体的数字目标，即在"十二五"规划期间，要确保西部地区城镇化率超过45%，城镇保障性住房覆盖面达到20%以上，以及城镇登记失业率控制在5%以内。

由于自然地理的不同，发展机遇殊异，国内一些地区的人们仍生活在贫困的处境之中。据国内学者分析和归纳，中国的贫困地区基本上可分成六大类型：黄土高原贫困类型、东西部平原山区接壤带类型、西南喀斯特山区贫困类型、东部丘陵山区贫困类型、青藏高原贫困类型和蒙新干旱地区贫困类型（见表2-6）。

---

① 《人民日报》1995年10月5日。
② 新华网：《中国西部加速崛起　近十年GDP年均增长率超过11%》，http://news.xinhuanet.com/fortune/2009-07/12/content 11694319.htm, 2009。

表 2-6 我国贫困地区分类划分

	范　围	主要特点	22 个类型
（一）黄土高原贫困类型	太行山以西，日月山以东，秦岭、伏牛山以北，长城以南	水土流失严重；干旱缺水；燃料、木料、饮料、肥料短缺；地方病蔓延；生产水平低下；地区结构偏于农业	隆中及东部旱原丘陵山区、吕梁山区、宁南干旱山区、陕北黄土丘陵山区
（二）东西平原山区接壤带类型	从大兴安岭经燕山、太行山、巫山、武陵山直到苗岭一界，两种地形接壤地带	自然条件多变；开发利用不合理，资源破坏严重；水灾多；产业结构不合理	坝上风沙高原区、秦巴山区、太行土石山区、武陵山区
（三）西南喀斯特山区贫困类型	包括云贵高原及其边缘山地，西起横断山，东至九万大山，北至乌蒙山，南达滇南山地	广大石灰类山区，植被稀疏，岩溶发育，水土流失非常严重；山大沟深，交通闭塞；社会发育低；产业结构不合理，生产水平低下	乌蒙山区、滇南山区、九万大山区、横断山区、桂西北山区
（四）东部丘陵山区贫困类型	黄河以南、京广线路以东的贫困县山区丘陵地带，包括鲁中南沂蒙山区、大别山区、井冈山山区、武夷山山区以及闽、粤两省的东南沿海地区部分山区	干旱、洪涝、低温连雨的不利天气；低产土壤；开发利用不合理，资源破坏严重	沂蒙山区、大别山区、湘赣丘陵山区、闽粤丘陵山区
（五）青藏高原贫困类型	包括西藏自治区的全部、青海省的大部以及甘、川、滇的一部分	大部分地区自然条件恶劣、缺乏生产和生活条件	西藏高寒山区、青海高寒山区
（六）蒙新干旱地区贫困类型	包括内蒙古高原、新疆盆地，涉及内蒙古东南部分农牧交错、沙化和半沙以及南疆西部地区	干旱少雨；冬季严寒，冻霜严重；缺林少牧，植被稀疏；土地沙化严重；农牧矛盾突出，生产水平偏低	内蒙古高原东南沙化区、新疆西部干旱区

资料来源：朱风岐《中国反贫困研究》，中国计划出版社，1996，第 15 页。

各地贫困特点、成因和问题殊异，但其共通之处是人民在这些地区过着贫困的生活。目睹华东、华南大城市的繁盛及富裕，仍生活贫困的居民无疑会感慨发问："为何贫困的总是我？"

此外，贫困问题已不再是中国农村独享的"权利"。20 世纪末国企经济失效，中国启动了大规模的国企改革，"下岗潮"导致城镇失业人数不断增加，城镇低收入人口数量随之上升。据总工会统计，1996 年全国城镇低收入人口为 3200 万人，占城镇人口的 8.9%。仅在 1997 年上半年，停发减发工资和离休职工比1996年增加了100万。下岗职工已达1000万人。进而21世纪，随着国企改革告一段落以及部分"下岗"职工得到妥善安置，中国城镇登记失业率有所下降，但仍然保持在4.0%以上（见图2-1），而且这一数据还不包括隐形失业者。城镇失业者容易遭受贫困的侵袭，这是一个基本规律。

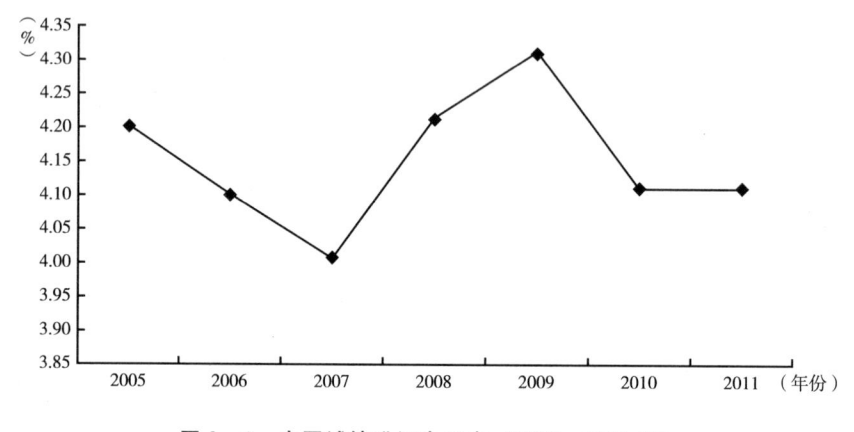

图2-1 中国城镇登记失业率（2005～2011年）

三 收入差距及社会公平

随着改革开放，居民的收入差距亦越来越大。测量或衡量收入差距的方法有很多种，其中比较常用的是把人口按收入高低分成5等分，然后看每一个1/5层的人口占总人口的比例。如果每一个1/5层的人口都占有1/5的收入，那么，这就是一个绝对公平的社会。反之，如果收入最高的1/5层的人口在社会人口总收入中占有很高的比例，而收入最低的1/5人口在总收入中占有很低比例，那么这就是一个差距很大的社会。社会学家李强教授早在20世纪90年代所做的研究就已经发现当时中国各阶层的收入差距已相当显著。按我国城乡居民家庭人均收入计算，收入最高的1/5层人口占有全部收入的50.14%，次高收入的1/5层人口占有全部收入的22.13%，而最低收入的1/5层人口只占有全部收入的4.27%。最高收入层与最低层的收入比达到12:1，这个差距十分巨大。而在20世纪80年代，中国城乡居民家庭收入最高的 1/5 人口占有总收入的比例也仅仅为最低收入层的 5~6 倍，由此可见我国收入差距有明显上升的迹象。[①]

当然，中国社会收入差距也显著表现在城乡居民收入的差距上（见表 2-7、图 2-2）。1990 年中国城镇居民家庭的人均可支配收入仅是农村居民人均纯收入的 2.2 倍；到了 1997 年，城镇居民家庭人均可支配收入是农村居民人均纯收入的 2.5 倍；而到了 2010 年，城镇居民家庭人均可支配收入和农村居民人均纯收入都继续增长，两者的比例则进一步拉大到 3.2。这足以说明中国城乡居民的收入差距正在逐渐加大。

表 2-7 城乡居民收入差距

年份	城镇居民家庭人均可支配收入(元)	指数	恩格尔系数(%)	农村居民人均纯收入(元)	指数	恩格尔系数(%)
1978	343.4	100	57.5	133.6	100	67.7
1990	1510.2	198.1	54.2	686.3	311.2	58.8
1997	5160.3	311.9	46.6	2090.1	437.3	55.1
2003	8472.2	514.6	37.1	2622.2	550.6	45.6
2009	17174.7	895.4	36.5	5153.2	860.6	41.0
2010	19109.4	965.2	35.7	5919.0	954.4	41.1

数据来源：《中国统计年鉴 2011》。

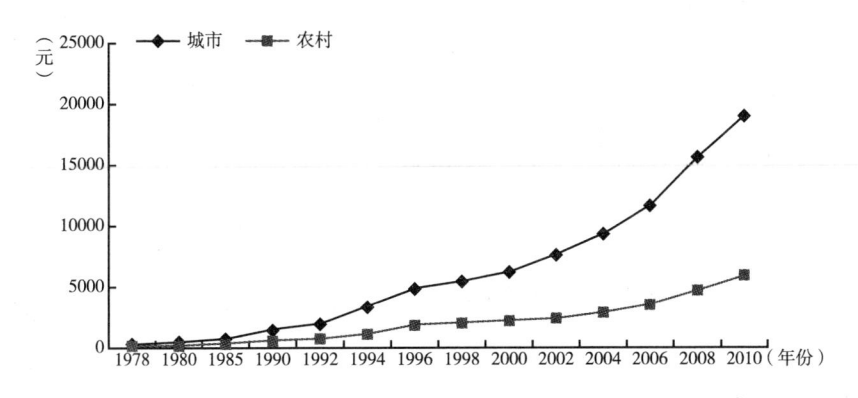

图 2-2 城乡居民收入差距示意图

数据来源：《中国统计年鉴 2011》。

[①] 李强：《简析我国居民的收入差距、贫困层及社会公平》，《新视野》1996 年第 5 期。

收入差距必然导致消费水平的差距。根据《中国统计年鉴》的数据，1978年中国城市与农村的消费比为2.9，20年后，到1997年，消费比曲折缓慢上升到3.1。此后，城市与农村的消费比上升速度加快，2002年上升至3.5，而到了2010年更是达到3.7（见图2-3）。消费水平的差距可以说明城乡居民的生活水平存在落差，社会不平等或不公平现象正在城市与农村之间加剧。

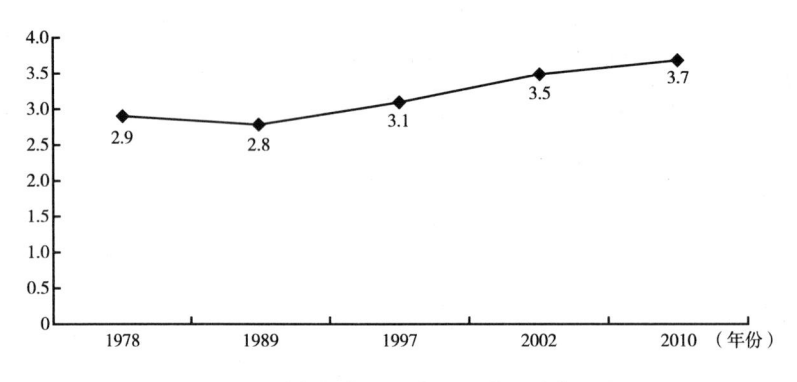

图2-3 城市与农村消费比（农村家庭=1）

数据来源：《中国统计年鉴2011》。

在中国城镇，不同行业的收入也是不平等的；而且，即便在同一行业，不同所有制的单位，其职工收入或平均工资也存在明显差异（见表2-8）。以2010年为例，农、林、牧、渔业的行业平均工资为16717元，金融业的行业平均工资为70146元，金融业是农、林、牧、渔业的4.2倍。而在金融业中，"其他单位"（主要包括股份制单位等）的职员平均工资是城镇集体单位的1.8倍。制造业的统计数据也能说明这一问题，在该行业中，国有单位的职员平均工资是城镇集体企业的1.7倍。

表2-8 城镇单位就业人员平均工资的行业差距

单位：元

项　　目	国有单位	城镇集体单位	其他单位	平均
农、林、牧、渔业	16522	18156	21359	16717
制造业	36386	20841	30609	30916
金融业	66014	44154	77445	70146

数据来源：《中国统计年鉴2011》。

如果运用另外一种计算方法,即用测量贫困差距程度的基尼系数（Gini Coefficient）计算方法,我们会发现中国自改革以来,贫富差距一日比一日扩大。在1979年时,我国城乡居民个人收入的基尼系数为0.31,到1988年已上升至0.38,在2002年时,达到0.454,在2004年时,更达至0.5。这些数据无疑说明中国贫富差距恶化的程度是相当快的。[①] 西南财政大学中国家庭金融调查与研究中心公布的调查数据显示,"2010年中国家庭收入的基尼系数为0.61,城镇家庭内部的基尼系数为0.56,农村家庭内部的基尼系数为0.60"。[②] 从国际比较角度来看,基尼系数在0.3~0.4为适度或中等不平等程度,超过这个幅度则属于中等以上不平等了。以这些指标来量度中国的收入差距,我们会发现踏入20世纪90年代后,中国居民收入基尼系数已超过国际上的中等不平等程度。若这种情况持续下去,将会威胁经济和社会的稳定发展。

四　发展不平衡与社会问题

此外,在经济快速发展的同时,中国不少的社会问题也随之产生。"市场化"（marketization）及商品经济赋予中国人民更多的谋生机遇,使他们变得更自由。[③] 但是,之前在计划经济时期下未曾出现或并不严重的问题,在市场经济条件下日益凸显出来。根据中国社会科学院社会学研究所2008年进行的"中国社会状况综合调查",在中国城镇和农村居民对社会问题的综合排序中,"物价上涨""看病难、看病贵""收入差距过大""就业失业""住房价格过高""贪污腐败"等居于前列（见表2-9）。

---

① The World Bank, *China 2020 - Sharing Rising Income* (Washington, D.C.: The World Bank, 1997).
② 凤凰网：《报告称中国家庭基尼系数达0.61　贫富悬殊世所少见》,http//news.ifeng.com/mainland/detail 2012 12/10/19994957 0.shtml, 2012。
③ Wong Feng and A. So, "Economic Reform and Restratification in Urban Guangdong", *Inequalities and Development*, *Social Stratification in Chinese Societies*, eds. by S. K. Lau, et al. (Hong Kong: Hong Kong Institute of Asia-Pacific Studies, The Chinese University of Hong Kong, 1994).

表 2-9 社会问题的综合

单位：%

项目	总体	城乡		区域		
		城镇	农村	东部	中部	西部
物价上涨	63.5	62.9	64	63.3	64.7	61.7
看病难、看病贵	42.1	39.1	44.8	40.2	41.6	46.0
收入差距过大	28.0	28.2	27.8	26.2	27.6	31.6
就业失业	26.0	34.4	18.3	25.0	25.9	28.0
住房价格过高	20.4	30.5	11.0	25.4	17.1	17.7
贪污腐败	19.4	20.8	18.1	19.9	19.2	18.9
养老保障	17.7	17.5	18.0	14.3	21.5	17.0
环境污染	11.8	12.7	11.0	17.0	9.1	8.1
教育收费	11.4	11.2	11.6	10.9	12.5	10.7
社会治安	9.0	9.2	8.9	11.2	7.7	7.8
城乡差距	8.0	3.9	11.9	7.1	8.7	8.3
社会风气	7.4	7.8	7.2	8.4	7.8	5.4
样本量（人）	7135	3424	3711	2677	2786	1672

资料来源：李培林、李炜《中国民生问题总分析》，载李培林等著《当代中国民生》，社会科学文献出版社，2010，第39页。

在市场经济条件下，居民的大部分商品都必须通过市场购买，而不再像计划经济时期那样由国家分配。市场经济给居民带来的第一个冲击就是物价上涨，居民的收入难以追上物价上涨的速度。改革开放后，随着公有经济特别是国有企业的改革，中国传统的医疗保障体系也跟着瓦解，而与市场经济相适应的新的医疗保障体系尚未成熟或并不完善，这使得"看病难、看病贵"问题在近年来成为居民普遍关注的议题。当然，这不仅仅局限于医疗方面，20世纪80年代以后，中国推行福利政策改革，从计划体制转到市场体制，原来由国家承包的一切福利和社会服务，现在转嫁到居民本身，城镇或农村居民在医疗、教育、房屋及其他福利配置上，均要自掏"荷包"。中国社会科学院社会学研究所的调查显示，"住房价格过高""教育收费"问题也是当今中国主要的社会问题。[1]

---

[1] 李培林、李炜：《中国民生问题总分析》，载李培林等著《当代中国民生》，社会科学文献出版社，2010，第39页。

此外，由于社会福利趋向"社会化"（societalization），居民在住房、医疗、教育等方面的支出增加，加上物价上涨，导致人民消费结构有所改变，使居民在消费方面有"被迫"减少的趋势。因此有学者指出，中国社会和福利政策的改变，会使部分居民生活水平下降，因为其可用在实质"消费"上的购买力有所减少。[①]

当然，不容置疑的是，改革开放使中国大部分居民收入增加，生活水平得以改善。不过，不同群体之间收入增加或生活水平改善的速度是极不平衡的，收入差距过大问题成为当今中国不可回避的社会问题之一。2008年中国社会科学院社会学研究所的调查显示，中国城乡居民认为，"穷人与富人之间""干部与群众之间"的群体差异最大，而且也最容易产生矛盾（见表2-10）。

表2-10　城乡居民对社会群体间差异和冲突可能性的判断

单位：%

社会群体	哪两个群体差异最大	哪两个群体最容易产生矛盾
穷人与富人之间	56.5	24.7
干部与群众之间	16.1	23.6
城里人与乡下人之间	7.8	5.7
体力劳动者与脑力劳动者之间	6.5	3.4
高学历者与低学历者之间	4.1	2.3
雇主与雇员之间	2.9	17.8
管理者与被管理者之间	2.4	12.9
说不清	3.6	9.8
样本量（人）	7135	7139

资料来源：李培林、李炜《中国民生问题总分析》，载李培林等著《当代中国民生》，社会科学文献出版社，2010，第41页。

社会学界近期的讨论，提出重新评析"发展"的概念。过去，不少人把"发展"等同于"经济增长"，认为国民总收入的增加便是"发展"。近期，不少学者提出对"发展"概念应重新界定，反对把"发展"仅仅看成"经济增长"。反之，他们认为过分单向的（umidimensional）

---

① 邹晓霞、夏同芳、郑葆锋：《大庆市城镇居民改革形式与社会心理调查》，《中国改革》1998年第2期。

发展策略，将会导致"急速的现代化"（rush-to-modernization）。由于国家把全部"精力"放在经济发展上，忽略了对其他方面应有的"重视"。这样，无可避免地导致各种各样的社会问题。超速的经济起飞带来了居民收入不均、贫富悬殊和各种形式的社会不公现象，这样的社会将充满风险（risk-society）。①

从理论角度来看，中国近年的发展策略使人民生活受益不少，"富"了不少的人。但是，单向的经济发展无可避免地带来各式各样的社会问题。缺乏文化素质的提升，教育的普及化以及意识形式的臻善，发展的不平衡将无可避免。因此，在锐意改革经济领域的同时，政府应考虑有关社会及公共政策的发展与推进，使在急促经济增长过程中的弱势群体能够适应社会及经济的变迁。社会发展不只意味着经济增长，而是人类本身的发展和改进，以臻至善至美之境。② 总言之，中国长远的发展策略，不应过分侧重于经济发展方面，而应关注社会民生方面的发展。

五 人口结构变化与老龄社会的到来

新中国成立后特别是20世纪60年代，中国人口急剧膨胀，对环境资源造成巨大压力，甚至成为社会经济快速发展的障碍。中央政府开始意识到控制人口增长的必要性，并成立了国务院计划生育委员会。20世纪70年代计划生育政策在全国推行，"实行计划生育、控制人口数量，提高人口素质"也成为中国的一项基本国策。

在中国内地以外的地区，计划生育政策也常常被叫作"一胎化政策"或"一孩政策"。该政策的目标主要是城镇中已婚的汉族夫妻，按照政策规定，只能生育一胎孩子，而对农村地区或少数民族夫妻，虽也执行计划生育政策的方针，但在具体胎数限额方面会有所区别和较为宽松。2007

---

① U. Beck, *Rish Society: Towards A New Modernity* (London: Sage, 1992).
② Han Sang-Jin, "A Rush-to Industrialization and Its Pathological Consequences: The Theme of 'Risk Society' in Asian Context", paper presented to the 6th International Conference of Asian Sociology, November 1995, Beijing.

年，时任人口计生委新闻发言人、政策法规司司长的于学军指出，"实行一孩的人口占35.9%，实行一孩半政策的占52.9%，11%以上的人口可以生两个孩子或两个孩子以上"。[1] 2008年国家统计局发布报告指出，由于计划生育政策的贯彻实施，中国少生了4亿人，中国人口占世界人口的比重由1980年的22.2%下降到2007年的20.1%；1978年中国的人口自然增长率是12.0‰，到了2007年则下降到10.3‰。[2] 根据《2009年中国卫生统计年鉴》的数据，中国的人口出生率不断下降，1970年出生率为33.43‰，到了2008年则降至12.14‰（见表2-11）。

表2-11 中国人口出生率

单位：‰

1949年	1965年	1970年	1975年	1980年	1985年	1990年	1992年
36.00	37.88	33.43	23.01	18.21	21.04	21.06	18.24
1994年	1996年	1998年	2000年	2002年	2004年	2006年	2008年
17.70	16.98	15.64	14.03	12.86	12.29	12.09	12.14

资料来源：中华人民共和国卫生部《2009年中国卫生统计年鉴》，中国协和医科大学出版社，2009。

计划生育政策正在显著地改变中国的人口结构（见表2-12）。根据2010年全国第六次人口普查的结果，2010年底，中国0~14岁的人口仅占总人口的16.6%，比2000年人口普查下降了6.29个百分点；而60岁及以上的人口则占总人口的13.26%，比2000年人口普查上升了2.93个百分点。这一调查数据不仅表明中国已经处于"严重少子化"的状态，也预示着在未来的十几年间，中国将失去相当比例的青壮年劳动力。如果计划生育政策依然严格执行，可以预见的是，劳动力或人力资源将成为未来中国经济发展的"短板"。

---

[1] 于学军：《除豫以外各省区市独生子女夫妻可生二胎》，新华网，2007年7月10日，http://news.xinhuanet.com/politics/2007-07/10/content_6354501.htm。
[2] 《中国落实计划生育政策，人口占世界比重降至20.1%》，网易新闻，2008年11月3日，http://news.163.com/08/1103/14/4PR3HMCV0001124J.html。

表2-12 2010年全国第六次人口普查主要数据

人口增长		人口结构		
与2000年相比	年均增长率	0~14岁	15~59岁	60岁及以上
增长73899804人，增长5.84%	0.57%	222459737人，占16.60%	939616410人，占70.14%	177648705人，占13.26%（其中65岁以上占8.87%）

数据来源：中华人民共和国统计局《2010年第六次全国人口普查主要数据公报（第1号）》，2011年4月28日，http://www.stats.gov.cn/tjgb/rkpcgb/qgrkpcgb/t20110428_402722232.htm。

如果年轻人口的数量持续减少、年长人口的数量持续增加，就会导致老年人口在总人口中的比例不断提高，进而导致该社会进入老龄化社会。判断一个社会是否已经进入老龄化社会，国际上现在流行两个判断标准：一是60岁及以上的人口占到总人口的10%，二是65岁及以上的人口占到总人口的7%。不管是按照标准一还是标准二，中国目前已经处于老龄社会。按照现在的人口结构及发展态势，21世纪30年代或40年代，中国将超过日本，成为世界上老龄化程度最高的国家。而且中国在21世纪的大部分年代里都将处于老龄化社会，这已成为一个不可逆转的事实。

人口结构的改变或者说老龄化，使中国社会面临挑战。首先，在未来，退休人口会不断增加，养老保障的负担也会日益加重，政府、企业、社会都会面临压力。其次，老年人是医疗卫生资源消费的主要群体，老龄化社会的不断深化会使中国医疗卫生资源变得更为紧张，医院、卫生所、药品、医疗器械、医护人员等都需要大力扩充。再次，中国目前已经出现老年人口高龄化、老年人家庭空巢化的趋势，这使得社会对老人院服务、居家养老服务等社会服务有着大量的需求，而目前内地在这方面的服务发展相对滞后，不能满足需求。需要指出的是，目前中国大部分老人居住在农村，养老服务资源却主要集中在城镇，很多农村地区还尚未建立社会养老保险制度及新型合作医疗制度，养老院服务或其他服务则更紧缺，因而，中国农村的老龄化问题比城市的老龄化问题严重。

六 总结

　　始于20世纪80年代的市场化改革极大地改变了中国的面貌，它不仅触发了经济制度转型，更使整个社会结构发生剧烈变迁。改革开放以来，中国经济迅猛发展，2010年GDP总量更是超过日本跃居世界第二，人民生活水平显著提高。然而，与经济增长相伴随的各种社会问题却日益凸显出来："先富政策"导致地方贫富差距拉大，在地域上形成"东富西穷"的局面；城乡收入差距拉大，不同社会群体贫富悬殊，影响社会公平；社会发展不平衡，"物价上涨""看病难、看病贵""住房价格过高"等已经成为严重的社会问题；人口结构变化，老龄社会让中国面临严峻挑战。这些社会问题及挑战成为新时期中国发展社会政策的重要背景和客观要求，而妥善地解决这些问题，促进中国经济社会持续、协同发展，则必将成为社会政策的重要目标取向。

第三章　中国社会政策的发展与核心议题

社会政策在中国的发展是一个重要的研究议题。在计划经济年期，中国建立了以"劳动保险"为主要内容，以"国家—单位保障"为主要形式的福利政策，社会政策被镶嵌在计划经济体制内。之后中国开始了大规模的市场化转型，经济迅速发展。在改革开放的大部分时间里，保障体系建设和社会政策没有受到重视，社会政策呈现滞后于经济发展的态势。直到1986年，随着劳动合同制在国企中推行，职工与单位及国家的关系发生变化，以国家开始推广各种类型的"社会保险"（social insurance）为标志，社会政策迎来了改革发展期。不过，在这一阶段，社会政策被视为配合或辅助经济体制改革的工具，并未取得独立发展的地位。20世纪90年代末，中国国企改革进一步加快，与此同时，各种社会问题也日益凸显出来。2002年中国新一代领导班子上任，在"科学发展观"和"构建和谐社会"发展目标的指引下，社会政策得到了加速扩张，据此有学者指出中国公共政策格局正经历从经济政策到社会政策的历史性转变[1]，"已经进入一个改善民生的新时代"[2]。2012年11月召开的中国共产党第十八次代表大会强调："必须以保障和改善民生为重点"来"加强社会建设"，

---

[1] 王绍光：《从经济政策到社会政策：中国公共政策格局的历史性转变》，载岳经纶等主编《中国公共政策评论（第1卷）》，上海人民出版社，2007年。
[2] 郑功成：《我国进入一个全面改善民生、共享发展成果的新时代》，《理论参考》2008年第1期。

"解决好人民最关心最直接最现实的利益问题,在学有所教、劳有所得、病有所医、老有所养、住有所居上持续取得新进展,努力让人民过上更好生活"。

一 计划经济时期中国社会政策的形成

1949年新中国成立,面对尽快恢复和发展经济、解决严重失业问题、保障民众基本生活的严峻任务,中国政府依照对马克思主义学说的理解,效仿"苏联模式",建立起了高度集中的计划经济体制。与之相配套,中国政府还建立起了一个具有"社会主义特色"的保障体系。该保障体系以"劳动保险"为主要内容(见表3-1),以"国家—单位保障"为主要形式,其本质就是以国家和单位(或企业)为实施和管理主体,国家和单位共同担负费用,由此形成国家和单位的一体化保障模式。① 这个保障体系也可视为新中国的社会政策体系(见图3-1)。

表3-1 计划经济时期的劳动保险制度

项目	单位/企业直接支付	劳动保险基金支付
负伤	1. 因工负伤:全国治疗费、药费、住院费、住院时的膳费与就医路费,全额给发工资 2. 非因工负伤:治疗费、手术费、住院费及普通药费,病伤假期工资(医疗期连续6个月以内)	非因工负伤(医疗期连续6个月以上):救济费
残疾	—	1. 因工负伤致残:抚恤费或补助费 2. 因病或非因工致残:救济费
疾病	1. 诊疗费、手术费、住院费及普通药费 2. 病伤假期工资(医疗期连续6个月以内)	1. 本人负担贵重药费、住院膳费及就医路费确有困难者,酌情予以补助 2. 疾病救济费(医疗期连续6个月以上)
死亡	丧葬费(仅限因工死亡)	1. 抚恤费 2. 丧葬补助费和救济费

---

① 马杰、郑秉文:《计划经济条件下新中国社会保障制度的再评价》,《马克思主义研究》2005年第1期。

续表

项目	单位/企业直接支付	劳动保险基金支付
养老	照发工资	1. 退休养老补助费 2. 在职养老补助费
生育	1. 产假工资 2. 检查费和接生费	生育补助费
供养的直系亲属	1. 免费诊疗，并负担一般手术费和普通药费 2. 丧葬费	1. 抚恤费或救济费 2. 丧葬补助费 3. 生育补助费

资料来源：高书生《社会保障改革何去何从》，中国人民大学出版社，2006。

在计划经济时期，在社会主义意识形态的指导下，我国在生产资料公有制的基础上推行公平优先、注重分配的社会经济政策。国家在实施优先发展重工业的经济政策的同时，在户籍制度的基础上，按照城乡分割的原则，在城乡建立并实施了两套截然不同的社会政策体系（见图3-1）。这一时期，国家垄断与控制了重要的社会资源和每一个人的生活与发展机会，在高度组织化、集权化和单一化的社会结构中[①]，建立了国家主导的城乡二元的社会政策体系，形成了"二元社会中国"。在这个二元的"社会中国"中，国家在福利中的角色具有二重性：既有制度性（institutional）的一面（国家通过单位体制为城镇居民提供比较全面的福利和服务），又有补救性（residual）的一面（对单位体制之外的城镇居民和农村居民只提供十分有限的救济和援助）。

在城镇，国家建立了一套以终生就业为基础的、由单位直接提供各种福利和服务的社会政策体系。在这种社会政策体系下，国家以充分就业为基础，将绝大部分城镇居民安排到全民所有制和集体所有制单位（主要是国家机关和企事业单位）中就业，对干部、职工及其家属提供覆盖生、老、病、死各个方面的社会保护，具体包括医疗服务、住房、教育、养老以及各种生活福利和困难救济。国家建立的劳动保护体系使所有工人都享有就业保障，没有失业之虞。这套体系被称为"单位福利制度""单位社

---

① 梁祖彬、颜可亲：《权威与仁慈：中国的社会福利》，香港中文大学出版社，1996。

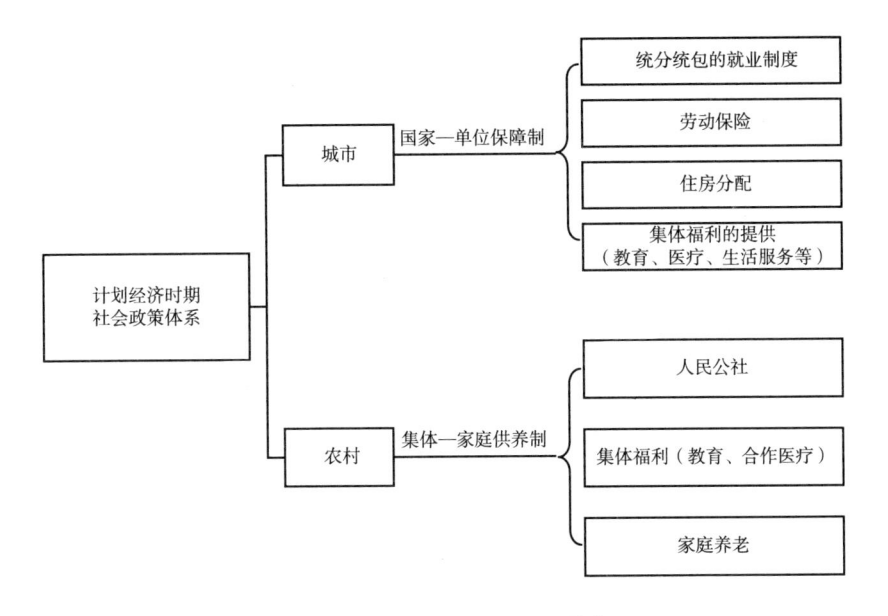

```
                                      ┌── 统分统包的就业制度
                         ┌─ 国家—单位保障制 ┼── 劳动保险
                         │            ├── 住房分配
                  ┌─ 城市 ┤            └── 集体福利的提供
                  │                     （教育、医疗、生活服务等）
计划经济时期      │
社会政策体系 ─┤
                  │                   ┌── 人民公社
                  └─ 农村 ── 集体—家庭供养制 ┼── 集体福利（教育、合作医疗）
                                       └── 家庭养老
```

图 3-1　计划经济时期社会政策体系

资料来源：楼苏萍《改革开放以来中国社会政策的发展及其逻辑》，浙江大学博士论文，2009。

会主义""迷你福利国家"，被认为是社会主义优越性的体现。在农村，在集体经济的基础上，建立了包括合作医疗制度、五保户制度等在内的集体福利制度。农民作为公社社员享有一定的集体保障。

需要指出的是，与其他社会主义国家一样，计划经济时期我国的社会政策体系基本上是为"服务于经济目标而设计的"，社会政策被视为完整的生产过程的一部分，是满足"工人"（而不是公民）需要的一种手段。企业履行了大多数社会政策的职责。充分就业政策保障了城市居民可以普遍享受社会福利和服务，尽管在水平和质量上存在差异。社会政策差不多是排他性的国家主义，几乎不存在市场安排，也没有什么非官办部门的捐献。除了福利分配和社会服务外，对基本消费品（食物、住房、能源、交通）的广泛补贴在某种程度上发挥了社会政策的功能，或者说是一种近似的社会政策。[①] 更重要的是，即使在强调社会主义意识形态的计划经

---

① 克劳斯·尼尔森：《东欧福利制度比较分析》，载本特·格雷夫主编《比较福利制度——变革时期的斯堪的纳维亚模式》，重庆出版社，2006。

济时期，国家也没有真正落实社会公民身份（social citizenship）与社会权利（social rights），反而是通过户籍制度强化了城乡居民身份与福利权利的差异性[1]，通过单位制度和行政身份制度强化了城镇居民内部的福利权利分割。

二 改革时期中国社会政策体系的发展

1978年以后中国进入了新的历史阶段，开始了大规模的经济改革和市场化转型。执行了二十多年的计划经济体制开始松动，而镶嵌在计划经济体制内的社会政策也迎来了发展的契机。分别于1978年和1982年通过的两个宪法修正案，都明确了公民在年老、疾病或者丧失劳动能力的情况下有从国家和社会获得物质帮助的权利；也规定了对特殊人群，如老人、妇女、儿童、残废军人、烈士家属等的保护和帮助。1978年国家重设民政部，管理全国社会救济和优抚安置事务，这为社会政策的改革和发展提供了组织保障。

为了解决"文化大革命"后出现的严重的城市失业问题，我国政府开始改革劳动就业政策，在1980年提出了"三结合就业方针"，即"在国家统筹规划和指导下，实行劳动部门介绍就业、自愿组织起来就业和自谋职业相结合"的方针。这一政策是对计划劳动制度统一安置就业的否定，打破了由国家完全解决就业的旧观念和旧体制。同时，也开始探索实施劳动合同制度。1986年，国务院颁布了有关实施劳动合同制的四个暂行条例，以劳动合同制为基本内容的劳动就业体制改革正式启动，计划经济时期实行的固定就业制度开始动摇。为配合劳动就业体制改革，特别是劳动合同制度的实施，我国建立了失业保险制度。

从1984年起，随着我国城市经济体制开始改革，社会保障制度的改革就摆上了党和政府的议事日程。1986年六届人大四次会议通过的"七五"计划中提出："要通过多种渠道筹集社会保障基金，改革社会保障管理体

---

[1] 施世骏：《农村社会政策》，载岳经纶等主编《中国社会政策》，上海人民出版社、格致出版社，2009。

制，坚持社会化管理与单位管理相结合，以社会化管理为主，继续发扬我国家庭、亲友和邻里间互助互济的优良传统。"此后，养老保险改革开始提上政策议程，上海等地开始进行城镇职工退休费社会统筹的试点工作。

扶贫政策是这一时期我国农村社会保障政策的重要内容。1986年，我国在全国范围内开展了有计划、有组织的大规模开发式扶贫，旨在通过兴办经济实体、技术帮助、培训等方式，帮助农村贫困人口脱贫致富。到1992年底，全国农村贫困人口减少到8000万。

随着"文化大革命"的结束，我国教育政策出现新的发展。1977年，我国高等学校恢复了中断11年之久的入学考试制度，高等教育开始走上正轨。随着改革开放政策的实施，我国教育政策进行了重新定位，教育政策的目标转向为社会主义现代化和发展经济服务。为了实现这一政策目标，我国政府在1985年启动了教育体制改革。1986年，国家颁布《中华人民共和国义务教育法》，宣布实现九年义务教育的政策目标，并开始实行基础教育分级管理的体制，下放基础教育的财政责任。

因应改革开放之后单位福利功能的弱化，以及依托于单位的社会服务提供机制的失灵，我国在这一时期开始转向以"社区"取代单位来提供社会福利服务。1987年，民政部正式提出开展城市社区服务。当年民政部在大连召开的社区服务座谈会上明确指出，"在政府的倡导下，发动社区成员开展互助性的社会服务活动，就地解决本社区的社会问题"。

在改革开放前期，虽然个别地区或行业对医疗保障和养老保障等制度做了些变革尝试，但这些尝试并没有触动国家—单位保障制的根本，传统的国家—单位保障制的实质一直没有改变。[①] 在整个20世纪80年代，除了教育政策和就业政策出现较大的调整之外，我国缺乏显著的社会政策变革和创新，二元社会的中国得以基本维持。

20世纪90年代是我国社会政策体系全面而急剧的变革时期，社会政策的各个主要领域都出现了重大的转型。为了配合市场经济体制的建立，国家试图对计划经济时期建立起来的社会政策体系进行全面改造，并建构起适应市场经济的社会政策体系。社会政策转型的主要表现是，国家从社

---

① 郑功成：《中国社会保障30年》，人民出版社，2008，第8页。

会福利和服务领域中有计划地全面退出，教育、医疗、住房等领域出现了明显的市场化趋势。①

随着国有企业改革的深化，下岗失业问题成为我国劳动政策面对的首要问题。为了处理由国有部门释放出来的大量富余职工和城镇新增劳动力大军带来的失业问题，我国政府推出了"积极的就业政策"，把创造就业岗位作为这一时期劳动政策的主要任务，利用各种各样的政策措施来增加工人特别是下岗职工的就业机会。为了保障下岗和失业职工的基本生活，我国政府建立了由"三条保障线"构成的安全网：第一条是失业保险制度，第二条是工作单位或再就业服务中心为下岗职工提供的生活补贴，第三条是最低生活保障制度。② 此外，各级政府还在城市社区普遍建立了就业与社会保障中心、社区服务中心、社区信息中心等就业服务机构。

当然，这一时期，最重要的社会政策变革是形成了以社会保险制度主导的社会保障改革思路。1992年，中共十四大召开，确定了建立社会主义市场经济体制的战略目标。为配合市场经济体制的建立，我国在1993和1994年确定了社会政策（以社会保障为代表）改革的大思路。1993年，党的十四届三中全会通过的《关于建立社会主义市场经济体制若干问题的决定》提出：要"建立多层次的社会保障体系"，"社会保障体系包括社会保险、社会救济、社会福利、优抚保障和社会互助、个人储备积累保障"。1997年，党的十五大政治报告指出："建立社会保障体系，实行社会统筹和个人账户相结合的养老、医疗保险制度，完善失业保障和社会救济制度，提供最基本的社会保障。"

这一时期我国社会政策变革的重点内容是各类社会保险制度的建立和完善，特别是养老保险制度。从保险基金总额的角度可以看到，以养老保险、医疗保险、工伤保险、失业保险、生育保险为主要内容的社会保险在这一时期发展最为引人瞩目。1997年，国务院颁发了《关于建立统一的企业职工基本养老保险制度的决定》，确立了企业职工基本养老保险制度，即基本养老保险费用由企业和个人共同负担，实行社会统筹与个人账户相结合。

---

① Wong, L. and Flynn, N., *The Market in Chinese Social Policy*（New York: Palgrave Press, 2001）.

② 岳经纶：《中国劳动政策：市场化与全球化的视野》，社会科学文献出版社，2007。

这一阶段，尽管提出了我国社会保障改革的大思路，并且开展了以养老社会保险为主要内容的改革，但是，在政策设计上仍然存在从社会身份出发而不是从需要出发的倾向，路径依赖严重。社会保险的各个项目，如失业保险、养老保险、医疗保险等分险种在不同所有制的企业渐进推进，制度安排分散，不但给企业有选择地参保创造了机会，增大了制度运行的监督成本，而且直接导致社会保险分险种设定费率，综合费率过高，抬高了社会保险的制度门槛，阻碍了社会保障制度改革的顺利推进。

　　住房改革是这一时期我国社会政策变革的重要内容。早在20世纪80年代，我国已开始进行住房改革的试点。自1991年始，随着经济体制整体改革的推进，城镇住房改革进入全面起步阶段。1991年10月，国务院住房改革领导小组提出《关于全面推进城镇住房制度改革的意见》，指出住房改革的总目标是：按照社会主义有计划商品经济的要求，从改革公房低租金制度着手，将现行公房的实物福利分配制度逐步转变为货币工资分配制度。1994年7月，国务院颁布《关于深化城镇住房制度改革的决定》（国发〔1994〕43号），标志着中国的住房改革进入全面深化阶段。

三　新时期中国社会政策的扩张

　　1998年中国新一届中央政府产生，同时组建劳动和社会保障部，其成为社会保险统一的管理部门。同年，中央提出"两个确保，三条保障线"，即确保离退休人员按时足额领到养老金，确保下岗人员按时足额领到下岗职工基本生活保障金，建立和完善国有企业下岗职工基本生活保障制度、城市居民最低生活保障制度、失业保险制度。与此同时，中国采取多项措施取消社会保险的行业统筹，消除"条条分割"的现象，使社会保险体系逐渐"去单位化"和走向"社会化"。[①] 1999年，中国在城镇正式建立了居民最低生活保障制度。2002年，中国在农村建立新型农村合作医疗保险制度。当然，在这一时期，相关财政支出也随即大幅度增长（见图3-2）。这一系列措施，标志着中国社会政策已经走进了全面统筹、

---

① 郑功成：《中国社会保障30年》，人民出版社，2008，第14页。

综合发展的新阶段，也标志着社会政策逐渐摆脱单纯为国有企业改革配套和为经济体制改革服务的附属角色，正逐渐取得独立发展的地位。

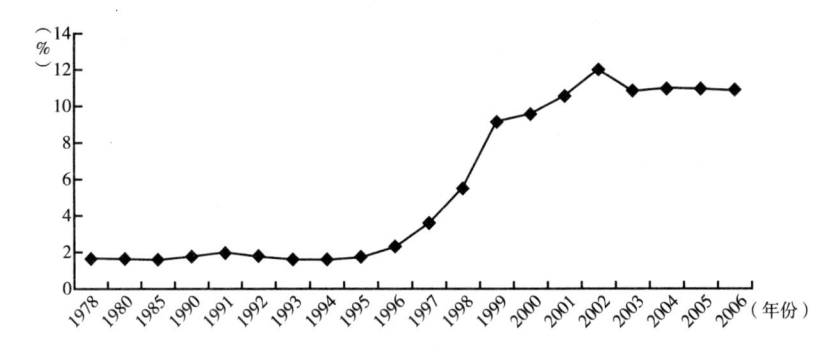

图 3-2 历年社会保障支出占财政支出的比例

说明：此处所指的"社会保障"是中国官方的行政概念，它包括社会保险、社会救济、社会福利、优抚安置等组成部分。

数据来源：历年《中国统计年鉴》。

随着中国改革开放的不断推进，各种深层次矛盾不断凸显，原先的 GDP 主义显然难以继续统领中国的发展思维，2002 年中共十六大召开，2003 年初新一届中央政府产生，中国进入了"新的历史时期"。中国高层领导人开始重新思考中国的发展道路。中共十六大试图重新解释"效率优先、兼顾公平"的含义，使用了"初次分配效率优先、再次分配注重公平"的提法。2003 年初暴发的"非典"疫情使我国政府充分认识到经济增长与社会发展不平衡所带来的危机和后果，促使我国领导人思考如何在经济和社会发展之间保持平衡这一重大问题。作为这种思考的结果之一是在 2003 年 10 月召开的中共十六届三中全会首次提出了"科学发展观"这一新的理念。到了 2004 年 9 月，中共十六届四中全会放弃了"效率优先，兼顾公平"的旧思维，转而提出建构"和谐社会"的新理念。

2005 年 10 月召开的十六届五中全会通过了"十一五"规划的建议。《建议》在以往的经济建设、政治建设、文化建设之外，正式把社会建设列为党的重要工作之一。未来中国要"更加注重社会公平，使全体人民共享改革发展成果"。2006 年 10 月，中共十六届六中全会通过的《关于构建社会主义和谐社会若干重大问题的决定》标志着中国社会政策时代的来临。可以说，《决定》不仅是构建社会主义和谐社会的纲领性文件，也是新世纪我国社会政策的总纲，是我国社会政策的基本宣言。《决定》提出要着力发展社会事业，完善社会管理，推动社会建设与经济建设、政治建设、文化建设协调发展。到2020年，城乡、区域发展差距扩大的趋势逐步扭转，合理有序的收入分配格局基本形成，覆盖城乡居民的社会保障体系基本建立，基本公共服务体系更加完备。

2007年10月召开的十七大对科学发展观及和谐社会建设进行了全面的阐释。十七大报告指出，"科学发展观，第一要义是发展，核心是以人为本"。这与中国传统文化中"经国济民"思想十分相近，无论是经济建设还是社会发展，终极目标都是增进人民的福祉。因此，在现阶段，追求经济发展的次序由原来的"又快又好"调整为"又好又快"，强调发展的质量提升而不是简单的数量增加。报告指出，"必须在经济发展的基础上，更加注重社会建设，着力保障和改善民生，推进社会体制改革，扩大公共服务，完善社会管理，促进社会公平正义，努力使全体人民学有所教、劳有所得、病有所医、老有所养、住有所居，推动建设和谐社会"。这是对重建中的我国社会政策体系的一次较为全面的论述。

自2003年"非典"疫情暴发后，我国政府开始加强公共卫生体系的建设；同时，开始推进城镇医疗卫生体制改革试点。2005年，我国基本建成覆盖省市县三级的疾病预防控制体系，同时开始扩大新型农村合作医疗制度试点。2006年，国家启动《农村卫生服务体系建设与发展规划》，大力发展城市社区卫生服务，深化医疗卫生体制改革。2007年，我国启动以大病统筹为主的城镇居民基本医疗保险，开始建设覆盖城乡居民的基本卫生保健制度，同时扩大国家免疫规划范围。中国政府先后出台政策将灵活就业人员、混合所有制企业和非公有制经济组织的从业人员、农民工纳入医疗保障范围，积极高效地在农村推行新型农村合作医疗制度，同时大力发展医疗救助政策。

在这一阶段，医疗保障体系的扩张是明显的（见图3-3）。

2004年，中央政府决定减免贫困地区义务教育阶段的学杂费。2005年，这项政策延伸到西部地区的学生。2005年新修订的《义务教育法》规定：义务教育是国家统一实施的所有适龄儿童、少年必须接受的教育，是国家必须予以保障的公益性事业，不收学费、杂费；国家将义务教育全

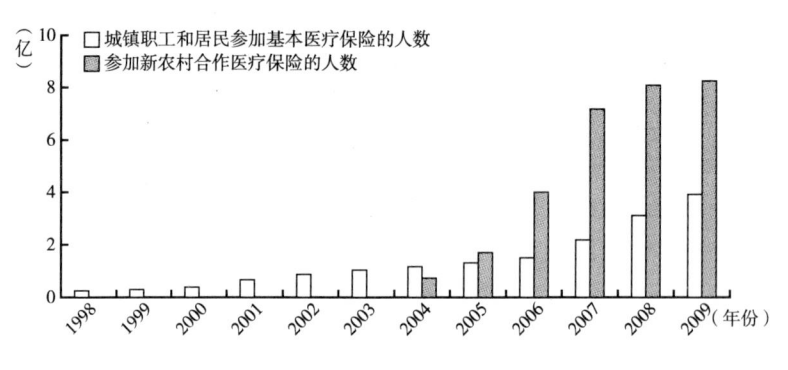

图 3-3 参加基本医疗保险的人数

数据来源：历年《中国卫生年鉴》。

面纳入财政保障范围，农村义务教育所需经费，由各级政府根据国务院规定分项目、按比例分担，并在财政预算中单列，引入"问责"机制，对政府义务教育资源投入不足的，限期整改，情节严重的，对其责任人员依法追究责任。2006年，国家宣布免除西部和部分中部地区农村义务教育学杂费，并决定用两年时间全部免除农村义务教育阶段学生学杂费。2007年，国务院宣布全国农村义务教育免费，建立健全国家奖学金、助学金制度。至2008年，全国城乡普遍实行免费义务教育。至此，1986年确立的义务教育制度终于在22年后首次在全国范围内普遍实行。

为了解决低收入阶层的住房困难，2004年以来，中央政府开始重视保障型住房的供应，强调要建立健全廉租房制度和住房租赁制度。2007年8月，国务院发布《关于解决城市低收入家庭住房困难的若干意见》（国发〔2007〕24号），指出解决低收入家庭住房困难是"政府公共服务的重要职责"，明确规定解决低收入家庭住房问题由省级政府担负总责，并对解决廉租住房面临的各种困难与问题如资金来源的职责做出明确的规定。2007年，国务院要求特别关心和帮助解决低收入家庭住房问题；加大财税等政策支持，建立健全廉租房制度；改进和规范经济适用房制度；增加中低价位、中小套型普通商品住房供应。同年11月，建设部等9部委出台了《廉租住房保障办法》（建设部令162号），明确廉租住房的保障对象为"城市低收入住房困难家庭"。2008年，《政府工作报告》要求建立住房保障体系，加大廉租房、经济适用房建设的力度，以解决中、低收入家庭的住房问题。值得关注的是，《政府工作报告》首次把"建立住房保障体系"放在社会建设的章节之下进行叙述,使住房问题彻底脱离以往发展房地产经济的桎梏,成为重要的社会政策议题。

社会救助政策也得到大力发展。1998年享受城市最低生活保障的居民数量是184.1万人,到2007年则上升到2272.1万人;2007年中国在农村正式建立最低生活保障制度,当年享受低保待遇的农村居民就达3451.9万人。[①]

当然,该阶段社会政策的扩张主要表现在社会支出的增长上。1999年中国社会支出占GDP的4%,到2007年则占到6%(见图3-4)。而且1999~2007年中国的GDP本身就是以高速度增长。

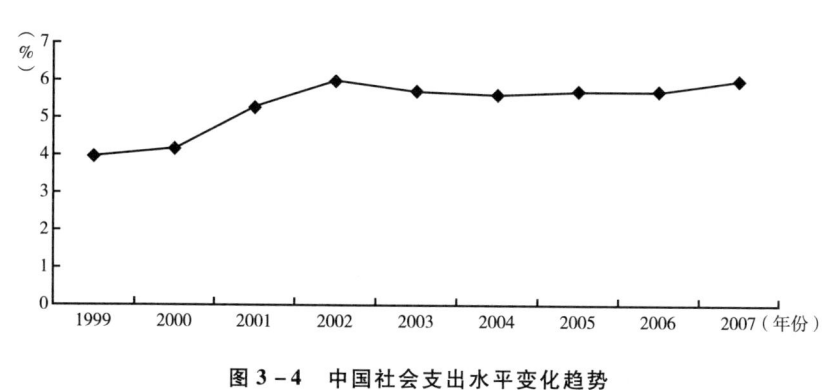

图3-4 中国社会支出水平变化趋势

数据来源:根据Social Expenditure Database (SOCX) www.oecd.org/els/social/expenditure 的数据整理而成。

综上所述,为了更好地理解中国社会政策的发展历程,本章将中国社会政策发展过程梳理成表3-2。

表3-2 中国社会政策的发展回顾(1949~2010)

阶段	政治/经济背景		社会政策制定
形成期(20世纪50年代初至70年代末)	● 政治体制建立 ● 依照马克思主义学说,效仿"苏联模式"建立计划经济体制 ● 恢复和发展经济,解决失业问题,保障民众基本生活是主要任务	1950	关于救济失业工人的指示
		1951	劳动保险条例
		1955	国家机关工作人员退休处理暂行办法
		1956	农村五保供养制度
		1960	农村合作医疗制度

[①] 民政部:《2007年民政事业发展统计报告》,http://www.mca.gov.cn。

续表

阶段	政治/经济背景	社会政策制定	
发展改革期（80年代至90年代中期）	• 经济改革与市场化转型 • 劳动合同制在国企推行，职工与单位及国家的关系发生变化 • 中共十四大明确提出建设社会主义市场经济体制 • 国家强调经济效益，社会政策被视为配合或辅助经济体制改革的工具	1986	国营企业职工待业保险暂行规定
		1990	残疾人保障法
		1991	国务院关于企业职工养老保险制度改革的决定
		1992	妇女儿童权益保护法 县级农村社会养老保险基本方案 乡镇企业职工养老保险办法
		1993	国有企业职工待业保险规定
		1994	企业职工生育保险试行办法 农村五保供养工作条例 国务院关于深化城镇住房制度改革的决定 建立住房公积金制度的暂行规定 国家"八七"扶贫攻坚计划
		1995	国务院关于深化企业职工养老保险制度改革的通知
		1996	老年人权益保障法 企业职工工伤保险试行办法
		1997	国务院关于建立统一的企业职工基本养老保险制度的决定
扩张期（90年代末至今）	• 经济继续快速发展，国力不断增强 • 国企改革加快 • 各种社会问题日益凸显，形成庞大的弱势群体 • 高层领导人重新思考中国的发展道路，提出"科学发展观"的施政理念与构建"和谐社会"的目标 • 2007年中共十七大明确提出"民生纲领"	1998	国务院关于建立城镇职工基本医疗保险制度的决定
		1999	失业保险条例 城市居民最低生活保障条例 住房公积金管理条例
		2002	新型农村合作医疗保险制度
		2003	工伤保险条例 城市生活无着的流浪乞讨人员救助管理办法 民政部、卫生部、财政部关于实施农村医疗救助的意见
		2006	农村五保供养工作条例（修订） 义务教育法（修订）
		2007	城镇居民医疗保险制度 国务院关于在农村建立最低生活保障制度的通知 廉租住房保障办法
		2008	残疾人保障法（修订）
		2009	新型农村养老保险制度
		2010	社会保险法

中国社会政策的发展各阶段的特征及其政治经济关系则如图3－5所示。

◎政治经济脉络：逐步建立计划经济体制 → 改革开放 → 确立实行社会主义市场经济

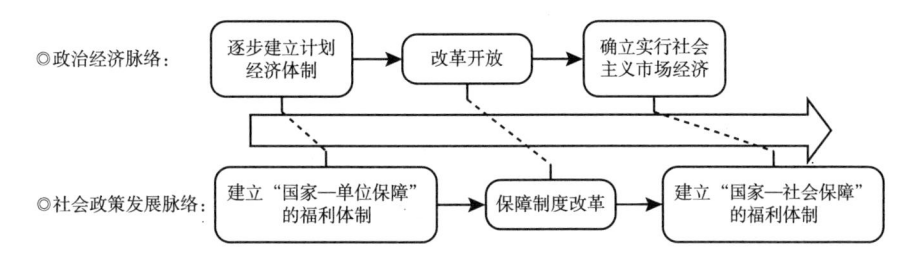

◎社会政策发展脉络：建立"国家—单位保障"的福利体制 → 保障制度改革 → 建立"国家—社会保障"的福利体制

图3－5 中国社会政策的政治经济脉络

四 当前中国社会政策的核心议题

始于20世纪70年代末80年代初的改革开放打破了计划经济时期下的"国家保障"体系和社会安全网。改革开放三十多年以来，虽然中国社会政策经历了改革发展与扩张，取得了巨大的进步和成绩，但在经济快速发展和社会剧烈变革的今天，各种社会问题依然不断涌现。有的学者认为，改革开放以来中国在社会福利改革方面走上了私有化及市场化的道路，社会政策跟不上社会发展的需要，这是社会问题产生的重要原因。[1] 新形势下的新问题会使人们对政府在提供社会福利和社会保护方面的角色产生新的期望。[2] 中共十七大提出了"学有所教、劳有所得、病有所医、老有所养、住有所居"的民生纲领，其不仅与经典社会政策内容相吻合，而且也勾画出现阶段中国社会政策的核心议题。

教育问题 教育政策是社会政策的重要组成部分，因为教育政策直接关系到公民的自身发展，关系到其获得理想工作、收入的机会，关系到其抵御贫困和达致一定社会地位的能力。1977年恢复高考，1986年通过《中

---

[1] Mok, K. H. and Ku, Y. W., *Social Cohesion in Greater China: Challenges for Social Policy and Governance* (London: Imperial College Press and Singapore: World Scientific, 2010).

[2] Walker, A. and Wong, C. K., *East Asian Welfare Regimes in Transition* (Bristol: Policy Press, 2005); Haggard, S. and Kaufman, R. R., *Development, Democracy and Welfare States: Latin America, East Asia and Eastern Europe* (Princeton University Press, 2008).

华人民共和国义务教育法》确定义务教育制度，中国正在逐渐建立一套新的教育体系。然而，就目前而言，不管是基础教育还是高等教育，都面临着严重的教育不公平问题。相关调查数据显示，近年来中国教育市场化已造成较为严重的社会不公平。① 作为"生产主义福利体制"的实践代表②，中国并没有对最具"生产投资"价值的教育政策给予足够的财政支持，由于"择校费""赞助费"的广泛存在，教育负担依然成为许多家庭的"三座大山"之一。此外，近年来外来工或流动人员子女的教育问题也对"地域化"的教育政策产生了挑战。

就业问题 劳动就业是民生之本，其不仅直接关系到个人获得收入和达致一定社会地位的能力，更关系到经济的发展和社会的稳定。在福利资本主义国家，充分就业被视为社会政策的主要目标。中国的市场化改革要求对计划经济时期形成的劳动就业体制（表现为"铁饭碗"）进行全面改革，改革的结果之一就是带来了大量工人下岗失业。③ 这部分国企下岗工人是现今的"4050"人员的主体，他们是当前就业市场中的困难群体。近年来中国加快产业结构调整和升级的步伐，而职业技术教育滞后，这使得"结构性失业"问题日益严重；全球化的影响和"强资本、弱劳工"的劳资关系格局又共同加剧了劳动就业环境的恶化并推高了中国失业率。此外，农村劳动力向非农产业转移以及农民工群体的壮大，都使中国就业问题严峻。

医疗问题 在任何社会发展阶段，医疗政策都被视为最重要的社会政策内容之一。1998年中国按照"低水平、广覆盖、双方负担、统账结合"的原则在城镇推行医疗保险制度改革，全面推进医疗保障体系改革。然而，随着改革过程中各种矛盾的暴露，中国医疗保障制度改革也被认为是不成功的。根据世界卫生组织对191个国家医疗制度指标的评价，中国总体医疗制度表现名列第144位。④ 目前中国医疗机构补偿机制是一种财政拨款和业务收益相结合的复合型模式。这种成形于计划经

---

① Mok, K. H., "Bringing the State Back in: Privatization or Restatization of Higher Education in China", Paper under review by *European Journal of Education*, 2011.
② 当然，学术界对这一提法尚存争议。
③ 岳经纶：《转型期的中国劳动问题与劳动政策》，东方出版中心，2011，"前言"第1页。
④ 转引自胡德伟在"新世纪中国健康目标和卫生政策实践论坛"上的发言，北京，2000。

济时期的机制在市场化的今天却发生了扭曲，在政府财政投入比重逐渐减少的同时，医疗机构则加强市场经营活动谋求经济利益，形成了以医疗服务经营性收益为主和财政投入为辅的格局。[1] 再加上缺少对医疗服务供给方内在的成本制约机制和激励机制，中国医疗卫生费用上涨的趋势难以有效遏制[2]，医疗服务的主要问题集中表现为"看病贵"和医患关系紧张。

养老问题 养老是一个关系到每个公民切身利益的议题。计划经济体制下，中国养老保障采取企业保障模式。这种"单位保障制"虽然存在严重的单位差距现象，却有效地分担了国家的责任。经济体制改革特别是国企改革以后，单位的养老保障功能逐渐弱化，要求"国家回归"（bring the state back in）的呼声也越来越强烈。[3] 中国现在积极推进社会养老保障制度建设，但由于多种制度并存，各种矛盾和问题也相继凸显。另一方面，根据2010年全国第六次人口普查的统计结果，中国60岁以上人口为1.78亿，占人口总数的13.26%，65岁以上的人口为1.19亿，占总人口的8.87%，两个指针均显示中国已进入"老龄化社会"。中国养老问题任重道远。

住房问题 计划经济时期，中国实行福利住房政策，国家以"家长"的姿态为一般的城镇居民分配住房或提供住房保障；20世纪70年代末，政府为了减轻供房压力和减少财政开支，推行了住房市场化及货币化改革，但在改革的过程中又过分迷信市场，烙上了新自由主义福利体制的印迹。[4] 住房改革将一般居民的住房需求推给了房地产市场，但由于房价宏观调控乏力，房价不断飙升，"居者有其屋"已经成为昂贵的愿望，而非基本生存条件和生活权利。目前中国的住房保障体系主要包括经济适用

---

[1] 梁鸿、赵德余：《中国基本医疗保险制度改革解析》，《复旦学报（社会科学版）》2007年第1期。

[2] 左学金、胡苏云：《城镇医疗保险制度改革：政府与市场的作用》，《中国社会科学》2001年第5期。

[3] Painter, M. and Mok, K. H., "Reasserting the Public in Public Service delivery: The De-privatization and De-marketization of Education in China", *Reasserting the Public in Public Services*, eds. by Ramesh, M., Araral Jr., E. and Wu, X. (London: Routledge, 2010).

[4] 朱亚鹏：《住房问题与住房政策的范式转移》，载岳经纶等主编《中国公共政策评论（第1卷）》，上海人民出版社，2007。

房、廉租房、限价房等,然而这些保障性住房对于申请者来说门槛很高,能被住房福利惠及的群体范围很小,这导致大部分住房弱势群体成为既得不到政府的住房保障,又无力直接进入私人市场购房的"夹心层"。

个人社会服务问题 个人社会服务是指以"个人导向",为有特殊性需要的个人或群体,特别是弱势群体提供的服务,也被称为社会照顾服务,是一个完整的社会政策体系的重要组成部分。然而,长期以来,中国的社会政策或福利体系侧重于为公众提供基本的经济福利,尤其是社会保险,而忽视个人社会服务的发展。[①] 这种情况已经严重制约中国社会建设事业的发展,不能适应新时期下不断变化的人口结构、家庭结构和社会经济转型带来的公众需求多元化。可以预见的是,在未来一段时间,个人社会服务将是中国社会政策发展的一个重点领域和突破口。

五 总 结

本章梳理了中国社会政策发展的历程和政治经济脉络,并勾勒出现阶段社会政策的核心议题。中国社会政策体系的雏形形成于计划经济时期,以"劳动保险"为主要内容,以"国家—单位保障"为主要形式,并且被深深地镶嵌在计划经济体制内。20世纪70年代末80年代初开始的经济改革和市场化转型为社会政策的发展提供了契机,在这一时期各类社会保险制度相继建立,养老社会保险制度的建立和发展尤其引人注目。不过,该时期国家强调经济效益,发展社会政策很大部分是基于配合或辅助经济体制改革的考量。20世纪90年代末,随着中国改革进入攻坚阶段,各种社会矛盾不断凸显,政府意识到保持经济和社会平衡发展的重要性,社会政策的作用得到重视,并逐渐取得独立发展的地位并迅速发展。现阶段,中国社会政策需要解决教育、就业、医疗、养老、住房以及个人社会服务等核心议题,这不仅是经典社会政策的内容要求,更是现实社会问题带来的客观要求。

[①] 岳经纶:《个人社会服务与福利国家:对我国社会保障制度的启示》,《学海》2010年第4期。

第四章　中国社会政策范式的转变

无论如何评价全球化带来的影响，一个无可否认的事实是，当代社会在经济、社会、政治和文化等方面都受到全球化力量的显著影响。[①] 社会学家通常把全球化视为涉及经济交易和全球通讯的极其复杂的过程，他们一般认为，全球化最为深远的影响在于它重构了我们的生活方式[②]并创造了一种新的多文化类型的混合现象。[③]认为市场价值和实践能够提高效能、增进效益的信条，不仅存在于经济领域，同样也存在于社会和公共领域。为了应对"全球资本主义"带来的挑战，现代国家竭力摒弃传统的凯恩斯主义福利国家理念，并试图建立一种新型的"竞争型国家"。[④]

与其他国家一样，中国同样受到全球化进程的影响。这在中国加入WTO后表现得尤为突出，民族产业遭受全球化的冲击日益加剧。为了应对全球资本主义的挑战，重新定义政府、市场、非政府部门在社会政策供给和筹资中的关系，私有化、市场化、商品化、社会化等一系列措施被引

---

① Giddens, A., *The Consequences of Modernity* (Cambridge: Polity Press, 1991); Giddens, A., *Runaway World* (London: Profile Books Ltd., 1999); Hirst, P. and Thompson, G., *Globalization in Question* (Cambridge: Polity Press, 1999).

② Waters, M., *Globalization* (London: Routledge, 2001).

③ Robertson, R., "Globalization: Time-space and homogeneity-heterogeneity", *Global Modernities*, eds. by M. Featherstone, S. Lash and R. Robertson (London: Sage, 1995).

④ So. A., "Is SARS anti-globalization?", Paper presented at the Workshop on "Globalization and Challenges to Modern States", 7 June, 2003, Lingnan University, Hong Kong; Held, D., *A Globalizing World? Culture, Economics, Politics* (London: Routledge, 2000).

入中国，从而减轻了国有企业承担的福利包袱。本章基于这个大的政策背景，以教育和卫生两个主要的社会政策领域为例，考察改革开放以来的中国领导者是如何对城市地区的社会政策进行改革的，特别是这些社会政策领域是否发生了社会政策治理上的范式转变。具体地说，本章旨在探讨在中国教育和卫生部门改革中，新治理战略的引进是否以及如何削弱了管控公共政策的国家能力。

一 全球化的挑战及新治理模式的出现

随着国家界限的瓦解以及国家之间日益加深的相互依赖和相互联系，各种社会的、经济的及政治的问题愈发复杂以至于传统的国家中心路径在解决这些问题时不尽如人意。无论我们如何评价全球化的影响，似乎没有一个现代国家能够全然逃离全球化的冲击。为了国家的生存和发展，一方面，现代国家必须与其他国家竞争跨国资本；另一方面，他们不得不让渡部分国家主权以争取全球市场中的有利位置。同时，由于"国际资本的流动性越高，国家层面的经济操纵就越困难"[1]，现代国家可能遭遇市场失灵。20世纪80年代末，冷战结束之前，一种被称为后现代主义的学术文化思潮开始在许多国家流行。后现代主义以及与新自由主义、理性主义及管理主义一脉相承的意识形态，导致现代国家的领导人公开声称，任何单一国家在面对全球市场力量时，实际上都是苍白无力的。[2] 为了追求效率、效益与效能，人们的观念向这些主流的意识形态靠拢，现代国家试图通过市场化战略向"竞争型国家"转型。有鉴于此，借助市场，尤其是以下措施，政府受到限制并得以再造：

- 解除管制：减少政府的管制从而给市场更多的自由。
- 私有化：政府部门正变得过于臃肿而低效。国有和集体企业应该

---

[1] Slaughter, S., "National higher education policies in a global economy", *Universities and Globalization*, eds. by J. Currie and J. Newson (Thousand Oaks: Sage Publications, 1998): 53.

[2] Bauman, Z., "A revolution in the theory of revolution?", *International Political Science Review* 15 (1994): 15 – 24; Dudley, J., "Globalization and education policy in Australia", *Universities and Globalization: Critical Perspectives*, eds. by J. Currie and J. Newson (Thousand Oaks, CA: SAGE, 1995).

由市场接管，实现私有化。

● 自由化：向国外投资者和竞争者开放市场，开拓国际市场，并消除贸易壁垒。

● 新公共管理运动：官僚机构应当采用私人企业的运营模式，引进生产力和效率因素，缩小机构规模，将公共服务外包给私人部门。

● 缩减或私有化福利和社会服务：减少公共开支，让工人更努力工作，官僚机构流程再造以提高效率、效益和效能。

● 回归社会：复兴包括社团、市民社会、家庭以及个人在内的非政府部门，以资助和提供公共服务。

● 公共/社会政策市场化：以市场原则和商业策略运营、管理社会/公共政策。

鉴于市场地位的突出，人们开始质疑在全球化背景下国家处理日益复杂的经济、社会与政治问题的能力。为了应付全球化的巨大压力并保持国家竞争力，新的治理模式和治理理论开始出现。公共管理和公共政策工具发生了根本性的转变。[1]"新治理"（New Governance）理论试图通过"进一步以社会为中心""强调协调和自治"的新治理模式以适应现代国家外部环境的根本转变。[2] 有四种治理模式可以作为传统体制的替代，它们分别是市场型政府模式、参与型政府模式、弹性化政府模式以及解制型政府模式。彼得斯认为这四种模式的核心在于使政府以外的诸如市场、社会及非政府部门参与公共领域的管治。类似的，有学者将"治理"解释为公共利益与私人利益的协调，以及国家能力的最大化，以把其他非政府部门和行动者引入社会问题的解决过程。[3] 在公共服务供给中，公共权威在政府与非政府行动者，即萨拉蒙所称的"第三方政府"[4] 中分享；公共服务

---

[1] Lane, J. and Ersson, S., *Government and the Economy: A Global Perspective* (London: Continuum, 2002); Faulks, K., *Political Sociology: A Critical Introduction* (New York: New York University Press, 2000).

[2] Pierre, J. ed., *Debating Governance* (Oxford: Oxford University Press, 2000), 2–6.

[3] Kearns, A. and Paddison, R., "New challenges for urban governance", *Urban Studies* 37 (2000): 845–850.

[4] Salomon, L. M. ed., *The Tools of Government: A Guide to the New Governance* (Oxford: Oxford University Press, 2002), 2.

的权力下放到地方政府,在某些情况下甚至由私人部门承担;政府在经济管理中的角色被严格限定在市场支持的手段范围内,有时甚至依赖市场的自我调节。① 这有很多可能的原因:意识形态的转变,譬如对中央统制模式的质疑;财政赤字与管理机构臃肿的问题;削弱国家控制能力的超国家团体的不断发展;经济全球化削弱了国家的"掌舵能力"。

在全球化日益加深的世界,现代国家的治理战略开始由"积极协作"向"消极协作"转变;因此,现代国家结构发生了转型。协作方式的变化旨在避免现代国家背上沉重的福利与社会/公共政策承诺的负担。② 同样的,制度化的国家-社会联系(也就是对非政府资源及行动者参与社会/公共政策供给与筹资的动员)能够帮助政府筹集额外的资源以提供社会服务及公共政策。此外,一系列"化"的趋势或者说是同时发生的"过程"改变了公共部门运作及公共政策制定的方式。其中一个趋势就是私有化。在一些国家(例如马来西亚、韩国),私有化已经成为政府-企业关系改革的老话题。③ 要求大规模治理转变的压力不断增加,在1997年金融危机时达到了顶峰。

这些压力的显著特点在于众多影响甚广的国际机构的介入,包括世界货币基金组织与世界银行。它们首选的治理模式印证了许多前文提及的趋势:更少干预和专断的政府;司法调控手段的加强(通常是与基本法制改革相联系);更为松散和分权的政府结构,包括与市民社会组织建立伙伴关系及赋予其更强烈的"共同生产"(Co-production)角色;选择类似市场的机制代替公共服务供给的官僚政治方式。因此,在公共政策和公共管理中,与市场化、公司化、商品化与管理化相关的战略、措施以及政策

---

① Gamble, A., "Economic governance", *Debating Governance*, ed. by J. Pierre (Oxford: Oxford University Press, 2000); Jayasuriya, K., "Globalization and the changing architecture of the state: The regulatory state and the politics of negative coordination", *Journal of European Public Policy* 8 (2001): 102 – 123.

② Ibid; Scharpf, F. W., "Games real actors could play: Positive and negative coordination in embedded negotiations", *Journal of Theoretical Politics* 61 (1994): 27 – 53.

③ Gouri, G. et al., "Imperatives and perspectives", *Privatisation and Public Enterprise*, ed. by G Gouri, (New Delhi: Oxford and IBH Publishing, 1991); World Bank, *China: Long Term Issues and Options in the Health Transition* (Washington D. C.: The World Bank, 1992).

工具开始盛行并不奇怪。① 公共物品与公共服务的供给不再仅仅依赖于政府官僚，取而代之解决公共问题的是激增的各种政策工具和手段，譬如名目繁多的贷款、贷款担保、补贴、合同、保险以及票券等。不断变化的政策工具和手段使传统的治理模式变得不合时宜，尤其是当许多政策工具主要间接发挥作用的时候。它们严重依赖于广义上的"第三方"：商业银行、私立医院、产业集团、大学、公共服务机构以及其他社会组织。② 因此，网络和伙伴关系取代了等级制的命令和控制。③ 公共政策供给中非政府部门及个人的不断发展导致了日益复杂的国家与社会关系的重整，特别是政府愈发扮演了一个协调与引导而不是控制的角色。

本章基于这样的宏观政策或是概念背景，审视中国政府如何通过引进新治理战略推行教育与卫生部门的改革，譬如在教育及卫生产品、服务的提供和筹资上政策工具和手段的发展以及非政府部门和行为者的多元化。为了更深入地理解改革开放时期社会政策范式的转变，不仅需要联系前文论及的变化的全球政策与外部社会经济环境，还需要立足于计划经济时期直接影响了社会政策制定与政策范式的特有的社会经济背景。下面首先回顾改革前计划体制下社会政策与社会福利是如何运作的，然后与20世纪70年代末经济改革以来的社会政策范式的转变相比较对照。

二 计划经济时期的社会政策与社会福利

在计划经济时期，中国共产党十分强调实现物质生产的人性化，并建立了一系列社会福利制度向城市居民提供基本的公共物品。考察中国的社

---

① Lane, J. and Ersson, S., *Government and the Economy: A Global Perspective* (London: Continuum, 2002); Minogue, M., "Changing the state: Concepts and practice in the reform of the public sector", *Beyond the New Public Management*, eds. by M. Minogue, C. Polidana and D. Hulme (Cheltenham: Edward Elgar, 1998).

② Salomon, L. M., *The Tools of Government: A Guide to the New Governance* (Oxford: Oxford University Press, 2002).

③ Rhodes, R. A. W., *Understanding Governance* (Buckingham: Open University Press, 1997); Rhodes, R. A. W., "Governance and public administration", *Debating Governance*, ed. by J. Pierre (Oxford: Oxford University Press, 2000); Bache, I., "Governing through governance: Education policy control under new labour", *Political Studies* 51 (2003): 300–314.

会政策制定与发展，应该考虑到中国的社会主义体制、意识形态及发展状况。中国视其社会福利系统为社会主义优越性的体现。在计划经济时期，废除私有制被认为是消除了剥削和不平等的基础。在农业合作化运动完成后，农民成为人民公社的成员。各户之间主要按平等主义和需要进行收入分配，尽管不同地区存在着差异。这一时期的社会政策具有诸多特征。为了实现社会主义的平等理念，满足人民的基本需求及维持社会稳定，中国政府首先在城市提供了社会福利、公共服务与社会政策以缩小居民之间生活水平和消费的差距。由于国家垄断了社会公共服务的供给，城市居民成为国家普遍就业政策的受益者。一旦被劳动部门分配工作，工人便在那个岗位上度其一生并享受雇主给予的大量津贴。此外，政府还建立了一套涉及医疗、教育和文化设施的保障体系，但是这些并没有覆盖农村地区。因此，中国的城市居民严重依赖于他们的工作单位，而几乎没有主动性或自主权。通过单位制，中国政府提供了无所不包的社会福利服务，这就是众所周知的"企业办社会"模式，它反映了计划经济体制下中国福利社会模式的特点。[1]

鉴于国家在社会政策与社会福利供给中的重大影响，计划经济时期的社会政策遵循着极权主义的模式。从本质上看，管理结构和国家干预的方式具有两个特征。一是权力和资源的高度集中，造成不同层级行政部门的关系完全按等级划分。另一个特点就是采用官僚政治的手段执行政策。这样的管理模式要求绝对的服从，以此来提高政府的合法性及企业对劳动者的权力。[2] 其结果是国家支配了公民的社会生活，反过来，公民为满足自己的需要不得不依赖于国家。

三 改革时期中国社会政策范式的转变

自经济改革以来，中国主要进行了两项社会和结构改革，即制度变

---

[1] Walder, A., *Communist Neo-Traditionalism: Work and Authority in Chinese Industry* (Berkeley: University of California Press, 1986).
[2] Walder, A., *Communist Neo-Traditionalism: Work and Authority in Chinese Industry* (Berkeley: University of California Press, 1986); Wong, L., *Social Welfare under Chinese Socialism——A Case Study of the Ministry of Civil Affairs*, Ph. D. Thesis (London: London School of Economics, 1992).

迁与结构转型。"制度变迁"是指由过去高度中央集权的社会主义计划经济体制转向市场经济，市场经济体制在20世纪90年代被官方正式认可并付诸实施；"结构转型"则意味着由一个农业化、乡村化、封闭型社会走向一个工业化、城市化、市场导向的开放型社会。[①] 这一转型不仅导致了中国经济结构及社会结构的变化，也引起了全社会对合理的国家—社会关系的认识的转变。在社会政策领域，传统的依赖性综合征被认为是经济发展的障碍。在社会主义初级阶段，通过对社会主义建设的不同解释使一条新的路线得以确立；当前中心任务是解决人民日益增长的物质文化需要同落后的社会生产之间的矛盾。中国领导人充分意识到人民大众对困窘的生活条件的失望。为了让国有企业更有经济效率和竞争力，中国领导人走出了重要一步，对社会政策与社会福利进行私有化和市场化改革。表4-1比较和总结了20世纪70年代末经济改革前后社会政策目标的不同。

表4-1 中国社会政策目标的转变

	计划经济时期(1949~1978年)	改革时期(1978年至现在)
意识形态基础	宣扬"社会主义理念"，重视社会保障和社会平等	强调经济效率和竞争力的重要性
主要经济目标	低工资、高福利	削减社会福利以降低劳动力成本
主要社会目标	通过"再分配机制"维护"社会公平"增加公共支出提高人民生活质量	为穷人和有需要的人提供最低生活保障以维护社会稳定 在社会福利提供中引进多种形式的非政府行动者

在促使社会政策的基本价值发生转变后，改革开放时期的领导人清醒地认识到传统的福利和社会政策模式已经不合时宜。时至今日，中国领导人已经接受了现代国家应当是公共政策与公共管理的协调者和推动者的理念，认为中国政府应为社会政策/公共政策治理制定一套适宜的规制框架。公共政策的供给和筹资应当依赖于市场和其他非政府组织，而政府则需要

[①] 李培林：《中国改革中期的制度创新与利益调整》，载陆学艺等主编《中国新时期社会发展报告》，辽宁人民出版社，1997。

建立一个"安全网"以帮助那些最贫困的和最容易受到损害的人。[①] 因此，新自由主义经济学的实践和改革策略在中国被广泛采纳并不奇怪，这改变了中国社会福利和社会政策的运营模式，不再是改革社会政策部门，即使改革开放时期的领导人对国家实际减少提供社会政策和社会福利的"私有化"过程感到不安。毋庸置疑，国家在社会政策领域垄断地位的丧失致使传统的"管理上的家长主义"和"有组织的依赖"机制变得不合时宜。计划经济时期国家工人享受的优厚的福利待遇现今被视为国家的福利重负。[②]

为了更好地理解中国社会政策改革，我们需要将社会政策部门的变化和转型融入整个政策范式转变的大背景之下，即由一个集权的治理模式走向分权。新近推行的中央和省级部门流程化和政府再造的行政体制改革正是为了提高中国公共管理的效率和效能。类似的流程再造改革是为了实现政企分离，简化政府结构，合理化政府责任，以及加强法治。[③] 不同于计划经济时期由国家包揽社会政策供给、筹资和管理的全部责任，改革开放时期的领导人试图重新定义国家与市场、国家与社会团体以及国家与市民社会的关系。[④] 正是基于这样的背景，中国大陆社会政策和社会福利的发展开始经历治理模式的根本性转变。私有化、市场化及社会化的改革措施被采纳。教育及公共卫生服务是过去计划经济时期城市居民享有的福利权利，但是进入改革时期他们不再享有这项特殊权利。

教育与医疗政策的市场化、私有化及社会化

在全球市场下，传统福利及社会政策模式变得不合时宜而且日益低效和缺乏竞争力的事实已经得到确认，改革开放时期的领导人开始追溯到福利及社会政策的供给和筹资。为了更有效地利用有限的财政资金，以实现提高效率和物有所值的改革，新管理主义的理念与实践被用以转变社会政

---

① Liu, R. C., "The transformation of China's economic system and the redefining of the public policy", *Public Policy Choice in China in the 21st Century*, ed. by R. C. Liu (Beijing: Chinese Academy of Social Sciences Press, 1999).

② Wong, L. and Flynn, N., *The Market in Chinese Social Policy* (Basingstoke: Palgrave, 2001).

③ Yang, K. F., "Chinese administrative reform revisited: Chinese characteristics and comparative analysis", Paper presented in the First Sino-U. S. International Conference on Public Administration, 16 June 2002, Renmin University, Beijing.

④ Wong, L., *Marginalization and Social Welfare in China* (London: Routledge, 1998); Mok, K. H., *Social and Political Development in Post-Reform China* (Basingstoke: Palgrave, 2000).

策及福利供给。因此，不同的市场相关策略被运用到改革教育与卫生的政策和治理模式中。下面我们转到市场化、私有化及社会化过程是如何改变中国的教育和卫生医疗部门的。

教育政策

在1949至1976年间，教育领域高度中央集权的政策赋予中央政府对教育服务的筹资、供给和管理几乎绝对的控制权。在这一政策背景下，中国公民习惯于获得由政府部门提供的免费教育。[1] 随着1978年开始的经济改革，中国进入了一个新的发展阶段。在"社会主义建设"的口号下，中国共产党试图减少对教育服务供给的直接干预。改革开放伊始，中国共产党就在教育领域开启了分权的改革，允许地方政府、地方社会团体、个人乃至其他非政府行动者创造更多的教育机会。20世纪80年代中期，政府在教育领域的垄断地位被打破，教育结构改革开始呈现私人与公共消费的混合。[2] 中国政府开始鼓励民主党派、人民团体、社会组织、退休干部和知识分子、集体经济组织以及个人遵从党和政府的政策，积极主动地以各种形式和方法为发展教育作出贡献，从此教育服务开始呈现多元化。[3] 不同形式的非公立学校、学院和大学相继出现以满足迫切的教育需求。截至1998年，中国已有1277所民办的（私人或团体运营）高等教育机构。2000年，全国民办高等教育机构共有注册在校学生100万人。民办高校入学人数不断增加的事实表明，市场、非政府部门以及其他地方力量已经被唤醒和动员起来，支持和提供更多的高等教育学习机会。[4] 所有非政府

---

[1] Yao R. B., *Zhongguo Jiaoyu 1949–1982* (Hong Kong: Wah Fong Bookshop Press, 1984).

[2] Mok, K. H., "Marketization and decentralization: Development of education and paradigm shift in social policy", *Hong Kong Public Administration* 5 (1996): 35–56. Cheng, K. M., "Education-decentralization and the market", *Social Change and Social Policy in Contemporary China*, eds. by L. Wong and S. MacPherson (Aldershot: Avebur, 1995); Hayhoe, R., *China's Universities 1885–1995: A Century of Cultural Conflict* (New York: Garland, 1996).

[3] Wei, Y. T. and Zhang, G. C., "A historical perspective on non-governmental higher education in China", Paper presented to the International Conference on Private Higher Education in Asia and the Pacific Region, November 1995, University of Xiamen, Xiamen, China.

[4] Mok, K. H., "Education policy reform", *The Market in Chinese Social Policy*, eds. by L. Wong and F. Norman (Basingstoke: Palgrave, 2001); Mok, K. H., "Policy of decentralization and changing governance of higher education in post-Mao China", *Public Administration and Development* 22 (2002): 261–273.

资助的或民办高校均采取收费机制,而它们也为中国人提供了多种多样的教育服务。①

为了与"多渠道"筹措教育经费相适应,中国政府把利用福利混合经济解释为,在"社会主义初级阶段"教育服务供给的方式是"多渠道"及"多方法"的,这表明提供公共服务的责任由国家向社会延伸。② 在公开确认单纯依靠政府绝不可能满足所有人迫切的教育需求这一事实后,中国共产党慎重地将提供教育服务的责任委托给其他非政府部门,使它们参与到发展教育事业的活动中来。1993年末,《中国教育改革和发展纲要》中规定,国家对社会团体和公民个人依法办学,采取积极鼓励、大力支持、正确引导、加强管理的方针。③ 1995年颁布的《中华人民共和国教育法》第25条再次确认中国政府鼓励企业事业组织、社会团体、其他社会组织及公民个人依法举办学校及其他教育机构。简言之,中国政府发展民办教育的方针可以归纳为"积极鼓励,大力支持,正确引导,加强管理"。基于这样的法律框架,加上"权力下放"的政策背景,中国教育的发展受到了强大市场力量的显著影响。

进入20世纪90年代,通过引入"付费"原则,中国共产党进一步将提供教育服务的责任由国家转移至公民个人及其家庭。在20世纪80年代早期,自费生被视为"计划外",即自费生的招收并不在国家招生计划之内。但是,在1992年中共十四大正式确立社会主义市场经济体制以后,教育部正式允许高等教育机构提高"委托培养"或"自费"类招生比例至招生总数的25%。1993年,30所高等学校被确立为"双轨制"

---

① Mok, K. H., "Policy of decentralization and changing governance of higher education in post-Mao China", *Public Administration and Development* 22 (2002): 261 – 273; Chan, D. and Mok, K. H., "Educational reforms and coping strategies under the tidal wave of marketization: A comparative study of Hong Kong and the mainland China", *Comparative Education* 37 (2001): 21 – 41.

② Mok, K. H., "Marketization and decentralization: Development of education and paradigm shift in social policy", *Hong Kong Public Administration* 5 (1996): 35 – 56.; Cheng, K. M., "Financing education in mainland China: What are the real problems?" *Issues and Studies* 3 (1990): 54 – 75.

③ 中华人民共和国教育部教育涉外监管信息网,参见 http://www.jsj.edu.cn/mingdan/002.html, 2006.

的试点院校，由此学生可以通过全国高考考取高等学校，也可以在分数低于录取线的情况下通过自付学费入读高等学校。1994年，越来越多的高等学校实行了"双轨制"，自费原则得到官方正式认可。① 在高等教育领域，教育经费筹措方式的结构性变化更为明显。在20世纪90年代以前，自费生仅仅是极少数，但是自从采行"用者付费"原则以来，自费生数量不断增加。上海高等学校中自费生的比率由1988年的7.5%上升到1994年的32.1%，表明"自筹经费"类学生有了"大跃进"式的发展。时至今日，所有的大学生都需缴纳学费，而用者付费原则变成中国教育的基石。

除了提高学费和减少国家对高等教育的投入外，外包高等学校的后勤服务，加强大学与工商业部门的联系，鼓励大学和学术机构从事商业化和准市场化的活动以创造更多的收入成为主流的教育改革策略。从中国教育市场化角度看，主要存在两种市场化形式：其一是教育机构试图将其学术成果在市场上进行商业交易，二是按照商业原则和手法改组教育机构。一般认为，教育市场化及私有化过程经历了以下步骤：

- 用者付费原则被运用到教育领域；
- 减少国家供给、补贴和管制；
- 盈利取向课程的流行；
- 强调父母的选择；
- 以管理主义手段进行教育行政。

总的来说，20世纪90年代以来，市场化及私有化趋势不断加强；多元化、权力下放、竞争、选择权及赢利逐渐成为中国教育转型过程中的主流。当前，父母不得不为子女上学支付更高的学费。大学也不得不向学生收取学费，同时课程设计日益迎合市场需求。简言之，教育市场化理念的核心是教育服务由市场定价且其使用权取决于消费者的算计和支付能力。

医疗卫生政策

过去城市居民享受由国家和企业提供的免费医疗卫生服务，而今

---

① Cheng, K. M., "Markets in a socialist system: Reform of higher education", *Educational Dilemmas: Debate and Diversity*, eds. by K. Watson, S. Modgil and C. Modgil (London: Cassell, 1996).

天他们不得不与政府和企业一起为医疗卫生服务筹措经费。面对医疗资源的滥用、重复浪费、成本上升等问题，公共卫生领域开始了大刀阔斧的改革。医疗卫生改革旨在实现三个主要目标：资金来源多元化、管理体制简单化、职责下放至地方及治疗中心。公共卫生改革的根本目的在于改善医疗服务水平、扩大服务范围、促进高质量服务的生产、提供符合地方需要的公共卫生服务。不同于计划经济时期由国家负担公共卫生筹资的主要责任，改革开放时期的领导人选择了效率优先的新发展战略。为了提高国有企业效率并节约成本，中国领导人着手建立供款型社会保险以减轻国有企业在公共卫生服务筹资中的福利负担。

在计划经济时期，国企工人享受完全由国家财政负担的日常保健和住院服务；然而，今天中国城市居民不得不在半商业化的医院系统和完全商业化的药品供给机制下，参与由劳资双方共同供款的医疗保险。[①] 医疗卫生改革的主要目标在于促使公共卫生服务由传统的对国家"有组织依赖"向"责任分担"模式转变。20世纪90年代，中国大陆的许多城市开启了医疗保险改革以实现合理控制医疗保险的支出。[②] 病人自付部分住院费用制度被逐步采纳，在20世纪90年代中期，深圳试行了一个由医疗保险局、参保企业以及他们的员工三方共同出资的医疗保险体制。[③] 亨德森等人对八个省份的研究发现医疗保险的覆盖面因人因地而不同，而且在各省之间存在着巨大差异。

有学者认为，上述方案均没有有效地解决保险基金不足以偿付医疗费用的难题，以及医疗服务供应者与保险公司、病人三者之间的利益冲突。[④] 1998年底，中国政府启动了一项新的医疗保险改革以覆盖所有城市

[①] Guan, X. P., "China's social policy in the context of globalization", *Repositioning of the State: Challenges and Experiences of Social Policy in the Asia Pacific Region*, ed. by Social Policy Research Centre, Hong Kong Polytechnic University (Hong Kong: Joint Publishing Co. Ltd, 2001).

[②] Pearson, V., "Health and responsibility: but whose?", *Social and Social Policy in Contemporary China*, eds. by L. Wong and S. MacPherson (Aldershot: Avebury, 1995).

[③] Yuen, P., "Reforming health care financing in China", *Social Change and Social Policy in Contemporary China*, eds. by L. Wong and S. MacPherson (Aldershot: Avebury, 1994).

[④] Cheung, A., "Health policy reform", *The Market in Chinese Social Policy*, eds. by L. Wong and F. Norman (Basingstoke: Palgrave, 2001).

工人。这一计划的核心是共同出资（雇主缴纳工人工资单金额的6%，而工人则缴纳其工资的2%），即个人账户与社会统筹相结合的基本养老保险制度。考虑到病人自付部分费用的计划可能无法满足所有医疗卫生服务支出的需要，中国政府还积极鼓励那些辅助性的保险计划，如公务员的医疗保险计划，公司自愿性补差制度以及覆盖重病医疗的计划。近年来，中国政府启动了覆盖基本药物、治疗以及医疗服务的基本医疗保险计划。对药品价格和销售的控制力度不断加强，并对病人提供更多的医疗服务供应者供选择，病人有权在医院和诊所外购买所需药品，与医疗保险相类似，20世纪80年代以来，中国政府通过建立以回收成本为基础的医疗筹资制度开始对医院经费进行改革。[1] 因此，除了基本工资以及一些昂贵设备的购买和修复外，政府减少了对医院的补贴。[2] 近些年来，医院经费不仅仅依靠政府财政资源，还包括个人及企业等非政府资金的经费投入。[3] 简言之，自费及共同出资体系（Co-payment）的引进成为改革开放时期医疗卫生改革的核心，从此，市场导向的手段开始被运用到中国公共医疗卫生服务运作当中。下面是这些变革的几个关键特征：

- 国家补贴减少
- 公共医疗服务商品化
- 建立医疗卫生服务的共同付费体系
- 多渠道医疗筹资
- "共同责任"：个人与社会分担风险
- 卫生保健服务市场化

---

[1] World Bank, *China: Long Term Issues and Options in the Health Transition* (Washington D. C.: The World Bank, 1992).

[2] Lee, N. S., "Reforming the social security system in China", *Public Policy in China*, eds. by Nagel, S. S. and Mills, M. K. (Westport, Connecticut: Greenwood Press, 1993).

[3] Zhou, Y. B., "Medical insurance: In searching for new models", *An Analysis of Public Policy in China* 2001, ed. by Centre for Comparative Public Management and Social Policy, City University of Hong Kong and Public Policy Studies Centre, Chinese Academy of Social Sciences (Hong Kong: City University of Hong Kong Press, 2000); Guan, X. P., "China's social policy in the context of globalization", *Repositioning of the State: Challenges and Experiences of Social Policy in the Asia Pacific Region*, ed. by Social Policy Research Centre, Hong Kong Polytechnic University (Hong Kong: Joint Publishing Co. Ltd., 2001).

与教育服务一样，改革开放后的医疗卫生保健服务遵循市场导向原则。尽管现在病人有更多的自由选择医疗服务的供应者，但是他们不得不为有品质的服务支付费用，而很显然国家试图摆脱医疗服务提供者和出资者的角色。收取服务费成为现今最主流的医疗保健服务供给模式，①而市场主导加剧了公平及医疗保健覆盖面不足的问题。② 因此，研究改革开放后医疗卫生改革的学者均质疑前文所概述的改革措施能否实现改革的初衷。尽管如此，可以确定的是城市居民和公务员的沉重负担被剥离了。也正是这样，在中国，那些没有被保险覆盖的人们，是否有能力支付其医疗保健服务越来越受到社会关注。③ 无怪乎近年国内民众对日益增加的医疗和教育支出及财政负担不断提出批评，并喻之为新的"大山"。

转变的意义

综合考虑中国社会政策与市场接轨后教育及公共卫生政策的改革与转变，我们可以清晰地辨别出至少五个关键特征。第一，教育与公共卫生政策的发展日益被消费者的需求和市场所决定和引导。例如，在教育领域，课程设计和学科建设开始迎合新兴市场和可预见的对人力资源的需求；而医疗保健服务也基本上是为消费者度身定做。第二，一旦打破国家垄断，允许其他非政府部门及行动者参与公共服务供给，市场的介入将加剧不同供给者之间的竞争。现今，各种各样的教育和医疗卫生服务互相竞争，让消费者选择。第三，收费原则的采用以及对回收服务成本的强调是改革的关键要素。前文的论述已经表明国家正逐步减少对教育和医疗卫生服务的补贴。第四，教育及医疗卫生服务日益按照商业和市场原则运营。市场的影响可以清晰地在按照公共管理理念和实践运作的社会政策中发现，它强调效率、

---

① Meng, Q. G. and Hu, A. G., "Poverty makes life so helpless", *China Reform* 4 (2002): 8 - 9.

② Cheung, A., "Health policy reform", *The Market in Chinese Social Policy*, eds. by L. Wong and F. Norman (Basingstoke: Palgrave, 2001).

③ Zhou, A. L., "The cause of Chinese hygiene and health is so unfair that it is facing rigorous challenge", *China Reform* 4 (2002): 6 - 8; Holliday, I. and Wong, L., "Social policy under one country, two systems: Institutional dynamics in China and Hong Kong since 1997", *Public Administration Review* 63 (2003): 269 - 282.

效果和经济在公共服务供给中的重要性。① 第五，在中国教育及医疗卫生部门中，民办或私人供应者的地位变得日益突出，这表明随着国家退出过去占据的公共服务提供者及资金供应者的角色，社会政策领域正变得多元化。

最重要的是，前文的讨论已经表明社会政策的发展，特别是在教育及医疗卫生领域，显示出一个从普遍的国家福利模式向可选择的"社会化"模式的基础性范式转变。② 为了应付全球资本主义的挑战，中国政府不得不在两个重要而相互竞争的要求之间挣扎。一方面，维持中国工业在全球市场的竞争力就需要降低国货的劳动力成本。另一方面，市场经济转轨所带来的根本性经济结构调整加剧了中国的失业问题。因此，当前中国政府不得不在效率与公平之间作出平衡。为了提高国有企业的整体经济效率，向外国投资者提供更具吸引力的前景，中国政府尝试通过削减在社会保障、住房、公共医疗及教育等方面的优厚福利以遏制公共支出增长。③ 在社会政策供给及筹资方面，除了新生的市场或私营部门之外，改革开放时期的领导人还充分利用其他非政府资源/行动者，包括社区，社会（特别是非营利性组织），个人以及家庭。

这些变化可以简单地概念化为社会政策供给中非政府行动者及部门的增值过程，而现实的描述是国家不再包揽社会福利与社会政策的全部责任。与此同时，非政府行动者/部门在社会福利及社会政策的筹资与供给中更为突出，促使社会福利及社会政策的提供者变得多元化。在此变革过程中，国家放弃了普遍国家福利及社会政策模式，随之一个可选择的社会福利及社会政策模式发展起来，从而国家成为社会福利及社会政策供给的最后期待。这尤其突出地表现在国家试图以提供安全网方式取代垄断社会政策的筹资和供给。

---

① Flynn, N., Holliday, I. and Wong, L., "Introduction", *The Market in Chinese Social Policy*, eds. by L. Wong, and N. Flynn (Basingstoke: Palgrave, 2001).

② Wong, L., *Marginalization and Social Welfare in China* (London: Routledge, 1998); Guan, X. P., "China's social policy in the context of globalization", *Repositioning of the State: Challenges and Experiences of Social Policy in the Asia Pacific Region*, ed. by Social Policy Research Centre, Hong Kong Polytechnic University (Hong Kong: Joint Publishing Co. Ltd., 2001).

③ Wong, L. and Flynn, N., *The Market in Chinese Social Policy* (Basingstoke: Palgrave, 2001).

四 改革开放时期中国社会政策范式的转变及变化中的治理

将教育改革和医疗卫生改革置于地方分权及市场化这一更宏大的公共政策背景下，我们可以发现中国社会政策领域经历了根本性的治理转变。协调机构的蓬勃发展（授权地方政府，个人教育及医疗卫生机构的自主化，市场和社区的介入）要求政府工作的性质，从以往的直接承担绝大部分的统筹、管理和筹资工作，转变为决定在哪里由谁来提供这类服务。这与计划经济时期的管理模式有显著差别。计划经济时期中央行政机关对社会政策和治理的方方面面都严格控制，导致了政府三项主要治理活动都出现过度管制和过度干预的问题。由于"干预型国家"的政策模式倾向于中央集权和国家主导，在社会主义市场经济体制下，"官僚治理"由于可能扼杀地方教育机构及其他社会力量创造更多教育机会的积极性和热情而显得不合时宜。为了解放和动员非政府资源，中国政府启动了旨在促进其教育及卫生系统在全球市场更具回应性和竞争力的改革与重构过程。

教育筹资及供给部门和行动者的多元化，医疗卫生的共同付费和集资计划，市场力量的复兴，对社区、社会、个人和家庭参与教育和医疗服务筹资与供应的呼吁，都表明中国政府试图利用这些非政府部门和行动者作为新的政策工具和政策行动者以解决政府维持传统"干预型国家"的严重财政困难。在充分发挥市场力量的同时，中国政府还积极利用其他诸如公民个人、家庭、地方团体以及社会的力量，这使政府得以摆脱教育财政支出持续增长的重担。使社会政策体制更有效率和回应性的努力以及其他降低成本的策略都清晰地反映了社会政策改革/转变的混合性和复杂性。此外，政府（公共）与非政府（私人、社区、家庭及个人）之间的相互依赖，将导致等级制的国家干预模式的衰退以及其他治理模式的出现。当国家不再垄断教育及卫生医疗服务的筹资和供给时，传统的"干预型规制"框架（国家通过全面宏观调控对教育服务进行等级制干预）将被认为是有问题的。

表4-2 社会政策治理中协调机构的角色变化

协调机构 \ 治理活动	供给	筹资	规制
国家	+ -	+ -	+ +
市场	+ +	+ +	+ +
社区/市民社会	+ + +	+ + +	+ + +

注：+ -　仍然重要但重要性正在减低；
　　+ +　扮演日益重要的角色；
　　+ + +　估计将扮演更重要的角色。

表4-2显示了社会政策中三个主要的协调机构（国家、市场、社区/市民社会）在三项主要的治理活动（供给、筹资、规制）中的角色转变。国家逐渐减少其在社会政策筹资和供给中的比重，而市场及其他非政府部门在这方面则显得越来越重要。若概念化中国政府为重组教育及医疗卫生部门所采取的努力，则可清晰地表明中国正逐步由以往的"干预型国家"走向"解制型国家"和"市场促进型国家"。在"解制型国家"模型下，政策趋势和风格以下放权力、动员非政府力量、"解制型治理"为核心。而"市场促进型国家"的主要特点是市场化、私有化以及社会力量主导。"市场促进型国家"的吸引力在于它对市场的干预是为了促进市场的发展。因此，"市场促进型国家"并不是全然依从市场原则和做法，而是遵循市场逻辑运作，同时对市场的干预旨在拯救市场失灵。按照这个模型分析前文讨论的教育及医疗卫生服务供给及筹资的变迁，我们有充分的理由相信国家—社会关系发生了深刻的变化。相应的，公共政策发展中政府的角色更接近于调控的统筹者，而不再是居高临下的指挥者。通过充分调动市场及其他非国有力量以解决原先需要国家解决的社会问题，中国政府成功地将提供社会福利及社会政策的责任下放到社会。正是基于经济转型时期的特殊背景，"市场治理"将被广泛采纳，由此内在竞争力和效率成为教育及医疗卫生政策及其发展的决定力量。

虽然总体而言中国教育服务的供给仍然依赖中央政府，但是国家已经不能采取同样的干预型规管体制来管理政府与非政府、私人等非政府行动者之间的关系。因此，必须有特定的制度安排允许私营及非国有力量参与政策制定和实施,并把权力委托给这些非国有力量。同时,还应建立自律体系以管理这些新生的私营及非国有的教育及医疗卫生协调机构。教育及医疗卫生领域的私营及非国有力量的发展,尤其当教育服务供给中的私人与公共力量形成合作互动时,毫无疑问将对原有的规管体制提出挑战,迫使中国政府从"干预型规管"走向"介入型规管"以及"规范下自我规管"(见表4-3)。

表4-3 三种不同的治理模型

国家模型	干预型国家	解制型国家	市场促进型国家
治理模型	官僚治理	解制型治理	市场促进型治理
政策趋势及形式	集中权力 国家控制	下放权力 多元化/多样化 动员非国有力量	市场化 私有化 社会力量主导
规管形式	干预型规管	介入型规管	规范下自我规管

值得一提的是,虽然笔者认为中国正在进行的社会政策与福利重构表明其社会政策治理正朝着"解制型国家"和"市场促进型国家"的方向发生根本性转变,但笔者也从未低估中央政府与地方政府对教育政策和医疗保健发展依然保持着相当大的控制。尽管如此,社会政策与福利供给者的多元化已使传统的治理模式变得不合时宜。随着更多的行动者介入教育及医疗服务的供给和筹资,再加上公民个人不断增长的参与和投入,福利与社会政策中政府与非政府部门的关系不得不发生改变。权力下放、解除规制、私有化、市场化的趋势以及教育行政体制改革无疑表明规制型国家正卷土重来。在转变过程中,存在着一个规管的回归,同时在混合经济和多元化供应者的条件下也存在着对规管的更大需求。与传统的强调国家"微观控制"的规管体制不同,如今个体的教育及医疗机构被赋予更多的自主性和灵活性来运营他们的服务并依据专业标准建立自律体系来管理他们的业务。为了监管非政府部门提供的公共服务质量,现代国家可以通过确立整体政策发展方向,或者以"宏观控制"取代"微观控制"来改变原有的规管体制。因此,"介入型规管"和"规范下自我规管"的作用可能在未来公共服务管理中日益突出。随着赋予教育和医疗行业相当大的自

主权，以及中国专业人员数量的上升，新的国家—教育—医疗—行业关系必将展开。

从统治到治理：国家能力的减弱？

本章讨论了全球化如何加速现代社会的变迁和结构重组，由此导致改革开放时期中国整体社会政策与福利发展的根本性转变，尤其是教育及医疗卫生改革。在改革开放时期的中国，最引人瞩目的关于社会政策变迁的理论问题之一莫过于在全球化影响日益加深的背景下中国政府是否削弱了对其社会及经济问题的管治能力。在笔者看来，中国政府在其社会政策与福利领域转型过程中所采取的改革策略，应当被理解为中国政府为深化行政体制改革及革新官僚体制而采用的策略。中国的教育及医疗卫生部门的改革及根本性的改组旨在减轻国家在服务供给和筹资中的财政负担。在公共政策及公共管理领域，即使存在着与私有化、市场化、商品化及公司化相似的趋势和形式，但世界各地的政府均采用了类似的策略以达到各自不同的政治目的。现代国家都策略性地利用全球化的表述以论证其政治议程的正当性以及不作为的合法性。① 在中国情境下，教育及公共卫生部门正在进行的改革和重组实际上强化了国家能力而不是弱化了其角色。这尤其在中国政府选择成为管理者、推动者和促进者而不是负担沉重的供给者和出资者上得到证实。② 如此一来，全球化可能促使现代国家结构重组，迫使它们重整治理模式并改革其公共部门管理方法。③ 这些变化也可以被视为现代国家进行角色转换和机构改革以迎合外部环境的要求和压力的强大力量。

---

① Cheung, A. and Scott, I., *Governance and Public Sector Reform in Asia* (London and New York: Routledge Curzon, 2003); Hallak, J., "Globalization and its impact on education", *Globalization, Educational Transformation and Societies in Transition*, eds. by T. Mebrahtu, M. Crossley and D. Johnson (London: Symposium Books, 2000); Mok, K. H., "Similar trends, diverse agendas: Higher education reforms in East Asia", *Globalization, Societies & Education* 1 (2003): 207–221.

② Kooiman, J., "Societal governance: Levels, models, and orders of social-political interaction", *Debating Governance*, ed. by Pierre, J. (Oxford: Oxford University Press, 2000). OECD, *Governance in Transition* (Paris: OECD, 1995).

③ Pierre, J., *Debating Governance* (Oxford: Oxford University Press, 2000); Pierre, J. and Peters, G., *Governance, Politics and the State* (Basingstoke: Macmillan, 2000).

当我们将这一变革过程置于中国特色的政治文化背景以及政治、经济领域大范围权力下放的背景下，我们才能够深刻理解当前中国所面临的压力和困境。一方面，中央政府热切希望利用社会主义市场经济释放的能量和潜力；另一方面，社会主义体制担心在这具有创造性的自由化/权力下放的过程中国家对社会及政治局势的控制遭到削弱。其他国家（如英国）提供了类似的经验，当公共部门改革引进解除管制、合同外包、运用代理机构和私有化策略时，并没有必然导致"政府空心化"及国家能力的下降。相反，新治理模式的引进，特别是非政府力量的多元化及政策工具的发展，使国家有能力保有并加强其政策控制能力。正如皮埃尔所说，"由于政府传统的权力基础似乎失去了以前的力量，国家寻求了一个可供替代的策略以整合并追求集体利益，而没有必要依赖于强制性手段"。[1] 随着社会政策与社会福利的责任下移至其他的非政府行动者，中国政府如今扮演着服务者、推动者、政策统筹者和管理者的角色。通过这些方式，国家可以保持对教育及医疗卫生政策的控制，且不必为解决供给和筹资问题而令自身负担过重。同时，中国政府可以对其官僚机构进行流程再造，并使其公共行政部门更有灵活性和更合乎发展中的社会主义市场经济的要求。

五　总　结

本章通过对中国教育及医疗卫生政策转型的分析，可以得出这样的结论：我们不能忽视国家在不同政策选择中的决定权，并且我们不得不时刻关注决定政策工具选择和组合的独特的宪法和制度背景。在全球化的背景下，中国政府可以清晰地表达其奋力推进教育及医疗卫生改革的正当性要求。从"干预型国家"到"市场促进型国家"的范式转变，可以理解为中国政府为加强其对教育和公共医疗服务迫切需求问题的处理能力所采取的务实和工具性策略，而并非从社会主义到对新自由主义市场经济价值哲学认同的意识形态转变。至关重要的是，政府模式的转型，加上治理模式及政策趋势和风格的变化已经指出，政府—市场的二分法在分析上存在问

---

[1] Pierre, J. ed., *Debating Governance* (Oxford: Oxford University Press, 2000), 2.

题，在现实中也并不存在。中国的案例无疑表明，政府可以策略性地利用市场及其他非政府行动者和部门作为政策工具，以减轻国家在教育及公共卫生筹资和供给上的负担，而这些工具的采用则可能增强了国家能力。因此，我们必须特别注意政府、市场、社会及其他非政府部门之间的互动、张力及不断变化的关系。前文的个案研究展示了中国政府如何再造和重组其教育及医疗卫生部门的管理模式，而新治理策略的采用可能使政府变得更活跃而不是削弱了国家能力。利用市场经济加速公共部门的改革和转型，再加上以治理的理念实现管治，中国政府将可以更有效地实现政策目标，并通过寻求额外的资源以及将非政府行动者介入公共部门运作使公共政策的供给和执行更高效。

第五章　当代大学生与社会机会及社会流动：对社会政策的启示

一　前言

许多社会学家都相信，教育是促进社会经济分化的重要工具。1977年恢复的高考招生制度，提供了一条"特色最为鲜明""单向的向上的"社会流动渠道。[①] 这是因为，在改革开放前期（主要是20世纪90年代以前），国家不仅负责绝大部分高校学生的学费，还为他们分配工作，农村家庭出身的学子可以通过升读大学获得城市居民甚至干部（知识分子）的身份，跻身社会上层。大学毕业生，尤其是名牌大学的毕业生被称为"天之骄子"。20世纪80年代中后期，国家先是改革原来对毕业生的"统分统包"政策，并于1993年后全面确立"自主择业"政策，将高校毕业生推向市场；接着于1994年对大学生全面实行收费政策；1999年，基于深刻的历史时代背景，中国高校开始扩招，[②] 开始了高等教育扩张和大众化的进程。无疑，20世纪90年代以来的一系列高等教育政策的转向深刻地改变了大学生的身份或社会地位，即由国家公费培养、政府分配工作、数量稀少的"天之骄子"转变为需自缴费用、自主就业、数目庞大

[①] 郑德本：《中国社会流动——10年来的特点与问题》，载李明等编《中国社会分层》，商务印书馆，1993，第194~195页。

[②] 李岚清：《李岚清教育访谈录》，人民教育出版社，2003，第119页。

的"后精英"。

与此同时,改革开放以来,中国社会结构急剧变化。社会阶层分化以及社会流动模式变迁是改革开放以来中国社会发生的最引人注目的变化之一。学校教育向来是社会分层研究中的重要议题,而作为学校教育系统中的末梢以及社会体系的前沿阵地,高等教育及大学生则成为研究的重中之重。中国大学生注定是一个对社会分化有着复杂和特殊感受的群体:作为社会一般成员,他们势必受到宏观社会分化态势的影响;作为一个受高等教育政策影响的特定人群,他们也有着自身的波动的群体命运;当这两个因素或脉络交织在一起时,我们不由产生这样一个好奇:中国大学生对社会阶层分化有着什么样的群体认知和态度?他们如何看待他们的社会流动或社会机会?

中国经历了逾三十年的经济改革与社会变迁,在经济、政治、社会及文化各方面都发生了翻天覆地的变化。在经济急剧腾飞的同时,青年人特别是大学生的社会流动机会是否因而有所增加,将直接影响到他们的发展前途和就业机遇。如果经济不断发展,但大学生却感到社会流动机会不增反减的话,他们的种种看法将影响社会安定和长远发展。为了解当代中国大学生在经济改革后对社会机会和社会流动的评估,本研究抽取广州市各所高等院校的大学生为研究对象,以问卷调查方式研究他们对"社会机会"和"社会流动"的看法。

二 相关研究回顾

改革开放以来,中国的制度体系和社会结构发生了巨大的变化,社会阶层分化与重组现象引人注目,也成为学术界的讨论热点。[1] 社会流动、社会机会是与社会阶层或社会阶层分化密不可分的概念,近年来也成为学术界的研究重点,有许多研究成果。[2] 日本的严善平教授利用1997年对

---

[1] 陆学艺:《当代中国社会阶层研究报告》,社会科学文献出版社,2002;李强:《转型时期中国社会分层》,辽宁教育出版社,2004;孙立平:《转型与断裂:改革以来中国社会结构的变迁》,清华大学出版社,2004。

[2] 李培林等:《中国社会分层》,社会科学文献出版社,2004年;Mok K. H. and Ku Y. W., *Social Cohesion in Greater China: Challenges for Social Policy and Governance* (Singapore: World Scientific Publishing Co., 2010)。

天津市居民进行的问卷调查,分析了代际职业流动的总体水平和特性,考察了中国内地城镇居民的社会流动。[1] 张瑞玲通过对河南省蔡寨村居民的问卷调查,分析了农民群体的代际流动。[2] 郑辉、李璐璐则利用1998年在北京、无锡、上海三市进行的问卷调查,分析了城市精英阶级的代际转化和阶级再生产。[3]

在对社会流动的探讨中,接受高等教育的大学生无疑成为考察和研究的重点对象。文东茅利用2003年高校毕业生就业状况的调查问卷资料,分析了家庭背景对子女高考成绩、就读院校、毕业去向、就业收入的影响,发现家庭背景是影响子女接受高等教育机会和就业层次的一个显性因素,在大学生社会流动中起重要作用。[4] 陈成文、谭日辉基于对湖北、湖南14所高校的大学毕业生进行的问卷调查的数据分析,认为社会资本(包括父母的社会地位、亲戚的社会地位等)与大学生能否顺利就业相关。[5]

不过,就目前而言,大多数研究主要集中于对"社会流动"过往轨迹的分析。例如,常常选取大学毕业生作为研究对象,通过毕业生的经历来探讨他们就业过程中受到什么因素的影响。而本研究则选取尚未就业的大学生作为研究对象,对"社会流动"进行"前瞻式"评估。本研究侧重于考察大学生群体对社会机会和社会流动的看法与评价。

三 研究目的和研究方法

本章的研究设置在中国社会阶层剧烈变革、国家高等教育政策转向以及大学生群体身份变迁的背景下,主要探讨当代大学生对以下三大方面的

---

[1] 严善平:《大城市社会流动的实证与机制——来自天津市居民问卷调查的实证分析》,《中国社会科学》2000年第3期。
[2] 张瑞玲:《农村居民的代际职业流动影响因素分析——对河南省蔡寨村的调查》,《江西农业大学学报(社会科学版)》2010年第2期。
[3] 郑辉、李璐璐:《中国城市的精英代际转化与阶层再生产》,《中国社会科学》2009年第6期。
[4] 文东茅:《家庭背景对我国高等教育机会及毕业生就业的影响》,《北京大学教育评论》2005年第3期。
[5] 陈成文、谭日辉:《社会资本与大学生就业关系研究》,《高等教育研究》2004年第4期。

评估：

（1）大学生对社会机会，特别是对影响社会流动的因素的态度和看法；

（2）他们如何评估父母因素、家庭背景及资源对其受教育机会或经历的影响；

（3）他们如何评估旨在促进社会机会平等以及大学生公平竞争的政策。

本研究以广州市为载体，以广州市在校大学生为调查对象，全部数据均来自香港教育学院大中华研究中心于 2011 年 12 月 18 日至 2011 年 12 月 31 日进行的问卷调查。问卷调查采取分层抽样和整群抽样相结合的方式，先以广州市高等院校为单位，抽取 6 所高等院校；然后再在各个目标院校中随机抽取不同的专业和班级作为调查对象。考虑到不同年级的大学生对同一问题的看法可能存在差异，本研究将调查对象限定在大学三年级学生。调查组共派发出 1200 份问卷，成功回收 962 份有效问卷。

四　样本基本数据

本调查的受访对象中，男性大学生占 63.1%，女性大学生占 36.9%。来自城镇与来自农村的受访对象差不多各占一半，其中来自城镇的为 51.4%，来自农村的为 48.6%（见图 5-1）。

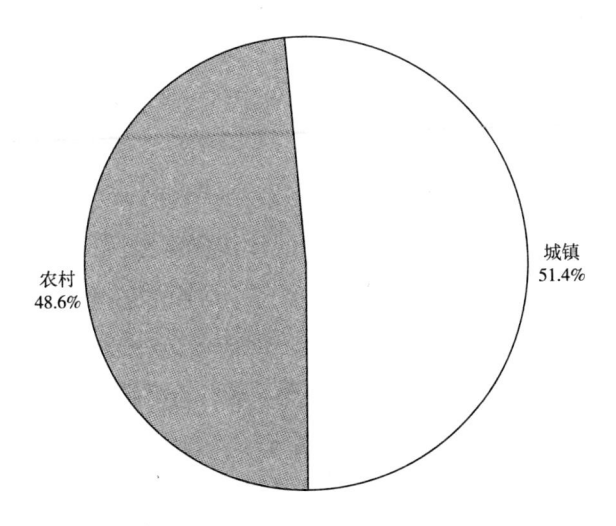

图 5-1　户籍分布

本次调查的受访对象，所就读的专业包括行政管理、车辆工程、热能与动力工程、机械工程及其自动化、建筑设计、化学（师范）、法学、日语、德语、机场运行管理、民航运输、工商管理、会计等。

在接受调查的受访大学生中，其父亲的职业属于"农业劳动者"的人数最多，占总体的23.3%，其次为"个体工商户"，占总体的19.9%，其中有1.5%的大学生其"父亲已不在"（见图5-2）。

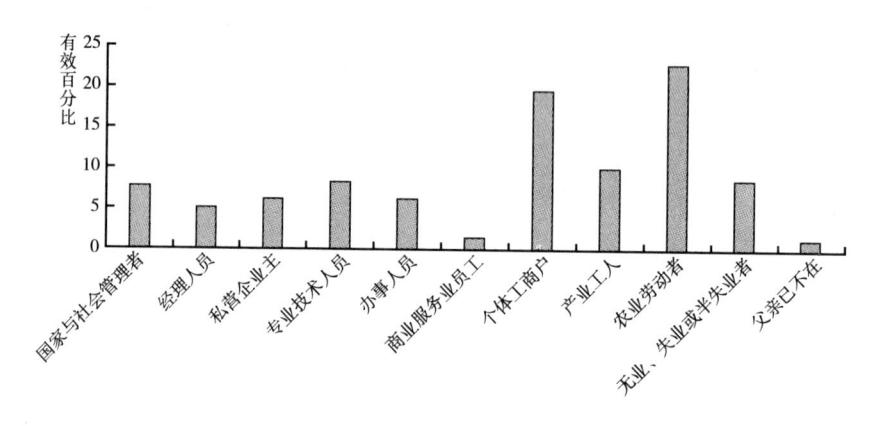

图5-2 父亲职业阶层

而母亲属于"农业劳动者"和"无业、失业或半失业者"的人数最多，各自占总体的22.7%，其次是"个体工商户"，占总体的13.4%（见图5-3）。

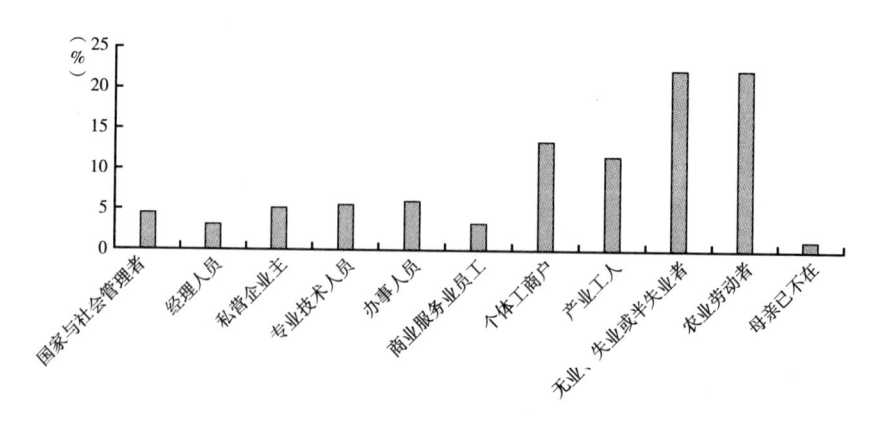

图5-3 母亲职业阶层

五 主要研究发现

1. 对"社会机会"的评估

当被问及如何评估"现今中国不同的社会阶层是否存在高低等级及拥有不同的社会地位"这一问题时，本调查发现近75%的受访大学生认为现今中国存在不同的社会阶层，并认为不同阶层存在高低等级及拥有不同的社会地位。为了进一步获得大学生对当今社会不平等程度的看法，我们告知被调查者在"0~10"这十一个数字中选其一来代表他们所认为的不平等程度，其中"0"代表社会不存在阶级分化，成员之间相当平等，数字越靠近"10"越代表社会阶层不平等。数据统计结果显示，选择数字"7"和"8"的人数最多，分别占总体的22%和25.1%。有将近一半的受访者选择"8"及以上（见图5-4）。样本数据的均值达7.16。从这组数据我们可以观察到，大学生普遍认为社会各阶层不平等程度较严重。

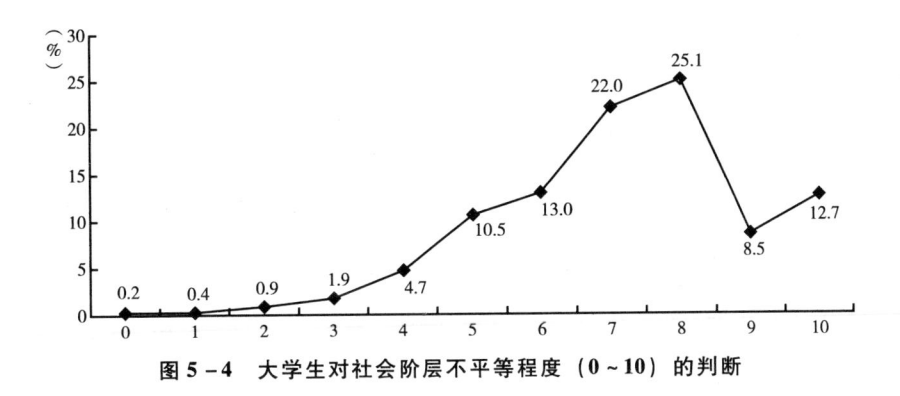

图5-4 大学生对社会阶层不平等程度（0~10）的判断

对于家庭背景及资源在多大程度上影响大学生就业的问题，有29.8%的受访大学生认为，家庭背景及资源对于大学生就业的影响"非常大"，49.5%认为"较大"，认为"非常大"或"较大"的受访者占总体的79.3%。可见在大学生的主观认知中，家庭背景及资源成为推动社会流动的主因。当被问及是否同意"现在大学生的就业是站在不同起跑线的较量"这一说法时，22.4%的受访者"非常同意"此说法，47.2%的受访者"同意"此说法。

此外，6.6%的受访者认同家庭背景及其资源对一个人的前途发展有"非常大"或"较大"的影响。既然一个人的前途发展受家庭背景及资源的制约，我们继续询问受访者是否认同"现在大学生向社会上层流动的管道比以前狭窄了"的说法，在有效响应者中，53.9%的人表示同意或非常同意这种说法（见表5-1）。

表5-1 是否同意"现在大学生向社会上层流动的管道比以前狭窄了"这一说法

		频数(个)	百分比(%)	有效百分比(%)	累积百分比(%)
选项	非常同意	130	13.5	13.6	13.6
	同意	386	40.1	40.3	53.9
	一般	307	31.9	32.0	85.8
	不同意	120	12.5	12.5	98.3
	非常不同意	16	1.7	1.7	100.0
	小计	959	99.7	100.0	
缺失值		3	0.3		
总计		962	100.0		

当受访者被问及希望将来成为哪个阶层时，选择"国家与社会管理者""经理人员""私营企业主""专业技术人员"居多，其所占的比例分别为17.5%、20.2%、12.9%、21.3%（见图5-5）。

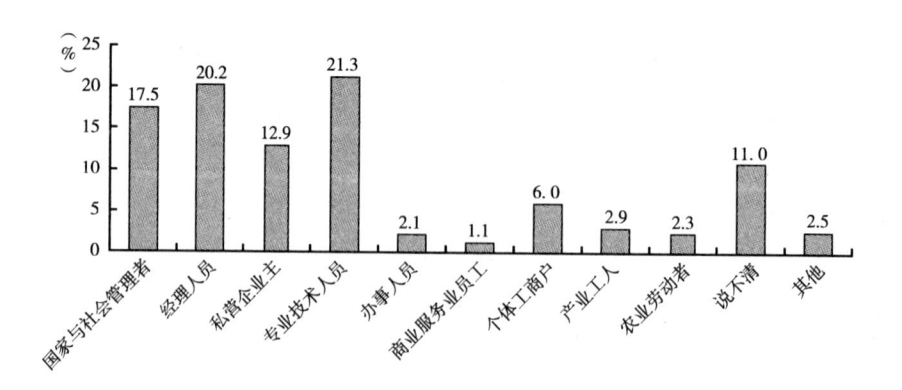

图5-5 希望成为的阶层

2. 代际影响

本研究的研究对象是在校大学生，他们都尚未真正进入社会和职场。因此，本研究并不打算直接测量家庭背景及资源对大学生就业与职业发展的影响，而是希望通过考察父母因素、家庭背景及资源对受访对象受教育经历的影响，分析这些因素在多大程度上影响子女的教育"分流"和教育选择，从而间接评估这些因素对子女社会流动的影响。事实上，青年人的受教育阶段也是为将来参与社会流动做准备的阶段。

调查结果表明，在小学和中学阶段，38.4%的受访者对就读学校的选择受到父母和亲戚意见的"影响较大"；18.8%的受访者受到"非常大的影响"；而认为父母及亲戚意见对自己选择就读学校"几乎没影响"的只占11.8%。

在中国内地的许多地方，中小学阶段的学校有重点与非重点之分。不同类型档次的学校，入学门槛不一，教学质量也有差别。许多有经济能力和资源的家庭，会考虑帮助其子女入读较好的学校或重点学校。本调查印证了这种现象：31.4%的受访者的父母通过"托关系找'入读指标'或缴纳额外的'择校费'"等行动使其顺利进入就读学校。而且，在本调查的受访对象中，高达55.0%的人认为在小学或中学阶段就读重点学校与非重点学校对成长有较大的影响（见图5-6）。

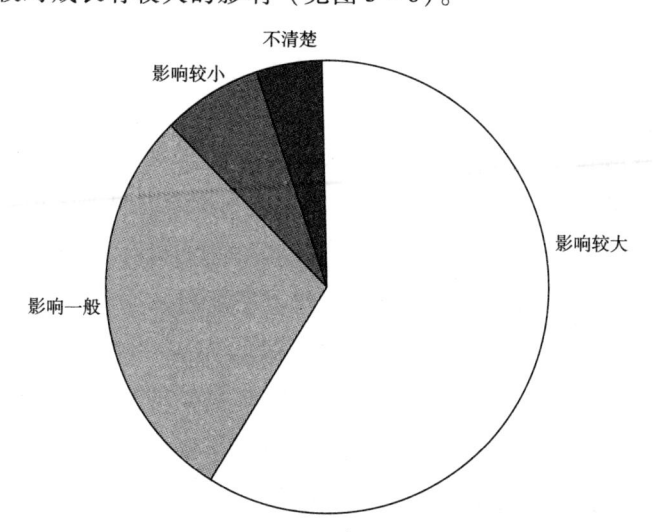

图5-6 对"就读重点学校与非重点的区别及其对成长影响程度"的看法

到了选择大学学校和专业的时候，父母或家庭的因素依然发挥影响作用，而且这种影响更加普遍。调查结果表明，53.3%的受访者在其选择大学学校及专业时，受到父母及亲戚意见的影响。这个影响比例比中小学阶段高14.9个百分点。当受访者被追问是否认为"父母及亲戚的意见会对将来的择业产生影响"时，51.3%的人选择"会影响"；而且41.3%的受访者认为父母及亲戚的资源和关系会在将来协助其就业。

毕业后离开校园就业，大学生将正式迈出社会流动的第一步。调查结果表明，有39.3%的受访者承认，为了将来更好地就业及职业发展，他们会"及时与父母沟通，以期获得家里关系资源的支持"（见表5-2）。虽然相比于其他选项，该选项的选择率并不高，但可以肯定的是，"获得家庭关系资源的支持"已经成为现今不少大学生就业的必要准备。

表5-2 就业及职业发展的准备

问题:为了将来更好地就业及职业发展,您现在进行以下哪些准备？（可多选）	
答　案	比例(%)
1. 及时与父母沟通,以期获得家里关系资源的支持	39.3
2. 参加相关活动,提高自己能力,增加活动经历	8.0
3. 努力学习,提高成绩	72.6
4. 考取证件或证书	67.6
5. 其他	4.1

3. 对政府旨在促进社会流动的政策的评估

教育对社会流动有着深远的影响，因此本调查就目前中小学入读机制的公平性问题进行了调查。结果显示，53%的受访者认为现行的入读机制不公平，并造成"有钱有关系的家庭的孩子就能读好学校"的现象（见图5-7）。

当受访者被问及"政府在资助贫困学生以帮助他们平等获得受教育权及参与竞争方面做得是否足够"这一问题时，只有12.5%的受访者认为政府做得足够，而认为政府做得不够的高达71.5%。对政府促进社会公平的诉求，亦反映在有关广州青年的追踪调查上。广州市穗港澳青少年研究所于2009年、2002年及1996年分别对广州青少年进行了研究，当

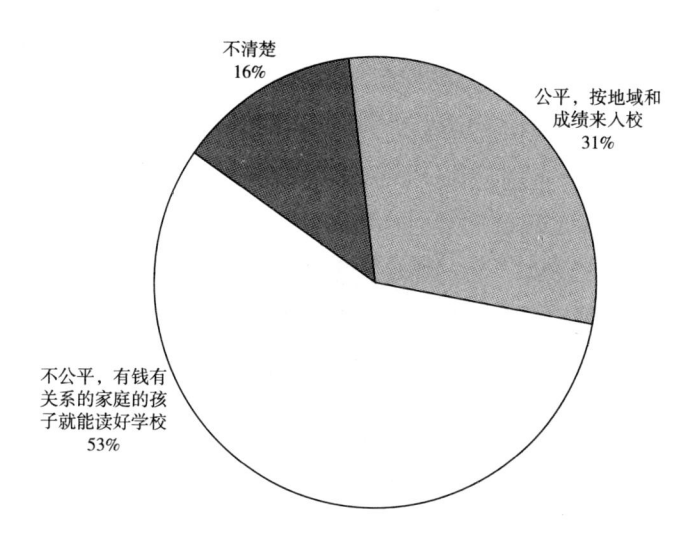

图 5-7 对目前中小学入读机制公平性的评价

青少年被问及"我国社会发展目前最需要解决的问题是什么"时，较多人选择"形成社会公平保障体系"。[①]

在计划经济体制下，大学生在毕业后通常可以在国家的安排下获得一份工作，市场化改革后，特别是 20 世纪 90 年代中期以后，中国大部分大学生必须通过"双向选择"的方式，利用劳动力市场来实现就业。虽然有学者认为经济体制改革为青年（包括大学生）就业带来的机遇高于挑战，但他们也承认在不完善的市场经济体制下，城乡青年就业仍然受到一系列问题的困扰，比如社会保障制度的不健全、女性青年和农村青年在就业时仍然会遭受歧视、大量青年就业的稳定性低等。[②] 在这种背景下，本研究亦尝试通过问卷调查的方式考察大学生对自主就业政策的评价。调查发现，对于现在大学生自主择业政策，50.7% 的受访者认为是"给家庭关系和资源留下活动空间，富家孩子好就业"；43.2% 的受访者认为是"政府推卸责任的一种政策，没有照顾到贫困家庭的学子"；40.9% 的受访者认为"是一种公平竞争的政策"；而只有 13.0% 的受访者认为"有利

---

① 广州市穗港澳青少年研究所：《追求生活质量、注重个人发展的广州青年》，《中国广州发展报告 (2010)》，中国社会科学出版社，2010，第 243 页。
② 杨宜勇、安家琦：《二十一世纪内地的经济建设与青年就业》，《青年研究学报》2009 年第 1 期。

于贫困家庭的学子"。而对于"政府在创造平等的就业环境，维护就业公平中的作用"，超过一半的受访大学生认为"完全没用"或者"基本上没用"（见图5-8）。

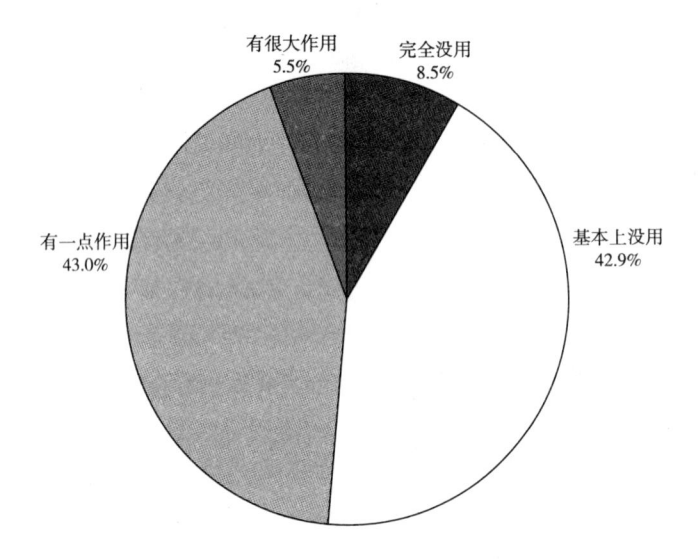

图5-8 对政府在维护就业公平方面作用的评价

此外，对于"近年来政府为年轻人创造'向上流动'机会和途径的努力"，高达51.7%的受访者表示"不满意"，8.4%的受访者更是表示"非常不满意"。调查还发现，大学生群体认为目前社会为大学生提供改变自己未来的机会并不多。

六 总结：对当代中国社会政策的启示

社会阶层剧烈变革、国家高等教育政策转向以及大学生群体身份变迁为我们勾画出改革开放后中国社会发展变化的另一个重要现象，当然也成为社会政策发展的另一个重要背景。在社会阶层不断分化，财富和收入差距持续扩大之时，社会政策便理所当然地肩负起维持社会公正，促进社会整合或社会凝聚的作用。在市场化不断推进的过程中，我们需要建立一套完善的社会政策体系，充分发挥社会政策的再分配和协调各阶层利益的功能；建立一个完整的社会安全网，救助和扶持弱势群体，保障"社会底层"群体的基本生活，促进社会可持续发展。

　　青年人特别是大学生作为社会的晴雨表，时代的弄潮儿，社会的发展变化应该在他们身上体现得最为明显。但是从本次调查数据结果我们观察到，大学生群体对社会分化格局的整体判断倾向于"结构化"，亦即他们感知到各阶层的分化颇为严重，不同阶层经济社会地位失衡，而且家庭背景及资源对一个人的发展有重要影响，社会流动带着"再生产"印记。具体到大学生本身，他们则认为"向上流动"的渠道已经变得狭窄，自身能把握的社会机会并不太多，自主就业政策不利于贫困家庭的孩子，而给各种"非正式资源"留下活动空间。本章笔者之一莫家豪教授于2012年11月参加了浙江大学举办的世界大学联盟大学论坛（World wide universities Network Ideas and Universities Conference 2012），与会的英国伦敦教育学院教授 Andy Green 分析了欧洲当前高等教育发展与就业问题，指出在经济不景气的情况下，欧洲大学毕业生就业出现严重问题；欧洲大学普及化导致大学生过剩和就业不足，大学毕业生薪金停滞不前甚至下降，而且年青一代难以购买房屋居住，出现他所指的"年轻人危机"（Crisis of the youth）。为了避免"年轻人危机"也在我国扩展，我们应当大力发展和完善教育政策、就业政策以及其他与之相关的政策，特别是加强教育投资及福利政策的落实，维护就业公平，营造有利于青年人特别是大学生自主择业或创业的政策氛围，重新树立大学生对未来的信心以及为他们创造更多的向上流动的机会。

实证篇

具体政策领域的研究

第六章　社会福利需要与保障：以广州为研究个案的评估

一　背景与问题的缘起

美国政策学家 Glazer 把社会福利分为两种，"第一类福利"（Welfare I）为所有大众提供分配性的、属于大众绝对权利的福利服务；"第二类福利"（Welfare II）则只提供选择性的、补救性的和经常是以"家计调查"为基础的福利服务。[①] 许多研究中国社会福利的学者都认同中国的社会福利属于"第二类福利"，它建构在狭隘的福利概念之上，是"补救型社会福利"[②][③]。在1978年以前，"补救型社会福利"并没有显露太多的缺陷。因为在计划经济时期，国家垄断了包括财富、物资、每个人生活和发展机会等在内的重要的社会资源，在这种高度组织化、一体化、集权化和单一化的社会

[①] Glazer, N., "Welfare and 'Welfare' in America", *The Welfare State, East and West*, eds. by R. Rose and R. Shiratori（Oxford: Oxford University Press, 1986）.

[②] 学术界也习惯上使用"补缺型社会福利""剩余型社会福利""残余型社会福利"等其他词组，其指代的都是同一概念。详见尚晓援《"社会福利"与"社会保障"再认识》，《中国社会科学》2001年第3期。

[③] 黄黎若莲：《边缘化与中国的社会福利》，商务印书馆（香港）有限公司，2001；梁祖彬、颜可亲：《权威与仁慈：中国的社会福利》，香港中文大学出版社，1996；唐钧：《中国的社会福利概念》，《中国社会福利》，中华书局（香港）有限公司，1998；王思斌：《我国适度普惠型社会福利制度的建构》，《北京大学学报（哲学社会科学版）》2009年第3期。

结构中，每一个劳动者的基本生活保障和福利责任，都由其所就业的社会组织来负责，即"单位保障制"①。这种"单位保障制"虽然存在严重的单位差距现象，使中国社会福利制度处于分割或割裂（divided and segmented）的状态，但却有效地分担了国家的福利责任，使"国家的角色除了宏观地监管单位的运作及人事分配之外"，只"需要照顾一些没有单位保障的人士，或一些因为单位的运作出现问题而需要国家干预以保障其成员的生活。前者的数目较少，而后者主要以天灾和贫困情况为主"，所以国家的福利补救工作"十分之狭窄"。② 在那个年代，国家补救与单位保障相结合，不仅保持了社会稳定，解决了诸如通胀、失业、犯罪等社会问题，还有效地维持着社会成员的生活水平，且被视为社会主义制度优越性的体现。③

不过始于20世纪70年代末80年代初的经济改革和市场化转型改变了这种保障制度以及"需要"与"补救"均衡的格局。正如Ethan B. Kapstein和Michael Mandelbaum所指出的那样，在市场化转型的过程中，原先的社会保障体系或社会安全网往往会出现破裂，从而导致弱势群体遭遇生活水平下降。④ 企业单位在"效率优先"理念的指引下，以经济生产为主要目标，特别是1986年国家全面推行合同制用工后，企业单位不再是职工生活的保障者，而是依据合约只为职工承担"有限"保障责任。20世纪90年代末期，中国进行大规模的国企改革，大量的下岗工人与失业者、农民工、临时工及个体户等一并成了没有单位保障的群体。⑤ 单位保障功能的弱化将更多的福利补救责任推给了政府，要求"国家回

---

① 路风：《单位：一种特殊的社会组织形式》，《中国社会科学》1989年第1期；梁祖彬、颜可亲：《权威与仁慈：中国的社会福利》，香港中文大学出版社，1996，第181页。
② 梁祖彬、颜可亲：《权威与仁慈：中国的社会福利》，香港中文大学出版社，1996，第182～183页。
③ 梁祖彬、颜可亲：《权威与仁慈：中国的社会福利》，香港中文大学出版社，1996，第182～183页。
④ Ethan B. Kapstein and Michael Mandelbaum, *Sustaining the Transition: The Social Safety Net in Postcommunist Europe* (New York: The Council on Foreign Relations, 1997).
⑤ Wong, L., Mok, K. H. and Lee, G., "The Challenges of Global Capitalism: Unemployment and State Workers' Reactions and Responses in Post-Reform China", *International Journal of Human Resource Management* 13 (2002): 1-17.

归"（bring the state back in）的呼声也越来越强烈。① 如近期笔者在广东地区对农民工进行的一项调查显示，很多农民工对政府提供福利服务不足感到不满；② 又如教育私有化及市场化使中国居民感到社会不公状况严重，要求政府强化在福利服务提供方面的角色。③

在这种情况下，中国政府开始着手建立一套以救助、救济为特征的社会福利体系，主要内容包括最低生活保障以及其他社会救助或保障项目（包括医疗救助、教育救助、住房保障、就业援助、司法援助等等）。④ 但是，"中国的社会福利并不是一项财力雄厚的事业"，国家资源的有限性约束了福利水平的不断提高；尽管一些受救助弱势群体生活状况会有所改善，但其总是处于社会的边缘地位。⑤ 而且，中国并不认为西方福利国家制度能有效地解决社会贫困和分配不公等问题⑥，《人民日报》就曾刊文指出，"中国建立新的社会保障制度的根本目的是提高生产力……高福利更不能搞……从基本国情出发保障基本生活水平"⑦。从某种意义上来说，中国目前的社会福利依然带有浓厚的"补救"色彩。

1997 年亚洲金融危机以后，和其他东亚国家一样，中国的经济和社会转型过程不断加快。就业形势严峻化、通胀、人口结构老龄化、生育率

---

① Painter, M. and Mok, K. H., "Reasserting the Public in Public Service delivery: The De-privatization and De-marketization of Education in China", *Reasserting the Public in Public Services*, eds. by Ramesh, M., Araral Jr, E. and Wu, X. (London: Routledge, 2010).

② Mok, K. H. and Ngok, K. L., "A New Working Class in the Making: Changing Social Position and Citizenship of Migrant Workers in Guangdong, China", *Work: A Journal of Prevention, Assessment and Rehabilitation* 38 (2011): 241-256.

③ Mok, K. H., "Right Diagnosis and Appropriate Treatment for the Global Financial Crisis? Social Protection Measures and Social Policy Responses in East Asia", *New Welfare States in East Asia*, ed. by Hwang G-J. (London and New York: Edward Elgar, 2011).

④ 本章所称的"社会福利"是广义的概念，用以泛指国家依法为所有公民普遍提供的旨在保证一定生活水平和尽可能提高生活质量的资金和服务的社会制度。本章并不对"社会福利""社会保障""社会救助"的概念进行严格的界定区分。

⑤ 黄黎若莲：《边缘化与中国的社会福利》，商务印书馆（香港）有限公司，2001，第223~225页。

⑥ 杨团、杨体仁、唐钧：《中国社会保障制度的再选择》，社会科学基金项目报告书，1995。

⑦ 《人民日报》1995年7月29日。

下降以及核心家庭化等问题使中国社会成员的基本福利和保障需要不断增加和多元化。学术界已经有学者指出中国目前的社会福利难以满足民众的基本需要。新形势下的新问题会使人们对政府在提供社会福利和社会保护方面的角色产生新的期望。[1] 而且，更重要和最基本的是，中国居民的社会福利需要必须重新得到有效的评估。有学者认为中国自改革开放以来，在社会福利改革方面走上了私有化及市场化的道路，正像其他东亚地区的社会福利发展一样，社会福利私有化造成不少社会问题，这有待中国政府处理。[2] 本章就是在这样的经济社会和理论背景下，以广州市为研究个案，检视了新形势下中国社会福利的变革和挑战，通过对居民的调查，考察他们对现有社会福利的看法，评估他们的福利需要，并特别探讨分析了目前的福利模式（近似东亚福利模式）是否依然具有适用性，或是说"补救型的社会福利"对于满足居民需要和促进社会发展是否仍然有效。

二 研究框架和研究方法

本章的研究设置在中国近三十年来由计划经济转型到市场经济的经济社会背景下，审视转型期中国因经济社会急剧变革而带来的公众新需要，以及政府或福利体系对此的响应。具体而言，本章的研究目标包括：（1）考察相关社会群体（特别是弱势群体）在变革时代的基本福利需要变化趋势；（2）检视在既定的福利框架下，政府对经济社会变革以及公众需要变化的应对策略、优先目标和主要工具；（3）评估特定的政府政策对于社会公众需要的满足程度以及由此产生的影响；（4）探讨经济社会变革、公众需要变化和政府政策的调整对于原先的福利制度和福利理念的影响。需要指出的是，由于社会存在复杂和相互交织的多元群体，每个

---

[1] Walker, A. and Wong, C. K., *East Asian Welfare Regimes in Transition* (Bristol: Policy Press, 2005); Haggard, S. and Kaufman, R. R., *Development, Democracy and Welfare States: Latin America, East Asia and Eastern Europ* (New Jersey: Princeton University Press, 2008).

[2] Mok, K. H. and Ku, Y. W., *Social Cohesion in Greater China: Challenges for Social Policy and Governance* (London: Imperial College Press and Singapore: World Scientific, 2010).

群体的人口学特征、经济状况以及面对的主要问题是不同的，所以在分析社会福利需要的过程中，我们必须将群体甚至个体的特征纳入考虑范围和影响因素。而公众对需要满足与否的判断和对政府政策的评价又具有主观性，所以也必须考虑到相关群体的观念因素。本章的研究框架如图6-1所示。

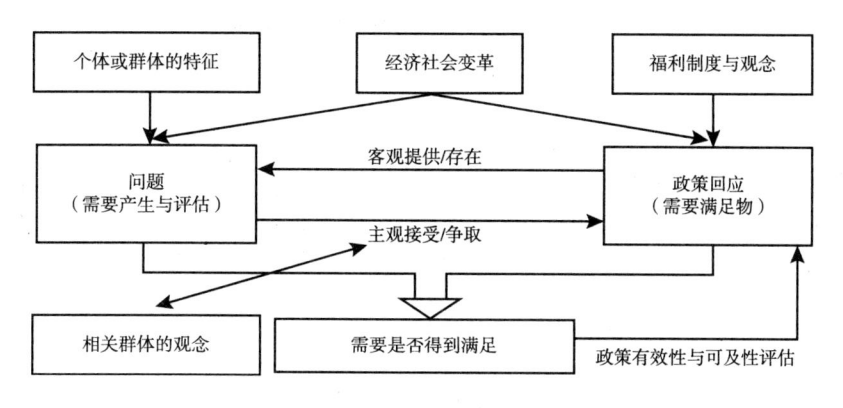

图6-1 研究框架

说明：本图参考韩晓燕所制的"需要的满足和产生"图，并进行了相应的调整和修改。参见韩晓燕《中国离婚单亲家庭青少年需要——上海个案研究》，载莫邦豪主编《中国社会福利研究文集》，社会科学文献出版社，2007，第101页。

本章以广州市为研究案例，主要考察的内容是广州市城镇居民的福利需要以及广州市政府对广州城镇居民的福利政策或措施。[①] 本章采取文献分析和政策分析的方法，对广州市在最低生活保障以及医疗、住房、教育等方面的政策理念、优先目标及偏好、主要工具等进行探讨。本章采取专家访谈的方法，通过对相关专家的深度访谈，获取他们对广州市乃至中国的福利理念、福利制度以及医疗、住房、教育等具体领域的政策措施的看法或见解。[②] 本研究主要通过焦点小组访谈的

---

① 在本章的部分内容讨论中，也会涉及居住或工作于广州市的外地户籍人口。本章中广州地区的研究是笔者近期进行的有关广州、香港及台北三地居民对社会福利服务评价比较研究的一部分。
② 专家访谈于2010年6月10日在广州中山大学进行，访谈讨论的参与者包括社会政策、教育政策、社会保险、医疗政策、政治社会学、公共管理学、政策学等方面的中外专家和学者。

方法对广州居民进行调查。而在访谈样本的选取中，本研究则采用抽样的方式。质性研究的抽样通常采用立意抽样，而不是随机抽样。① 因而本研究先根据"漏斗式"的原则将样本的选取由市区这一大范围逐渐缩聚到街道这一小范围。在本研究中，因为调查对象或目标样本十分庞大，所以我们采取了目的性抽样的方法来选取参加焦点访谈的居民，这样可提高可信度。② 参加焦点小组访谈的居民包括各个年龄段的，不同职业的（学生、毕业且待业者、国企下岗工人和退休人士等），不同家庭背景的（低保户、单亲家庭等）以及不同收入阶层和经济条件的。我们先后在广州三个不同街道进行居民焦点小组访谈，焦点小组访谈的具体信息如表6-1所示。当然，在质性研究中，仅仅只有质性数据是不够的，需要找到适当的量化数据，并将质性数据与量化数据链接起来，正如Rossman与Wilson所指出的那样，通过三角测量法，两种数据可以相互支持或加强巩固，且有助于推动和细究资料分析，获得更丰富的细节。③ 因此，本章在文献和访谈记录等质性数据的基础上，将结合政府的统计资料或其他研究机构的调查结果，进行相关的资料分析。

表6-1　焦点小组访谈情况

焦点小组	访谈时间	访谈地点	小组规模	访谈对象
A	2010.6.11	广州昌岗街道办事处	16人	广州昌岗街道居民(A1-A16)
B	2010.7.17	广州同福大街海幢社工站	10人	广州同福大街居民(B1-B10)
C	2010.12.30	广州景泰街道办事处	15人	广州景泰街道居民(C1-C15)

---

① Kuzel, A. J., "Sampling in Qualitative inquiry", *Doing qualitative research* (*Research Methods for Primary Care Series*, Vol. 3), eds. by B. F. Crabtree and W. L. Miller (Newbury Park, CA: sage, 1992); Morse, J. M., ed., *Qualitative Nursing Research: A Contemporary Dialogue* (Newbury Park, CA: Sage, 1989).

② Patton, M. Q., *Qualitative Education and Research Methods* (2nd ed.) (Newbury Park, CA: sage, 1990).

③ Rossman, G. B. and Wilson, B. L., "Number and Words: Combining Qualitative and Qualitative Methods in a single Large Scale evaluation study", *Evaluation Review* 9 (1984): 627-643.

三　案例研究：广州市居民福利服务评估

本章中的社会福利是一个广义的概念，所以其涉及的内容极广。由于篇幅关系，在广州案例这部分内容中，我们只选取了具有较强救济色彩的最低生活保障，具有较强社会保险色彩的医疗保障，以及近年来深受关注的住房保障和教育服务等方面的内容来进行阐述。

最低生活保障

一般认为，低收入者应是社会福利的真正需要者[1]，所以通过家计调查来确认目标群体的最低生活保障制度是社会福利或综合性社会救助体系的基础。同时，由于最低生活保障制度往往与某些其他救助项目关联在一起，所以最低生活保障的实施成了构造社会安全网和影响弱势群体社会福利享有权的核心和关键。不过，基于整体的福利观念和福利体系特征，中国的最低生活保障依然是重在"最低"[2]，强调"生存"[3]。广州市于1995年建立起城镇居民最低生活保障制度，并先后进行了6次调整，"低保"标准由原来每人每月200元提升到每人每月480元。[4] 要判断"低保"标准高低与否，一般是将其与当地居民的平均收入进行比较。[5] 以2008年为例，广州"低保"标准为每人每月365元（即每人每年4380元），广州该年居民的全年人均可支配收入为25316.72元[6]，因而"低保"标准只是当地居民人均可支配收入的17.3%。社会政策的国

---

[1] 顾昕：《中国社会安全网的制度建设》，浙江大学出版社，2008，第4页。

[2] 王辉：《中国城市社会救济的制度化创造——论城市居民最低生活保障制度的背景、内容和意义》，载徐滇庆等主编《中国社会保障体制改革》，经济科学出版社，1999，第666~676页。

[3] 杨立雄：《中国城镇居民最低生活保障制度的回顾、问题及政策选择》，《中国人口科学》2004年第3期。

[4] 广州市城镇居民最低生活保障标准的变动情况：1995年为200元，1997年为240元，1999年为300元，2005年为330元，2008年为365元，2010年为410元，2011年为480元。

[5] 顾昕：《中国社会安全网的制度建设》，浙江大学出版社，2008，第7页。

[6] 《城市居民家庭平均每人全年现金收支情况（2008年）》，广州统计信息网，http://data.gzstats.gov.cn/gzStat1/chaxun/njsj.jsp，2009。

际文献一般把民众收入中位数①的30%视为"极端贫困线"、40%为"严重贫困线"、50%为"温和贫困线"、60%为"近乎贫困线"。② 按照国际学术界的标准,那么得到救助的广州市低保户的生活仍是极端贫困的状态。

近年来,和全国其他地方一样,广州市物价水平持续上扬,通胀预期强烈。2008年广州城市居民消费价格总水平上升5.9%。③ 低保户对于物价水平的敏感度比其他群体都要强。广州市意识到了通胀对于低保户生活水平的影响,并于2010年12月出台《广州市调整最低生活保障标准试行办法》,建立"低保"标准与物价变动的联动增长机制。但《办法》中为增长机制设定的启动条件十分苛刻,即要"低收入居民消费价格指数上涨到一定水平(4%或以上)并持续6个月时"才启动调整机制。这样的机制设置必然会导致"低保"标准的调整永远滞后于物价和消费的变动。C4(女,42岁)是一位单亲母亲,有一个儿子正在读初中,他们是景泰街道的一户"低保"家庭。在物价上扬的情况下,"低保"显然已经难以满足他们的基本需要:"(我们家领的低保金)最开始只有100多,真的没有什么作用。后来就升到了500多,现在就有603元。但是怎么升也赶不上市场(物价)升得快。(低保金)开始升的时候觉得很开心的,但是物价升得更快。现在儿子又在长身体,他要吃肉,我都不敢吃,我就看着他吃。"(C4,访谈记录)

事实上,许多家庭沦为低保户有着复杂和多重的因素,比如身体残疾,家庭成员长期患病,子女教育负担重等等。对于这样的"低保"家庭,单一的低保金救济显然是不够的。针对这一问题,广州市近年来在"低保"制度的基础上制定和实施了一些诸如医疗救助、助学等配套的救

---

① 如果样本量足够大,则整体的中位数与平均数非常接近,可以视为等同。
② Christina Behrendt, At the Margins of the Welfare State: Social Assistance and the Alleviation of Poverty in Germany, Sweden and the United Kingdom (Aldershot, U. K.: Ashgate, 2002); Timothy M. Smeeding and Katherin R. Phillips, "Social Protection for the Poor in the Developed World", Shielding the poor: Social Protection in the Developing World, ed. by Nora Lusting (Washington, D. C.: Brookings Institution Pree, 2001); 顾昕:《中国社会安全网的制度建设》,浙江大学出版社,2008年,第7页。
③ 广州市统计局、国家统计局广州调查队:《2010年广州市国民经济和社会发展统计公报》,http://www.gzstats.gov.cn/tjfx/gztjfs/201104/t20110411_24947.htm, 2011。

助措施。① 然而这些有着严格数额标准和申请程序的救助措施对于一些有特殊困难的低保户却依然杯水车薪。B6（女，44岁）家就属于这种类型的低保户，她家里有一个儿子自小就得了心脏病。"（我的儿子）做了心脏手术，住院期间刚好开始搞学生医疗保险，民政局帮我买了。当时我儿子出院的时候，我拿那张单子去劳动保障局那里报，他们说刚好没有到那个时间，七月一号才能报，六月三十号都不行。我是六月二十二号出院的，所以一分钱都没有报。""最后向居委会求助，居委会去民政局那里报，最后补给我1000块。他说已经补到头了。""我们家现在欠了五万多块的手术费，每个月政府给我们的几百块低保费对我们来说没什么用。"（B6，访谈记录）一项调查显示，2009年广州市居民对政府"弱势群体救助"工作的不满意度达32.6%，比2008年上升了8.8个百分点。②

医疗保障

经济学家科尔奈与翁笙和曾指出，"健康、减少身体痛苦和生存同别的任何事物相比都是具有特殊的无可比拟的价值"。③ 患病不仅会使人丧失劳动能力、减少工作机会以及收入，而且还是许多原本殷实的家庭陷入贫困的重要因素。所以医疗保障也被视为最重要的社会福利之一。中国的医疗保障体系还存在许多问题，根据世界卫生组织对191

---

① 例如，2000年颁布《关于建立城镇特困人同基本医疗保障制度的紧急通知》，对"低保"人员实施基本医疗救助金和分类救济金制度。2000年颁布的《关于建立城镇特困人员基本医疗保障制度的紧急通知》规定，从2000年1月1日起，对进入广州市城镇居民最低生活保障救济范围的"三无"人员、无业人员及在职、下岗、退休、失业人员中的家庭成员和未享受公费医疗的非在职优抚对象，每人每月由民政部门按当地最低生活保障标准的14%的额度给予基本医疗救助。2006年颁布的《关于对我市特困人员实行分类救济的通知》规定，对家庭中有在小学、初中、高中、职业中等教育学校在读学生，家庭中无子女的双老人员，家庭中患重大疾病人员的"低保"家庭，在"低保"标准的基础上提高20%给予救济；对城镇低收入困难家庭（包括"低保"户）中患重大疾病的人员，按"低保"标准的20%给予救济；对城镇低收入困难家庭（包括"低保"户）的读书子女，在九年制义务教育阶段给予减免书杂费等优惠；等等。

② 广州市社情民意研究中心：《2009年广州社会经济状况公众评价》，载汤应武主编《中国广州社会发展报告（2010）》，社会科学文献出版社，2010，第288页。

③ 雅诺什·科尔奈、翁笙和：《转轨中的福利、选择和一致性——东欧国家卫生部门改革》，中信出版社，2003，第41页。

个国家医疗制度指标的评价，中国总体医疗制度表现名列第144位。① 广州市将医疗保障政策的优先目标设定为扩大医疗保险的覆盖面，除了推动城镇职工参加医保外，还颁布具体政策将城镇灵活就业人员、农转居人员、非广州市城镇户籍从业人员等通过各种方式纳入医保范围。② 2010年末，广州全市医疗保险参保人数678.4万，其中退休人员医疗保险参保人数80.9万。③ 一项对广州十二区1001位居民的随机抽样调查显示，参加"医疗社会保险"的比例为53.0%，且"没有任何医疗保障"的群体比例只占17.9%，④ 广州医疗保障的覆盖率在全国处于较高水平。

目前中国医疗机构补偿机制是一种财政拨款和业务收益相结合的复合型模式。这种成形于计划经济时期的机制在市场化的今天却发生了扭曲，在政府财政投入比重逐渐减少的同时，医疗机构则加强市场经营活动谋求经济利益，形成了以医疗服务经营性收益为主和财政投入为辅的格局。⑤ 再加上缺少对医疗服务供给方内在的成本制约机制和激励机制，中国医疗卫生费用上涨的趋势难以有效遏制，⑥ 医疗服务的主要问题集中在"看病贵"。调查显示，广州居民认为医药费"过高"或"偏高"的比例在八成

---

① 转引自胡德伟在"新世纪中国健康目标和卫生政策实践论坛"上的发言，北京，2000。
② 例如，2005年颁布的《广州市城镇灵活就业人员医疗保险试行办法》规定，广州市城镇职工基本医疗保险统筹区域内、符合广州市基本养老保险参保缴费年龄范围，并具有广州市城镇户籍的灵活就业人员，包括以非全日制、临时性或弹性工作等形式就业的人员以及自由职业者、个体经济组织业主及其从业人员，个人或个体经济组织业主以上年度本市单位职工月平均工资为基数，每人每月按4%的标准缴纳住院保险费，并按规定缴纳重大疾病医疗补助金，参保人员享受广州市城镇职工基本医疗保险规定的住院、门诊特定项目和指定门诊慢性病医疗保险待遇，并按规定享受重大疾病医疗补助待遇。2008年颁布的《关于广州市农转居人员参加医疗保险有关问题的通知》规定，农转居人员参加医疗保险所需的资金，统一按本市现行医疗保险的有关政策执行；等等。
③ 广州市统计局、国家统计局广州调查队：《2010年广州市国民经济和社会发展统计公报》，http://www.gzstats.gov.cn/tjfx/gztjfs/201104/t20110411_24947.htm，2011。
④ 广州市社情民意研究中心：《2009年广州医疗行业服务状况公众评价调查报告》，载汤应武主编《中国广州社会发展报告（2010）》，社会科学文献出版社，2010，第282页。
⑤ 梁鸿、赵德余：《中国基本医疗保险制度改革解析》，《复旦学报（社会科学版）》2007年第1期。
⑥ 左学金、胡苏云：《城镇医疗保险制度改革：政府与市场的作用》，《中国社会科学》2001年第5期。

以上。① 虽然广州在推进医疗保障覆盖面方面的努力卓有成效，然而医药费的上涨却在不断抵消医疗保障给公众带来的福利受益和降低公众的福利感知。《2009年广州社会保险状况公众评价调查报告》显示，54.1%的公众认为医保对看大病"作用不大"或"基本没作用"，56.0%的公众认为医保对看小病也"作用不大"或"基本没作用"（见图6-2、图6-3）。②

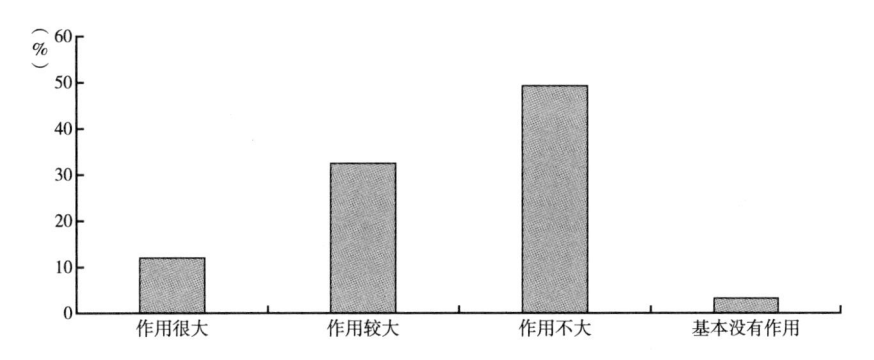

图6-2 医保对解决看大病问题的作用评价

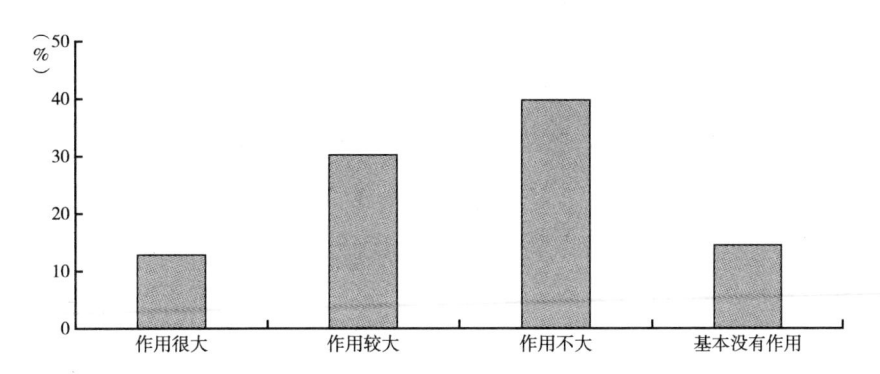

图6-3 医保对解决看小病问题的作用评价

此外，许多统计资料和研究都表明，中国的人口结构正在发生着变化；由于出生率持续下降，人均寿命逐渐增长，中国老年人口的总数和比

---

① 广州市社情民意研究中心：《2009年广州医疗行业服务状况公众评价调查报告》，载汤应武主编《中国广州社会发展报告（2010）》，社会科学文献出版社，2010，第278页。
② 广州市社情民意研究中心：《2009年广州社会保险状况公众评价调查报告》，载汤应武主编《中国广州社会发展报告（2010）》，社会科学文献出版社，2010，第311~312页。

重都在不断增加或加大。医学经验表明，老年人是最容易遭受病患的群体，我国老年人群体中许多人患有高血压、糖尿病等慢性疾病，他们有着强烈的医疗保障需要。A12（男，70岁）是一位高血压老年患者，"我每个月检查看病和吃药就要花费700~800元，但是我每个月只有100元的补贴和300元可报销的医保，差太多了"（A12，访谈记录）。对于将医疗保障视为最重要的福利的老年群体来说，现阶段的医保水平显然是不够的，正如昌岗街道居民A16（女，78岁）所言，"我们老人生病了，医疗开销就是无法控制的"（A16，访谈记录）。

住房保障

居住权是马歇尔概括的现代社会中公民的六大社会权利之一，其直接影响到公民的福利。[1] 过高的住房开支会使一些居民陷入贫困，所以住房保障也成为弱势群体反贫困保障的重要内容之一。[2] 计划经济时期，中国实行福利住房政策，国家以"家长"的姿态为一般的城镇居民分配住房或提供住房保障；20世纪70年代末，政府为了减轻供房压力和减少财政开支，推行了住房市场化及货币化改革，但在改革的过程中又过分迷信市场，烙上了新自由主义福利体制的印迹。[3] 住房改革将一般居民的住房需求推给了房地产市场，但由于房价宏观调控乏力，房价不断飙升，"居者有其屋"已经成为昂贵的愿望，而非基本生存条件和生活权利。2010年10月份广州市十区一手住房均价突破1.5万元大关；[4] 而2010年广州城市居民人均可支配收入为30658元；[5] 据此推算，一般居民全年全额可支配收入大约只能买两平方米的住宅面积。

有研究表明，住房改革受益者是那些拥有较高的政治社会地位、占有组织资源和权力、拥有较好经济条件的人们，而不是那些处于社会底层的

---

[1] Marshall, T. H., *Social policy* (4th Edition)(London: Hutchsinon, 1975).

[2] Ritakallio, V. M., "The Importance of Housing Costs in Cross-national Comparisons of Welfare (State) Outcomes", *International Social Security Review* 56 (2003): 81 - 101.

[3] 朱亚鹏：《住房问题与住房政策的范式转移》，载岳经纶主编《中国公共政策评论（第1卷）》，上海人民出版社，2007。

[4] 《广州一手住房均价同比上升五成，首破1.5万大关》，中国新闻网，http://www.chinanews.com/estate/2010/11-19/2667325.shtml，2010年11月19日。

[5] 广州市统计局、国家统计局广州调查队：《2010年广州市国民经济和社会发展统计公报》，http://www.gzstats.gov.cn/tjfx/gztjfs/201104/t20110411_24947.htm，2011年4月7日。

人们，没有足够的证据显示市场化改革能改善原有的社会分层。① 旧的福利住房体制下的弱势群体在房地产市场依然处于不利地位。从这种意义上讲，由政府提供的住房福利或住房保障应该向这部分群体倾斜，并且中国目前的住房弱势群体是庞大的。广州市的住房保障体系内容主要包括经济适用房、廉租房、限价房等。这些住房保障对于申请者来说门槛是"极高"的（见表6-2、表6-3），能被这些住房福利惠及的群体范围是极小的。这种对供应对象的严格甚至苛刻的限定，将很大一群居民变成"夹心层"，他们既得不到政府的住房保障，又无力直接进入市场购房。

表6-2 广州市廉租房申请条件标准

家庭组成（人）	家庭月可支配收入（元）	家庭年可支配收入（元）	人均居住面积（平方米）	申请人家庭资产净值限额（万元）
1	640	7680	<10	7
2	1280	15360	<10	14
3	1920	23040	<10	21
≥4	2560	30720	<10	26

表6-3 广州市购买经济适用房的条件标准

家庭组成（人）	家庭月可支配收入（元）	家庭年可支配收入（元）	年人均可支配收入（元）	人均居住面积（平方米）	家庭资产净值限额（万元）
1	1524	18287	18287	<10	11
2	3048	36574		<10	22
3	4572	54861		<10	33
≥4	6096	73148		<10	44

20世纪90年代末，中国高校开始了全面扩招，由此引致的一个后果就是高校毕业生逐年增加，就业形势日益严峻。中国社会科学院的调查发现，2006~2009年，中国大学毕业生实际月薪呈下降趋势，2009年本科

---

① Logan, J. R. and Y. Bian, F. Bian., "Housing Inequality in Urban China in the 1990s", *International Journal of Urban and Regional Research* 23 (1999): 7-25.

毕业生平均月薪为 2703 元。① 在这种情况下，绝大部分刚毕业的大学生既无力通过市场购得房产，也难以符合廉租房或经济适用房的申请条件，他们成了上述的"夹心层"。B5（女，23 岁）于 2009 年大学本科毕业后在广州的一家 NGO 工作，月薪两千多，住房成了她最大的问题："我觉得我们这些年轻人最痛苦，我们既买不起商品房，也申请不到廉租房。"（B5，访谈记录）她的一个同事 B4（女，24 岁）也是一名大学毕业生，她对这一议题也深有感触，"我们总要面对结婚买房的问题吧？虽然现在政府推出一些经济适用房，但是申请的条件很多，很苛刻。另一方面，我想即便我和我将来的另一半符合申请经济适用房的条件，我们也未必能买得起，因为我记得买经济房好像要先交一笔钱"（B4，访谈记录）。此外，和全国其他地方一样，广州市的廉租房和经济适用房都规定申请对象必须具有广州市城镇户籍，非户籍贫困居民等则被排除在外；而作为住房保障其中一项措施的住房公积金，虽然涵盖了几乎所有的经济组织或单位，但公民能否享有以及其获益比例如何，则还依赖于雇主单位的缴纳行为。②正如朱亚鹏指出的那样："中国住房保障制度既非普适性的、也非职业性的、也非完全收入相关的，而与人的身份/单位有关，具体中国特色的社会排斥特征"，"这甚至比福利保障色彩最少的自由资本的'新自由主义'还要糟糕"。③

此外，在教育方面，调查中我们发现，虽然广东省自 2008 年开始全面实行城乡"免是非同费"义务教育，但教育负担却依然是部分家庭的"三座大山"之一。最新的政策免除了小学及初中阶段学生的学杂费及书本费，但在广州市区，"无论哪一所学校都要收赞助费"（A7，访谈记录），而且"学校还会想出很多名目来收费，比如校服费、午餐费，连中午睡觉也要交'午觉费'"，"周末就开设补习班收取补习费"（B1，访谈记录）。随着中国"一胎制"不断强化，每个家庭对新生儿

---

① 《社科院：大学毕业生实际月薪大幅下降》，http://news.163.com/10/1216/09/6O12O9FL00014AEE.html，2010 年 12 月 16 日。
② 朱亚鹏：《中国住房政策：回顾与前瞻》，载岳经纶主编《中国的社会保障建设：回顾与前瞻》，东方出版中心，2009，第 236 页。
③ 朱亚鹏：《中国住房政策：回顾与前瞻》，载岳经纶主编《中国的社会保障建设：回顾与前瞻》，东方出版中心，2009，第 236 页。

童重视程度与日俱增，由此引发的则是幼儿园阶段教育收费的急剧攀升："现在幼儿园一个月的学费就要几百块，一些'名牌'幼儿园一年的学费甚至上万元。"（B5，访谈记录）目前广州居民要求将义务教育扩展延伸并覆盖幼儿园和高中阶段的呼声十分强烈。2008 年广州市统计局的一项调查表明，"教育开支压力大"已经成为部分广州家庭生活水平下降的第二大因素，仅次于"物价上涨"。广州地区居民对教育服务的评价结果，恰好与最近关于国内不同地区教育不公平问题的议论持相同结论。笔者的研究显示教育市场化造成严重的社会不公平，特别是当政府资源向部分有权位的阶层倾斜的时候，这引致中国内地居民的不满（见表6-4）。①

表 6-4 教育收费满意度的城市排序（2009 年）

排名	城市	满意度	与 2008 年相比	排名	城市	满意度	与 2008 年相比
1	西宁	3.392	↑ 0.127	16	兰州	3.031	↓ -0.070
2	福州	3.391	↑ 0.173	17	石家庄	3.015	↑ 0.124
3	济南	3.372	↑ 0.018	18	成都	2.985	↑ 0.025
4	银川	3.354	↓ -0.016	19	重庆	2.980	0.051
5	乌鲁木齐	3.255	↑ 0.204	20	天津	2.980	↓ -0.097
6	杭州	3.237	↓ -0.091	21	郑州	2.969	↓ -0.041
7	南昌	3.209	↓ -0.020	22	呼和浩特	2.965	↓ -0.096
8	昆明	3.165	↑ 0.134	23	海口	2.949	↓ -0.112
9	上海	3.136	↓ -0.012	24	哈尔滨	2.938	0.004
10	武汉	3.112	↑ 0.066	25	合肥	2.930	↓ -0.155
11	沈阳	3.078	↑ 0.073	26	贵阳	2.854	↓ -0.146
12	北京	3.060	↑ 0.136	27	长春	2.763	↓ -0.135
13	南京	3.056	↑ 0.061	28	广州	2.761	↓ -0.280
14	长沙	3.036	↓ -0.144	29	南宁	2.714	↓ -0.122
15	太原	3.036	↑ 0.122	30	西安	2.616	↓ -0.217

资料来源：21 世纪教育研究院《2009 年度中国主要城市公众教育满意度调查》，载杨东平编《中国教育发展报告（2010）》，社会科学文献出版社，2010，第 162 页。

---

① Mok, K. H., "Bringing the State Back in: Privatization or Restatization of Higher Education in China", Paper under review by *European Journal of Education*, 2011.

四 讨论与总结

与东亚其他新兴的经济体一样,中国大陆也已经成为"生产主义福利体制"的实践代表。在这种深受儒家思想影响的"东亚福利模式"中,社会政策或社会福利"专注于经济增长"并对经济增长起关键作用。[①] 不过,虽然生产主义体制重在社会投资,而不是社会保障[②],但 Holliday 也认为,生产主义并不一定意味着最简的社会政策,因为在生产型社会里,社会政策也要担当重要角色,以保证为经济发展随时提供合适的劳动者,从而确保社会政治安全稳定以及劳动力市场顺利运作。[③]

社会福利的供给不足和分配不均影响到社会的凝聚。因为社会的凝聚取决于各种政策能否确保"群体内每一个人都能获得平等的机会,去满足他们的基本需要,改善其自身,保护其法定权利,维护其社会尊严和信心"。[④] 怎样在福利保障和经济发展中取得平衡,以加强社会中不同个人及组织的凝聚,如社会的稳定团结,贫富差距缩小,小区或家庭信任与合作,这是一个两难的问题。[⑤] 在《东亚和太平洋国家实录:危机后的十年》一书中,世界银行称,金融危机过后的十年,东亚面临着三大挑战:如何使经济保持持续增长,如何应对日益明显的社会不平等,以及如何克

[①] Holliday, I., "East Asian Social Policy in the Wake of the Financial Crisis: Farewell to Productivism?", *Policy and Politics* 33 (2005): 148.

[②] Gough, I., "East Asia: The Limits of Productivist Regimes", *Insecurity and Welfare Regimes in Asia, Africa and Latin America*, eds. by Gough, I. and G. Wood (Cambridge: Cambridge University Press, 2004): 190.

[③] Holliday, I., "East Asian Social Policy in the Wake of the Financial Crisis: Farewell to Productivism?", *Policy and Politics* 33 (2005): 148.

[④] Council of Europe, *Promoting the Policy Debate on Social Cohesion from a Comparative Perspective* (Germany: Council of Europe, 2001), 5.

[⑤] Chan, J. et al., "Reconsidering Social Cohesion: Developing a Definition and Analytical Framework for Empirical Research", *Social Indicators Research* 75 (2006): 273-302; Colletta, N. J. et al., "Social Cohesion in Southeast Asia: From Economic Miracle to Social Crisis", *Social Cohesion and Conflict Prevention in Asia: Managing Diversity through Development*, eds. by Colletta, N. J. et al. (Washington, D. C.: The World Bank, 2001); Forrest, R. and A. Kearns, "Social Cohesion, Social Capital and the Neighbourhood", *Urban Studies* 38 (2001): 2125-2143.

服经济财政的脆弱性。① 经济两极分化的现象在东亚地区也频繁发生，它不仅威胁重要服务投放的普遍性和广泛性，同时也给防范社会分化、促进社会凝聚的政策的制定和执行带来很大压力。最近，亚洲开发银行发表一篇名为《增长、不平等和贫困相互关系：亚洲经验》的研究报告，为"利贫增长"（a pro-poor growth）方式进行辩护。"利贫增长"是一种能使贫困者受益更多的发展方式。作者指出，来自 17 个亚洲国家的比较研究显示，高速增长的经济使这些国家的贫富差距越拉越大。经济的高速增长并非有助于减缓贫困。由于经济增长带来的"滴漏效应"不再具有可持续性，因此经济增长对于减缓贫困的作用也不如人们预期的那样大。与此同时，在急剧变迁的世界中，中国香港、中国台湾、韩国、泰国及亚洲其他国家和地区的研究也都开始关注"生产主义福利体制"的可持续性问题。② 从这个意义上讲，为了促进社会稳定和平衡社会发展，批判性地重新审视"生产主义"的理念是十分必要的。③

基于"效率优先"的价值导向和"补救"的福利观念，与大多数东亚国家或地区一样，转型期的中国对社会福利维持着较低的财政开支，中国社会福利被局限于对社会最底层或最困难人群的最基本保障及必需的"补救"，而大部分社会"次弱势群体"和在某方面存在暂时性困难的群

---

① World Bank, *East Asia and Pacific Region*, *East Asia and Pacific Update*: *Ten Years after the Crisis* (Washington, D. C.: The World Bank, 2007), 26.

② Chan, R. K. H., "The Sustainability of Asian Welfare Systems After the Financial Crisis: Reflections on the Case of Hong Kong", *Asian Journal of Social Science* 31 (2003): 172 – 197; Chow, W. S., "New Economy and New Social Policy in East and Southeast Asian Compact, Mature Economics: The case of Hong Kong", *Social Policy and Administration* 37 (2003): 411 – 422; Croissant, A., "Changing Welfare Regimes in East and Southeast Asia: Crisis, Change and Challenge", *Social Policy and Administration* 38 (2004): 504 – 524.; Holliday, I. and P. Wilding, "Welfare Capitalism in the Tiger Economics of East and Southeast Asia", *Welfare Capitalism in East Asia*: *Social Policy in the Tiger Economies*, eds. by Holiday, I. and P. Wilding (London: Palgrave Macmillan, 2003); Ku, Y. W., "Towards a Taiwanese Welfare State: Demographic Change, Politics, and Social Policy", *Discovering the Welfare State in East Asia*, ed. by Aspalter, C. (Westport, CT: Praeger, 2002): 143 – 168.

③ Chan, R. K. H., "The Sustainability of Asian Welfare Systems After the Financial Crisis: Reflections on the Case of Hong Kong", *Asian Journal of Social Science* 31 (2003): 172 – 197; Kwon, S., "Future of Long-term Care Financing for the Elderly in Korea", *Journal of Aging and Social Policy* 20 (2008): 119 – 136.

体则很难得到政府的"仁慈"关怀和系统的福利。经济体制改革以后,原属于国有企业和单位的福利保障功能被转嫁出来,不过政府并没有完全"接盘",而是将大部分的福利保障社会化及市场化,即现在的"社会保险",政府只承担极小部分的对困难群体救助或救济的责任。但是在"社会保险"发展还不健全和完善的情况下,政府的过早"退缩",会使一些群体难以得到应有的福利,他们的福利需要得不到满足。学者黄黎若莲也认为经济改革和市场化的不断发展造成了中国社会利益和机会的分化,并且使中国的一些群体,如国企下岗工人,他们享有的福利保障存在"社会保险与救济之间的缺口",且这种缺口不能再存在下去,必须加以弥合。[①]

广州市的调查与评估印证了这种观点。现阶段广州市的整体福利理念依然是"补贫救困",福利政策的优先目标对象依然是"困难群众"。然而在经济社会和人口结构急剧转变的情况下,公众的基本需要已经发生了变化,对生活水平保障、医疗服务、住房保障等的需要日益强烈。广州市统计局2008年通过入户的形式调查了5000多名常住居民,调查结果显示,在18项默认的"市民希望解决的问题"中,与生活水平保障密切相关的"对物价上涨的承受能力"和"收入水平",以及"医疗保障""住房状况"都居于前六位。[②] 福利需要的变化无疑会对原有的福利制度形成挑战。虽然广州市政府试图采取一些措施应对这些居民需要的变化,但是这些政策措施依然是零散的或碎片化的,政府整体的福利观念和福利制度并没有发生大的改变。

值得留意的是,为了解决社会福利提供与社会政策之间不均衡的问题,近年来,已经有很多专家在倡导以需要评估(needs assessment)为基础的社会政策或基于社会现状(evidence-based)的社会政策。联合国社会发展研究所所长沙琳·库克认为,中国的社会政策必须既能较好地响应社会需要,又符合中国的制度实情;中国的社会福利供给应该从人口中

[①] 黄黎若莲:《边缘化与中国的社会福利》,商务印书馆(香港)有限公司,2001,第220~221页。

[②] 黄燕玲、乐晶:《广州市民对生活质量的评价的调查分析》,载汤应武主编《中国广州社会发展报告(2009)》,社会科学文献出版社,2009。

特定人群的需要出发。① 不过，至于如何通过需要评估而确定政策内容，以及需要评估与制度框架限定之间的关系等，学术界尚无统一的认识。

最后，需要说明的是，本研究也具有一定的局限性。首先，由于篇幅关系本研究只选取了最低生活保障、医疗保障和住房保障三个方面的内容，这三方面的内容对于广州市社会福利整体状况是否具有足够的代表性，这一问题值得深入思考。其次，本研究对居民的福利需要评估主要运用焦点小组访谈的质性研究方法，而未进行大样本量的定量研究，所以本研究对于居民福利需要只能是进行了质性评估，而非量化评估；本研究发现社会福利需要的核心议题或重要问题并将其展示出来，但还未详细地测量其需要程度。总而言之，我们期待更多的研究内容及更丰富的研究手段，这样有助于我们更全面地理解这一问题。

---

① http://www.cass.net.cn/file/20100323261999.html.

第七章　市场转型、下岗失业与社会政策的渐进变迁：基于下岗与再就业服务政策的研究

尽管社会政策在中国并不是流行的概念，但是，各类社会问题一直伴随着中国的社会经济转型，并且随着转型的深化而呈现恶化趋势。自20世纪80年代中期以来，随着城市经济体制改革的展开和国有企业改革的深化，有关失业、养老保险、医疗保险、住房、贫困以及教育等问题的讨论和辩论一直是中国公共政策的重要话题。由于我们长期没有社会政策的视野和思维，因而只是以城市经济体制改革或社会保障体制改革等话语来表述这些问题。事实上，中国的经济改革也是中国社会政策改革的过程。从计划经济向市场经济的过渡，不仅是经济体制的大转型，也是社会政策的大转型。中国的市场转型遵循的是渐进的模式（incrementalism），这一点也体现在社会政策的转型中。

自实行改革开放以来，低效率和人浮于事的国有企业一直是令决策者头疼的问题。在日渐加剧的市场竞争的挑战下，国有企业只能依靠释放富余职工来维持生存。但是，释放大量的富余职工，把他们直接推进市场会造成社会的不稳定，具有高度的政治风险。由于失去了生计，越来越多的职工会将他们的愤懑发泄到社会上。如果处理不恰当，大量的下岗工人会引起严重的社会抗议和反对，威胁到社会的稳定性和政府的统治合法性。面对这种进退两难的局面，一项有效的社会政策是十分必要的。这项政策的最高目标是以渐进的方式分摊改革的社会成本，从而不危及市场改革的制度基础。用官方的话来说，这项政策的指导思想就

是"在稳定中求发展"。①

根据这种指导思想，中国政府的政策回应是合法化了一个叫"下岗"的现象和过程，并提出了建立下岗工人"再就业服务中心"的政策，借此一方面让大量的国企员工离开生产过程，另一方面却不会引发社会动乱。因此，下岗及与其相关的再就业服务中心政策是中国政府针对市场转轨和产业结构调整过程中失业保险制度不健全的现实，为了减缓失业对社会的震荡而设计出来的一种社会政策。这种社会政策在"就业—失业"的常规二分法中创造了"下岗"这一第三种现象，具有从计划经济向市场经济过渡的浓厚色彩，也从一个侧面反映出中国市场转型的渐进性。

"下岗"作为公开失业和就业之间的一种状态，它的字面意思是"从自己的工作岗位上下来"，下岗是一种职工没有了生产任务的长期离职状态。根据官方定义，下岗人员是指"由于用人单位生产和经营状况等原因，已经离开本人的生产或工作岗位，并已不在单位从事其他工作，但仍与用人单位保留劳动关系的职工"。本质上，下岗是中国在从计划经济向市场经济过渡的特殊背景下产生的制度性失业。②

为了动员国家、企业、职工和社会的各种力量来对付下岗问题，中国政府在1993年推出了名为"再就业工程"的一揽子国家政策。其中的核心部分是1995年由上海创制的"再就业服务中心"。上海试验的成功鼓励中央政府在其他地区推行该政策。1998年颁发的一项新的国家政策，要求所有计划让富余职工下岗的国有企业都要成立一个"再就业服务中心"来照料下岗职工。"再就业服务中心"的核心作用是，为下岗职工提供基本生活保障并且帮助他们再就业。鉴于再就业服务中心策略的重要性，国家将"再就业服务中心"视为有中国特色的社会保障体系的核心部分。

"下岗"作为一个独特的失业形式，反映了中国在市场转型的重大关

---

① Lee, Hong Yung, "Xiagang, the Chinese Style of Laying off Workers", *Asian Survey* 40 (2000): 914 – 937.
② Gu, Edward Xin, "Forging a Labour Market in Urban China: The Legacies of the Past and the Dynamics of Institutional Transformation", *Asian Affairs* 28 (2001): 92 – 111.

头，国家和社会所面临的重大挑战。下岗的巨大政治学与社会学意义，特别是由下岗衍生出来的社会政策以及再就业服务中心的角色并没有得到充分的研究。为了填补这一知识上的空缺，本章着重探讨下岗和作为政策工具的"再就业服务中心"之间的关系，旨在阐明国家如何运用特殊的社会政策来平衡群体和国家利益，从而使国家迈入市场发展的新阶段。文章开篇部分检视在市场经济改革后出现的失业和下岗问题。接着，讨论再就业服务中心在上海作为示范性试验的源起和运作。然后，描述和评估作为国家政策的再就业服务中心的开展和执行情况。最后，探讨作为政策工具的再就业服务中心的意义及其突出的政治学和社会学特征。

一 中国的市场转型和下岗失业问题

长期以来，中国在充分就业的政策之下，并没有"失业"问题，只有所谓的"待业"问题，或者说，只有等待分配工作的人，这些人大部分是刚刚从学校毕业的年轻人。在以前，国有企业的工人不存在失业的威胁。但是，随着企业改革的深化，失业变得无可避免。为了促进劳动力的流动，提高工人的工作积极性，中国政府在20世纪80年代中期提出了失业政策改革。当时，政府颁发了有关解雇、招聘、破产和劳动合同制度的四项暂行法规。这样，新的劳动合同制度彻底改写了国家和职工之间的关系。从这以后，失业开始成为国有企业职工必须面对的噩梦。

从20世纪80年代末期开始，由于几个方面的原因，失业开始成为中国严重的社会问题。这几个方面的原因包括，劳动力供应的自然增长，经济发展的减缓，特别是国企改革和产业重组。到2001年底，失业率达到了3.6%，失业人员达681万人（见表7-1）。为了能更好地反映现实状况，"失业"一词于1994年开始出现在官方用语中。失业者是指有城镇居民户口，年龄在16~45岁的女性或者年龄在16~50岁的男性，有能力也有意愿工作，但没有工作岗位、在当地劳动部门进行了失业登记的人。[①]

---

① Wong, Linda and Ngok, Kinglun, "Unemployment and Policy Responses in Mainland China", *Issues & Studies* 33 (1997): 43 – 63.

表 7-1　1987~2001 年中国城镇登记失业

年份	劳动人口（百万）	城镇劳动人口（百万）	失业人口（百万）	失业率（%）
1987	527.83	137.83	2.77	2.0
1988	543.34	142.67	2.96	2.0
1989	553.29	143.90	3.78	2.6
1990	647.49	170.41	3.83	2.5
1991	654.91	174.65	3.52	2.3
1992	661.52	178.61	3.64	2.3
1993	668.08	182.62	4.20	2.6
1994	674.55	186.53	4.76	2.8
1995	680.65	190.40	5.20	2.9
1996	689.50	199.22	5.53	3.0
1997	698.20	207.81	5.77	3.1
1998	706.37	216.16	5.71	3.1
1999	713.94	224.12	5.75	3.1
2000	720.85	231.51	5.95	3.1
2001	730.25	239.40	6.81	3.6

资料来源：《2002 年中国劳动统计年鉴》，中国统计出版社，2002，第 7、104 页。

乍一看，中国城镇失业率与西方国家相比较起来，显然是较低的。但是，在中国的失业率中，有很大一个群体没有被统计进去。这个群体是指从国有企业下岗的职工，这些下岗职工虽然原单位不再给他们安排工作，但是仍然与原单位保持劳动关系。① 另外，还有好几种人员没有被计算进官方的下岗和失业统计中。这几种人员包括"内退人员"（在工作单位提前退休的职工），"放长假人员"（长期休假的职工），"停薪留职人员"（保留原来职位但是不领薪水的职工），"待岗人员"（待在家里等待再次分配的职工）②，以及"两不找人员"（单位和职工都不找自己的另一方）。如果我们把这些人员都加总进来，失业率会高很多。由 50 多位从事劳动就业问题研究和实践的著名学者和政府官员参与投票的两项调查显

---

① Solinger, Dorothy J., "Why We Cannot Count the 'Unemployed'", *The China Quarterly*, Sep. (2001): 671-688.
② 唐钧、王婴：《基础整合的失业保障方案》，载景天魁主编《基础整合的社会保障体系》，华夏出版社，2001，第 173~202 页。

示，中国实际的失业率已经达到7%[①]或者更高。Solinger认为，在概念模糊和统计方法不可靠的情况下，不可能对城市失业规模作出确切的估计。[②]

为了避免严重的社会动荡，让职工下岗的措施一直到20世纪90年代中期都是挺温和的。但是，国企改革进程迟缓，迫使政府加快改革速度。在1997年中共十五大上，中央决定实施现代企业制度，以调整、改组、创新和加强管理的方法来加快大部分国有企业的改革步伐。朱镕基总理更决定在三年内帮助大部分亏损的大中型国有企业脱离困境（"三年脱困"）。从这以后，政府只能抓关键的企业，对其余的企业放手。简单地说，便是"抓大放小"的精神。这个政策为中小型企业的重组改造开了"绿灯"。最为重要的是，它使得大规模裁减富余职工的做法合法化。

与登记失业人员相比，下岗人员的数量上升更加快速（见表7-2）。1993年，下岗人员有300万，1994年增加到360万，到了1995年下岗人员达到560万。[③]到1999年，下岗人员的数量高达937.18万。在各级政府协助下岗人员再就业的努力之下，到2000年底，下岗人数下降到了911.31万。这当中大约有660万人来自国有企业，比上一年增加了47000人。[④]到2001年，这种情况有所好转，下岗人员减少到520万，减少了140万。[⑤]

"下岗"使得职工感到沮丧和彷徨。面对竞争日渐激烈的劳动力市场，大部分下岗职工都无能为力。根据2001年6月中国劳动和社会保障部在10个城市所做的调查，下岗职工基本上是中年人，平均年龄在39岁。他们的受教育程度不高：39%是初中毕业，40.7%是高中毕业。同样也是劣势的还有他们的技术水平：40.7%只具有初级技术水平，49.7%是

[①] 莫荣：《就业形势依然严峻》，载汝信等编《2002年中国社会形势分析与预测》，社会科学文献出版社，2002，第166页。

[②] Solinger, Dorothy J., "Why We Cannot Count the 'Unemployed'", *The China Quarterly*, Sep. (2001): 671-688.

[③] Lee, Hong Yung, "Xiagang, the Chinese Style of Laying off Workers", *Asian Survey* 40 (2000): 914-937.

[④] 《中国劳动社会保障报》2001年5月5日。

[⑤] 《人民日报》2002年5月2日。

表7-2 1993~2000年下岗职工人数

单位：万人

年份	下岗职工人数	年份	下岗职工人数
1993	300	1997	634.31
1994	360	1998	876.93
1995	560	1999	937.18
1996	891.63	2000	911.31

资料来源：1993~1995数据：Lee, Hong Yung, "Xiagang, the Chinese Style of Laying off Workers", Asian Survey 40 (2000): 914-937；1996年以后数据：历年《中国劳动统计年鉴》。

中级技术水平。意识到自己在就业方面的不利条件，60%的下岗职工希望通过政府的帮助来重新找到工作。[1]

鉴于失业情况的恶化，1997年召开了关于国有企业职工再就业的全国性会议。出席会议的高层领导毫不隐瞒地表达了对失业恶化可能威胁社会稳定和党的统治的担忧。危机意识促使高层领导要求各级政府严肃认真地对待下岗失业问题。在一系列被采纳的解决方法中，"再就业服务中心"在上海的试点试验取得重大进展之后，被作为解决下岗这一具有中国特色的失业问题的主要政策工具。

二 上海的国有企业改革及其对工人的影响

作为中国最为重要的工业基地，上海拥有数量庞大的国有企业。同其他城市一样，职工过剩是导致上海的国有企业效益低下的主要因素。在20世纪80年代，由于国有企业都受益于放权让利政策，因而释放富余职工的压力并不太大。在20世纪80年代后期，尽管通过"优化组合"来推动的劳动用工制度的进一步改革带来了释放富余职工的第一次浪潮，但是下岗的人数却不多。到20世纪90年代末期，全上海只有170000名职工从国有企业下岗，仅占全部职工人数的0.4%，几乎可以忽略不计。因此，这种小规模的下岗没有带来要求实行统一对策的压力。于是，每个国

---

[1] 莫荣：《就业形势依然严峻》，载汝信等编《2002年中国社会形势分析与预测》，社会科学文献出版社，2000，第167~168页。

有企业都各行其是，自己决定处理富余职工的方法。

从20世纪90年代初以后，市场经济改革积累了新的动力。同时，由于中国经济进一步与世界经济接轨，经济改革变得更为紧迫。在这样的情况下，大量的职工从国有企业释放出来是无可避免的。例如，1991年，上海的国有企业释放了91000名职工，到1993年数量增加到123000名。[1] 这样，下岗问题成为各级政府都要面对的最棘手的问题。为了在促进经济发展的同时保持社会稳定，1993年下半年，中央政府推出了所谓的"再就业工程"，其目标是促进失业和下岗职工再就业。那个时候，中央政府还没有想到以集中方式对付下岗问题，因而只是提出了一些零散的指导和政策原则。当时的基本策略是以企业本身为基础，进行"内部消化"。

作为有许多背负着大量富余职工的国有企业的上海，在解决下岗问题上是先驱。1994年9月，上海市政府发布了《关于国有企业下岗职工再就业和基本生活保障的几点意见》这个文件。文件由六个国家机关共同签署，宣布了再就业工程在上海实施。在中央政府设定的原则下，上海政府采用了以企业为基础的策略，辅以税收优惠政策、财政手段和其他物质激励手段。该策略有三条基本原则：第一，大力发展服务行业来吸收富余的企业职工；第二，鼓励下岗职工自谋职业；第三，效益好的国有企业优先招聘下岗职工。另外，上海市政府还专门成立了一个政策协调小组，由地方政府首脑负责，各有关部门和组织（例如，工会、妇联等）的人员组成小组成员。其他在企业内部吸收富余职工的办法还包括吸收下岗职工进行培训或让富余人员在家休假并提供基本生活保障，富余职工也可以申请提前退休。

这种以企业为基础的办法刚开始的时候看起来还是挺有效的。计划宣布时的声势和上级领导的认同为再就业工程的实施创造了一个良好的环境。例如，1994年上海191000名下岗职工中有118000人成功实现了再就业。第二年，有超过330000名下岗职工实现再就业。在1991~1996年，

---

[1] 高向东：《上海实施再就业工程的相关政策和效果》，华东师范大学人口研究所，2000，未出版。

110万下岗职工中实现了再就业的达到90多万人。① 然而，政策成功地持续很大程度上取决于企业本身的能力和资源。但是问题很快就暴露出来了。首先，企业必须面对资源短缺的问题。随着越来越多的职工下岗，企业很快就耗尽了吸收下岗职工的能力。特别是财政紧张的企业，人员富余的现象非常严重。官方资料显示，1995年有75.7%的下岗职工来自亏损企业，这些企业不是已经完全停产，就是部分停产，或者是生产经营遭遇了问题。② 随着私营企业的竞争力日益强大，国有企业的生存愈加艰难。国企必须控制员工数量的增长，因此吸收下岗职工的能力也消失殆尽。

上海的纺织业就是一个最好的例子。上海是全国最重要的纺织品工业中心。作为上海的支柱产业，上海纺织企业在1998年拥有551600位职工，同时还要照顾270000名退休职工。③ 在上海全面经济改革的大背景下，如何解决企业富余员工的问题显得极为重要。1990年浦东开放，以及上海工业改革的成果使上海市的领导班子坚信，上海可以再度成为中国最重要的城市。上海的经济必须在其现有的劳动力密集程度以及制造业竞争力日渐衰弱的情况下，实现经济形式多样化。1993年部门调整刚开始的时候，上海政府宣布纺织业实行大规模的精简。如此一来，纺织业的生产规模和所需的劳动力数量都会大大缩减。依照计划，到20世纪末，纺锤的数量要从250万减少到8.4万，纺织职工的数量要从551600减少到180000。为了达到这些目标，许多纺织企业将会关闭、停产、兼并或转产。照此推论，每年将减少30000~50000个工作岗位。如此大量的岗位削减，不只是富余职工的释放，对地方政府来说更是一个巨大的挑战。

上海纺织职工的年龄和技术能力使下岗问题变得更为严峻。根据1994年对一家国有纺织企业所做的调查，纺织职工的平均年龄是38岁；

---

① 高向东：《上海实施再就业工程的相关政策和效果》，华东师范大学人口研究所，2000，未出版。
② 高向东：《上海实施再就业工程的相关政策和效果》，华东师范大学人口研究所，2000，未出版。
③ 严惠君：《建立新模式、探索新机制：上海纺织行业再就业工作的实践与反思》，《上海纺织劳动》（专辑）1998年7月，载孙承叔等编《奇迹是如何创造出来的：关于上海市再就业工程的研究报告》，复旦大学出版社，1998。

其中，只有15%的职工年龄在30岁以下，有50%的职工年龄在36~45岁。下岗职工中，有38.8%是只有一般技术水平的普通操作工人，有44.6%的人是只会简单技术的辅助工人。这就意味着，有80%的下岗纺织职工没有适合其他工作的专业技能，他们要再就业比较困难。①

事实上，上海纺织职工是1949年后那一代社会主义工人的典型代表。他们的年龄和技术能力都很接近。不过更值得注意的是，他们经历了以毛泽东为旗帜的革命，有着政治动乱的创伤。许多人都是在大跃进年代挨着饿长大的。而他们在青年时代，又因为上山下乡运动而失去了受教育的机会。只有在"文化大革命"之后回到了自己的城市，他们才获得类似的工作，过起相似的生活。他们在纺织企业的工作或许并没有给他们带来多少收入，但是有这份工作，起码他们可以期盼养家糊口有所保障。当他们知道自己面临着产业调整和工作削减，他们陷入了深深的震惊与经济的极端窘迫中。

三 再就业服务中心的源起及其在上海运作

在"再就业工程"的政策体系之下，上海纺织工业局检视了整个纺织工业部门。后来，上海纺织工业局改名为上海纺织控股公司（STHC），采用了一系列重新分配富余职工的方法。1992年初，上海纺织工业局成立了上海纺织人力资源开发公司，它的任务是重新安置纺织系统的下岗职工。后来，在上海纺织控股公司成立后，该公司改名为"劳动力置换公司"。为了增加再就业培训的渠道，公司采取了许多政策。其基本策略是吸引社会力量来帮助下岗职工再就业。这方面的一个著名事例是在下岗的纺织女工中招聘"空嫂"。1994年9月9日，纺织工业局与上海媒体共同举办了一个讨论会，号召社会各界积极帮助下岗职工再就业。在讨论会上，上海航空公司董事长宣布上海航空公司将设置空嫂岗位。尽管上海航空公司只挑选了18位下岗女工，但这件家喻户晓的事情令纺织职工的艰

---

① 严惠君：《建立新模式、探索新机制：上海纺织行业再就业工作的实践与反思》，《上海纺织劳动》（专辑）1998年7月，载孙承叔等编《奇迹是如何创造出来的：关于上海市再就业工程的研究报告》，复旦大学出版社，1998。

难处境成为社会关注的焦点，也鼓励了其他工业部门的企业招聘下岗职工。到1995年底，上海的纺织职工只剩下3765000人，超过170000名纺织职工成功转移到了其他工作岗位。

从上海纺织业的例子来看，完全依靠企业自身力量的再就业政策并不是完全可靠的。持续增强的竞争迫使企业通过分流富余职工的办法来降低成本和提高效率，特别是在1996年宏观经济环境恶化的情况下，更需要采取相应的对策。由于棉价上涨，以及来自私营纺织企业和外贸进口的激烈竞争，上海纺织业面临极为严重的危机。1996年上半年，上海纺织业亏损达到3.5亿元。为了生存，上海纺织业必须解雇125600名或者1/3的职工。为了应付危机，上海纺织控股公司向上海市政府提交了两份"紧急报告"，通报了其下属企业所面临的困境，并请求上海市政府采用更有效的政策。[①]

报告指出了导致危机的两个因素：上海缺少一个健全的社会保障体系、大量的富余职工。强行让大量富余职工进入市场必将激起社会混乱。事实上，这些下岗职工特殊的成长背景也要求企业必须谨慎处理；而另一方面，企业内部吸收富余职工的能力已经消耗殆尽。面对这样一个两难的困境，企业必须探索出新的解决办法。

劳动部门在总结处理下岗问题的经验与教训的基础上，认识到可行的解决办法必须建立在国家、企业和社会三方共同分担责任的基础上。其原则是要走"中间道路"：既不是让富余职工留在企业内，也不是把他们直接推向社会。这个策略一方面可以减轻企业的负担，另一方面还可以防止社会出现动荡不安的局面。该策略的中心思想是，要求每个工业部门而不是该工业部门的某个企业来承担下岗工人再就业的责任，来提供再就业培训和服务，并且为下岗职工提供基本生活补贴。当然，这样的一个策略只是在过渡时期采取的一个临时性方法。最终的目标是要培育和壮大劳动力市场，让下岗职工通过劳动力市场来自谋职业，实现再就业。[②]

---

① 严惠君：《建立新模式、探索新机制：上海纺织行业再就业工作的实践与反思》，《上海纺织劳动》（专辑）1998年7月，载孙承叔等编《奇迹是如何创造出来的：关于上海市再就业工程的研究报告》，复旦大学出版社，1998。
② 严惠君，1998；上海实地访谈，2001年5月21日。

迫切要解决下岗问题的上海高层领导人积极地采纳了这些建议，并指示尽快进行调查，提出方案。1996年8月，上海市委常委会召开了一个扩大会议。市委书记黄菊宣布成立"再就业服务中心"。这个名称是他亲自选定的。四天以后，上海市下达了在上海纺织控股公司和电子仪表控股公司内设立再就业服务中心的文件，这份文件标志着再就业服务中心成为再就业工程的核心。[1] 1996年7月26日，这两个工业部门组建了自己的再就业服务中心。第二年，再就业服务中心又在其他7个工业部门相继成立。

再就业服务中心在工业部门与它内部的单个企业之间建立了一种委托关系，通过将单个企业的下岗职工的负担转移到整个工业部门来实现减轻单个企业财政负担的目的。关于这一点，一位参与了设计再就业服务中心的上海纺织控股公司的官员并不讳言。在我们对这位官员进行访谈的时候，她坦然地承认，建立再就业服务中心背后的原因是为了向政府要钱并让后者在安置富余职工中扮演更为重要的角色。[2] 在再就业服务中心成立的开幕式上，黄菊阐述了成立再就业服务中心的理据：让政府、社会、企业和个人充分发挥自己在解决下岗职工再就业问题上的作用。[3] 不管它的最初目的是什么，"再就业服务中心"的成立是一个让下岗成本社会化的创举。

"再就业服务中心"为中国的"再就业工程"创造了新的途径。这些"再就业服务中心"处于相关的控股公司和市劳动局的领导之下。中心有几个重要的核心功能：照管下岗职工，为他们创造再就业渠道，为他们提供最低福利。中心的资金有三个来源：（1）市财政的专项资金；（2）劳动部门向雇用外来工的企业收取的管理费；（3）控股公司提供的资金。[4]

---

[1] 严惠君：《建立新模式、探索新机制：上海纺织行业再就业工作的实践与反思》，《上海纺织劳动》（专辑）1998年7月，载孙承叔等编《奇迹是如何创造出来的：关于上海市再就业工程的研究报告》，复旦大学出版社，1998。
[2] 《上海的实地访谈》，2001年5月21日。
[3] 孙承叔等编《奇迹是如何创造出来的：关于上海市再就业工程的研究报告》，复旦大学出版社，1998。
[4] Chen, Feng, "The Re-employment Project in Shanghai: Institutional Workings and Consequences for Workers", *China Information* 14 (2000): 169 – 193.

这些钱将用作支付下岗职工的基本生活费、医疗费用和社会保险金。

再就业服务中心也规定了释放富余职工的适当程序。首先，一个企业如果想要释放富余职工，必须向控股公司下属的再就业服务中心提出正式的书面申请。然后，要确定提出申请的企业是否符合上海市政府规定的要求，即必须为进行重组、兼并或者破产的企业。一旦再就业服务中心通过了企业的申请，企业就可以将下岗人员的名单交给再就业服务中心。① 最后，再就业服务中心与下岗工人签订托管合同。一般来说，托管的期限最多不能超过两年。

再就业服务中心在上海再就业工程中扮演着好几个角色。首先，再就业服务中心是安置下岗职工的代理人。其次，它是下岗职工解决燃眉之急的临时避风港。再次，它是连接"企业"和"社会"的桥梁。再就业服务中心在帮助国有企业下岗职工再就业当中发挥了显著的作用。到1997年底，上海再就业服务中心登记的下岗职工总共有296000人，其中有222000人离开了中心，也就是实现了再就业。② 1998年，再就业服务中心的582604名下岗职工中有419678人离开了中心。按照官方的标准，下岗职工出了"再就业服务中心"就算是成功的个案。据此，再就业服务中心的成功率高达75%。其中，纺织业、电子仪表业和电气设备业这三个拥有最多富余职工的传统行业的平均成功率更高达98.1%。③

再就业服务中心在舒缓下岗职工不满情绪方面的作用得到了社会的广泛认可。虽然上海的下岗率很高，但是下岗职工的抗议活动却比其他城市少。此外，正如政府所希望的那样，再就业服务中心推动了国有企业的改革。例如，由于设立了再就业服务中心，纺织业和电子仪表业这两个处境最为艰难的行业通过把116552名下岗职工转移到再就业服务中心，在8个月内节省了3亿元开支。④ 1995年，上海申请破产的企业没有一家完成

---

① Chen, Feng, "The Re-employment Project in Shanghai: Institutional Workings and Consequences for Workers", *China Information* 14 (2000): 169-193.
② 高向东：《上海实施再就业工程的相关政策和效果》，华东师范大学人口研究所，2000，未出版。
③ 于法鸣主编《下岗职工劳动关系问题透视》，经济科学出版社，2000，第113页。
④ 孙承叔等编《奇迹是如何创造出来的：关于上海市再就业工程的研究报告》，复旦大学出版社，1998，第167页。

破产法律程序。可是，在再就业服务中心成立后的半年内，拥有10000名在职职工和13000名退休工人的17家企业完成了破产法律程序。[①] 例如，1996年的前7个月，上海纺织控股公司录得3.5亿元的损失，而到了年末却实现盈利1000万元。[②]

四 再就业服务中心上升为国家政策

再就业服务中心在上海试验的成功极大地鼓舞了中央政府。1997年，由来自国家经济贸易委员会、劳动部、财政部和中国人民银行的代表组成的调查小组对上海再就业服务中心的情况进行了调查研究。调查小组对上海再就业服务中心的经验给予了很高的评价："上海执行再就业工程的创新性实践、指导思想和基本经验都值得其他地方学习和借鉴。"

1997年4月20日，国务院下发了《在若干城市试行国有企业兼并破产和职工再就业有关问题的补充通知》，鼓励其他城市学习上海的经验。根据这个通知，在若干下岗职工比较集中的工业部门、企业和地区应该设立再就业服务中心。富余职工超过职工总人数5%的企业以及被兼并或破产的企业必须建立再就业服务中心。此后，参与"优化资本结构"试点计划的111个城市成立了再就业服务中心。[③]

1997年9月召开的中共第十五次代表大会为国有企业各种形式的私有化开了绿灯。濒临破产的企业，无论是缩减规模、倒闭，还是破产，都会引起大量的失业。1998年上半年，有1000万名职工下岗，其中有300万人拿不到任何生活补助。下岗职工基本生活保障问题成为当务之急。在这样的情况下，1998年5月，关于确保国有企业下岗职工基本生活和再就业的全国性会议在北京召开。中共中央和国务院的主要领导人都出席了

---

① 孙承叔等编《奇迹是如何创造出来的：关于上海市再就业工程的研究报告》，复旦大学出版社，1998，第18页。
② 孙承叔等编《奇迹是如何创造出来的：关于上海市再就业工程的研究报告》，复旦大学出版社，1998，第18~19页。
③ 田小宝主编《再就业服务中心的建立与运作》，中国劳动出版社，1999，第8页。

会议并发表了讲话。江泽民主席要求所有计划要释放富余职工的企业都要设立再就业服务中心。为了落实这个政策，1998年6月9日，中共中央和国务院联合下发了《切实做好国有企业下岗职工基本生活保障和再就业工作》的文件。再就业服务中心受到称颂，被视为"有中国特色的社会保障体系"的重要组成部分。①

虽然上海再就业服务中心的许多经验被提升为国家政策，不过，还必须留意到二者在政策目标上的差异。与上海的做法不同，新政策不是将再就业服务中心设置在各个工业部门（行业），而是要求单个企业设立再就业服务中心。正如负责国企改革的副总理吴邦国在1998年5月会议中反复强调的："每个企业都必须建立再就业服务中心，每个下岗职工都应该进入其所在企业的再就业服务中心。"②将再就业服务中心设立在单个企业中而不是工业部门或政府中，表明国家决心强化国有企业帮助下岗职工再就业的角色。从中央政府的角度来看，上海模式的再就业服务中心是将企业的经济利益放在了职工福利与再就业之上。结果，企业争相将负担转移到再就业服务中心，以逃避自己的责任。而另一个后果则是加大了国家财政的压力。为了避免这些问题，中央政府坚持企业必须继续承担自己在确保职工生活保障和再就业方面的责任。也就是说，要把职工的利益放在第一位，把减轻企业财政压力放在第二位。③

尽管存在组织上的差异，以企业为基础和以行业为基础的两种再就业服务中心在运作和财政机制上基本是相同的。进入企业设立的再就业服务中心的下岗工人必须和中心签订合同，明确双方相互的义务。再就业服务中心的任务是提供包括经济补助、职业再培训和工作介绍在内的综合性服务与福利。除了提供基本生活补助和缴纳社会保险费（例如，养老金和医疗保险）外，再就业服务中心还为下岗职工支付医疗费用。此外，再就业服务中心组织工作培训、职业指导和工作介绍。如果下岗职工两次拒绝再就业服务中心介绍的工作，中心将不再为其提供生活补

---

① 田小宝主编《再就业服务中心的建立与运作》，中国劳动出版社，1999，第1页。
② 田小宝主编《再就业服务中心的建立与运作》，中国劳动出版社，1999，第8页。
③ 田小宝主编《再就业服务中心的建立与运作》，中国劳动出版社，1999，第7页。

助。关于资金方面，再就业服务中心的财政由地方政府、企业和社会保险基金三方平均分担。这种由三方负担财政的方法便是所谓的"三三"制。

从国家的角度来说，再就业服务中心在全国的推行，为中国经济改革和市场转型起到了好几个方面的积极作用。

第一，再就业服务中心促进了劳动力市场的改革。再就业服务中心的成立减少了国有企业的富余人员，有利于提高国有企业的效率。因此，劳动力资源的配置可以满足市场的需求。这样，有着潜在危险的社会改革得以在较为安全的情况下进行。再就业服务中心不是直接把富余职工推向市场，而是以渐进和有序的方式来释放富余职工。因此，中国式的渐进改革比苏联东欧的激进改革显得优越。

第二，再就业服务中心促进了社会保障制度的发展。目前的社会保障体系并没有覆盖到所有人。再就业服务中心扮演了双重角色，从两个方面填补了这方面的差距。一方面，再就业服务中心可以确保下岗职工继续享有养老保险、失业保险和医疗保险的权益。企业由于只需负担1/3的开支，因而财政负担也得到了减轻。另一方面，它可以减轻失业保险的压力。下岗工人在实现再就业之前只有两年的时间可以享有失业补助。再就业服务中心提供的工作培训和工作介绍可以提高下岗职工的再就业能力。

第三，再就业服务中心对下岗职工精神和心理上的正面作用值得关注。长期习惯于终生就业和对企业的"有组织依赖"（Walder，1986）的国企职工对失业缺乏足够的准备。作为就业与失业之间的桥梁，或者说是中途站，再就业服务中心为下岗职工提供了进行认知和心理调整所必不可少的一段时间。这段过渡期对在从计划到市场过渡中煎熬的社会主义工人来说是至关重要的。下岗职工所遭受的个人和时代的不幸，令这一过渡期变得更为关键。

再就业服务中心似乎带来了所期望的结果。下岗职工从烹饪、理发、公共关系、法律和销售等一系列培训项目中受益匪浅。2000年底，国有企业有660万下岗职工，其中93.5%进入了再就业服务中心，97.3%的下岗职工获得了基本生活补贴。全年中，360万国有企业下岗职工实现了再就业，占下岗职工总数的 35.4%。[①] 2001 年上半年，国有企业 630 万名下岗职工中，有 91.6% 进入了再就业服务中心，再就业服务中心的下岗职工有 99.9% 获得了基本生活补贴。[②]

除了再就业服务中心提供的生活补助外，下岗职工离开再就业服务中心后，还可以依靠两个救助体系：失业保险和最低生活保障。前者在 1986 年建立，后者设立于 20 世纪 90 年代末。在再就业服务中心的托管（最长两年）结束后，没有找到工作的下岗职工可以申请失业救济，补助的最长期限为两年。

即使在失业救济的期限届满之后，也还有最后一项救济。有经济困难的失业职工可以获得最低生活保障和社会救济。

五　再就业服务中心的局限及其关闭

再就业服务中心对缓解中国下岗失业问题的作用几乎没有争议，但是这一政策的运作并非没有问题。首先，资金来源是最令人头疼的问题。再就业服务中心理应由三方提供资金，但是，运作的效果取决于各方尽责的意愿和能力。事实往往并非如所期望的那样，有财政困难的企业通常不能承担其应有的责任。同样，许多城市的社会保障金也面临资金枯竭的局面。在这种情况下，地方政府最后要承担起最大的责任。实际上，在许多内陆城市，由于缺乏资源，再就业服务中心的运作不可能像上海和其他沿海城市那样成功。尽管成立再就业服务中心是中央政府的政策，但是实施结果却因地而异。各地实际投入的财政补贴同样取决于地方的财力和地方政府在政治上对该问题的重视程度。[③]

由于资金不足，再就业服务中心并不能完全解决下岗职工的贫困问题。不同的企业提供的生活补助费和福利是不同的，一部分下岗职工的生活补助费、医疗费和养老金还长期被拖欠。许多企业已经债务缠身，无法

---

① 《中国劳动社会保障报》2001 年 5 月 5 日。
② *China Daily* 2001 年 6 月 28 日。
③ Lee, Hong Yung, "Xiagang, the Chinese Style of Laying off Workers", *Asian Survey* 40 (2000): 914 - 937.

支付相关费用。有些企业借口要削减支出来达到效率最大化，逐渐减少了对下岗职工的补助。

由于下岗职工生活补助费少的可怜，再加上社会保障体系的不健全，一些自己找到了工作或自己做生意的下岗职工并不说明他们的情况，继续领取生活补助费。政府称这种现象为"隐性就业"。根据在北京、辽宁、湖南、四川和江苏等8个省市的调查，50%的下岗职工有"隐性就业"。在有些地区和企业，这个比率甚至达到60%～80%。事实上，下岗职工有工作却不报告的情况如此普遍，主要是因为社会保障体系有问题。很少有非公共部门企业为他们的职工提供社会保障。实际上，大部分下岗职工只能找到不提供社会保障或福利的临时性工作。以上的这些原因都使得许多找到工作的下岗职工不愿意透露自己的真实情况，并割断自己与企业的关系。

此外，下岗职工实现再就业也并非易事。劳动和社会保障部的官员早已发出警告，未来的再就业率将会降低。2001年上半年，790000名下岗职工（占总下岗职工的11.1%）实现了再就业。这个比率比上一年下降了4.9%。①

总之，再就业服务中心和下岗只是市场转轨时期的一个过渡现象。随着劳动力市场的统一和社会保障范围扩大到所有城镇职工，没有必要再给予富余职工"下岗"的待遇，"再就业服务中心"也不需再存在。从21世纪初开始，政府计划取消"下岗"待遇和关闭再就业服务中心。上海是率先成立再就业服务中心的城市，也是第一个宣布其解散的城市。从1996年到2001年，上海的再就业服务中心吸收了986000名下岗职工。从2001年以后，上海的再就业服务中心停止接受新的托管。到2001年12月，中心只剩下5000名还没有得到安置的下岗职工。到了2002年6月底，所有的下岗职工都必须离开中心。② 中央政府希望其他城市跟随上海的做法，不再接收新的下岗工人，逐步关闭再就业服务中心。关闭的时间取决于安置下岗职工的速度和该地区的

---

① *China Daily* 2001年6月28日。

② 上海实地访谈，2002年7月。

经济情况。

把下岗转变为公开失业，以及逐步关闭再就业服务中心，并不意味着国有企业富余职工问题的结束。富余职工依然要离开国有企业，他们的生活状况和再就业依然会给国家增加巨大的压力。为了保持社会稳定，政府加快了对社会救济体系的改革和发展，目的是要保证失业工人的基本生活。在以前，中国救济体系局限在孤寡老人，残疾人和没有亲人、没有工作能力的孤儿上。从20世纪90年代中期开始，救济体系转变成收入补助制度。无论出于什么原因，只要是生活在贫困之中的人，包括低收入者和失业者，都可以得到补助。这样，最低生活保障体系发挥着类似安全网的福利体系的作用。[①] 从2001年开始，中央政府为社会救济体系提供了更多的财政支援。人均家庭收入低于当地政府规定的最低生活保障线的失业者都可以申请救助。为了防止人们依赖补助金和保证他们有工作意愿，政府规定的救助水平低于失业救济水平。

六 讨论与结论：作为计划与市场夹缝之间的社会政策的"下岗"和"再就业服务中心"

自改革开放以来，低效率和人浮于事的国有企业一直令国家头疼。为了帮助国有企业生存，除了全面推动企业改革（包括破产和裁员）以外，别无他法。这样一来，大规模裁员，包括下岗，无可避免。但是，在中国市场转型的独特的社会政治环境下，释放大量的富余职工具有政治风险。为了保证国有企业富余职工有序地退出国有企业，一项有效的社会政策是十分必要的。政策的最高目标是以公正而又渐进的方式分摊改革的社会成本，从而不危及市场改革的制度基础。

对于在社会主义计划经济中成长起来的职工来说，让他们直接遭遇失业无异于晴天霹雳。对于那些大半辈子都生活在单位的职工来说，让他们离开单位可以说是一场浩劫。单位是国有企业职工社会地位的来源，是他

---

① Wong, Linda, *Marginalization and Social Welfare in China* (London: Routledge, 1998).

们所需的各种服务和福利的无所不能的供给者,是联结国家和优厚待遇的纽带,是社会关系的基础。在中国大陆的文化氛围下,离开单位就相当于被家庭抛弃,被剥夺公民权,变成"饿死鬼"。没有人会自愿离开单位。没有过错而被单位开除是不公平的,就如下岗一样,下岗不是因为职工的过失而是由于企业自身的困难而引起,因此也是不公平的。职工们长期在艰苦的条件下工作,领取微薄的工资,到头来却一无所有,他们可能会产生不满与怨恨的情绪。除了年龄大和教育程度低之外,在国企中缺少技能培训和缺乏获得多种工作技能的机会,成为影响国企职工再就业的另一个不利因素。

正如经验事实所显示的,直接把富余职工推进市场会造成社会的不稳定。由于失去了生计,越来越多的职工会将他们的愤懑发泄到社会上。中国领导人非常担心下岗职工的抗议浪潮演变为动乱而危害到社会稳定。正如江泽民主席所说"城市下岗职工已经在社会上引起了相当大的冲击,并且可能引发严重的动乱"。① 如此看来,给予富余职工下岗待遇和成立再就业服务中心是一种政治赎罪行为。

虽然各级政府都没有推卸自己照顾下岗职工的责任,但是却无法独自承担因此而产生的巨大的社会成本。因此,国有企业和社会也要求分担富余职工带来的后果。一开始,国家通过向国有企业提供税收优惠政策,要求企业对下岗职工进行"内部消化"。此外,政府还鼓励下岗职工自谋职业。同时,国家利用其宣传工具劝说下岗职工为国家经济发展牺牲个人利益。

由于面临经营困难和财政紧张,企业都不想把富余职工留在企业里。不过,政府并不鼓励企业把富余职工直接推向社会。上海在行业内建立再就业服务中心,使得企业可以将自己的负担转移到控股公司。职工与企业之间的利益博弈的第一个阶段以企业占上风而结束,职工的利益没有得到适当的保护。

上海市政府强大的财政实力使得它可以帮助企业走出困境,使再就业服务中心获得成功。但是没有上海那样的财政实力的城市,要把负担

---

① 《明报》1999 年 2 月 4 日。

转移到政府和行业控股公司并不可行。中央政府也注意到，行业再就业服务中心的做法没有适当地保护职工的利益，而且令企业可以轻易地逃避责任。为了解决这些问题，中央政府对再就业服务中心政策进行了调整，把保护职工利益作为重点，强化了企业在支付下岗职工生活补助和缴纳社会保险费方面的作用。同时政府也鼓励社会各界对下岗职工再就业做出贡献。

从性质上讲，下岗和再就业服务中心是为最应该获得帮助的那部分工人提供福利和技能培训的社会政策。它们不仅仅是用来满足既有社会需要的官僚架构。事实上，它们为中国从计划经济向自由市场的平稳过渡起到了重要作用。它们的政治学和社会学意义是再明显不过的。

作为一种制度设计，再就业服务中心为国有企业削减富余职工和提升效率创造了一种有效的工具。与此同时，再就业服务中心控制了劳动力释放的节奏，使等待下岗的后备大军可以在有所准备之后再进入劳动力市场。在这段缓冲期内，下岗职工可以从就业培训和安置服务中获益。而且，要求再就业服务中心为下岗职工支付社会保险费则保护了下岗职工的社会权利。再就业服务中心这些重要功能的发挥减少了社会冲突，保证了社会稳定。正如学者指出的，下岗现象的出现和再就业服务中心的建立既不同于计划经济由企业安置富余职工的做法，也不同于资本主义随意解雇工人的做法。对于那些遭遇市场转型的中国工人来说，下岗无疑是比较有人性的做法，也是非常具有中国特色的现象。作为管理和照顾下岗职工的机构，再就业服务中心是工作单位和社会之间的传送带，为下岗职工在进入劳动力市场之前提供了一个临时的避风港。国家、企业和社会在为再就业服务中心提供资金和进行管理上各自所扮演的角色是各方利益妥协的结果。维护社会的安定团结需要国家、企业、社会和下岗职工的共同努力。

尽管如此，再就业服务中心政策也遇到了若干困难。首先，企业并没有免除对下岗职工的责任，因为企业仍然需要为再就业服务中心的运作支付 1/3 的费用。同时，当社会保障基金和企业财政都面临困境的时候，地方财政就要负担起巨大的运作费用。更为重要的是，再就业服务中心并不是解决下岗职工再就业问题的万全之策。下岗职工能否实现再就业基本上取决于他们在再就业服务中心所获得的职业培训以及个人素质。而再就业服务中心所提供的职业培训也很难评估。建立在单个企业内的再就业服务中心规模太小，所控制的资源有限，它们所提供的再就业培训的质量和实用性可能都有问题。结果是，不同的中心有不同的表现，不同地区的中心也有不同的表现。

最后，再就业服务中心不仅仅是解决社会问题的一个政策工具，它还带有明显的社会意义。在计划体制下，单位制度把所有职工都纳入社会主义体系当中。作为效忠国家的回报，职工享受终生就业，并且拥有一定水平的物质保障。就职工个人地位而言，他们的个人身份与他们的工作单位融为一体，职工是"单位人"，而不是社会人。市场经济的到来要求结构性的转变，国有企业不能再依赖于国家，它们的存亡必须遵循市场规则。劳动力的流动是市场的先决条件。富余的职工必须寻找另外的工作岗位。但是，让下岗工人进入市场，成为一个"社会人"，就如同让他们进入荒野丛林一样。那些缺少适当技能、教育、资质的下岗职工必将遇到极大的困难。再就业服务中心的创立是一个受欢迎的举措。作为一个避风港，它们降低了社会转型的压力。最高期限为两年的过渡时期，让下岗职工在享有社会救济的时候，有足够时间去调整他们的观念和重新装备自己。如果两年的过渡期完结后，他们仍然找不到工作，那么，他们也没有理由继续依赖国家和社会，而是必须像登记失业者一样自谋出路。

现在，"下岗"政策正在调整，再就业服务中心也在逐步关闭。下岗工人无论是什么原因失去工作，都将与失业人员一样同等对待。从企业释放出来的富余职工将不再得到下岗待遇。在下岗问题受到社会关注下十余年后，是时候开始放弃基于政治理由而对富余职工采取的区别对待了。当最后一批下岗职工离开再就业服务中心后，曾经在政治上受苦最多的这一代人，应该可以向劳动力市场过渡了，说不定还可以更好地面对未来。简言之，下岗政策和再就业服务中心已经完成了它们的历史使命。中国新的劳动力市场将会对就业人员和失业人员一视同仁。长远来看，中国需要的是一个开放的劳动力市场和一个覆盖所有公民的社会保障体系。

第八章　中国医疗保障制度与农民工医保政策

一　中国医疗保险制度概况

医疗保险制度是社会保障制度的重要组成部分，对于满足广大社会成员的健康需求，维护社会政治稳定具有不可替代的作用，随着我国从计划经济体制向市场经济体制的转型，医疗保险制度也进行了一系列的改革。改革开放30年，中国医疗保险制度改革基本完成了从公费医疗、劳保医疗到社会医疗保险制度的历史性转变，先后建立了城镇职工基本医疗保险制度、新型农村合作医疗制度和城镇居民基本医疗保险制度，初步形成了"低水平、广覆盖"的社会医疗保险体系。

（一）传统医疗保障体系

中国医疗保障体系开始建立于1951年，该年中央政府颁布了《中华人民共和国劳动保险条例》，建立了劳保医疗制度。1952年，政务院颁布《中央人民政府政务院关于全国各级人民政府、党派、团体及所属单位的国家工作人员实行公费医疗预防的指示》，建立了公费医疗制度。[1] 1955年初山西省高平县米山乡率先建立合作医疗制度，这一做法得到国家的认可并被广泛推广。国家机关、事业单位的公费医疗，城镇国有企业和集体

---

[1] 王东进：《中国社会保障制度的改革与发展》，法律出版社，2001，第101页。

企业的劳保医疗组成的城镇医疗保障体系以及农村合作医疗构成了我国传统医疗保障体系。①

1. 城镇医疗保障体系概况

（1）劳保医疗制度

根据1951年2月公布试行并在1953年修订公布的《中华人民共和国劳动保险条例》的规定，我国建立了劳保医疗制度。该条例规定适用对象主要为国有企业和集体企业职工及其直系亲属，费用全部由实行劳动保险的企业或资方负担，缴纳的劳动保险金交由工会组织管理，职工在本单位全额报销医疗费用，其直系亲属在单位享受半费医疗。在劳保医疗制度运作中，国家曾对诊疗费用以及基金管理作出调整。1966年颁布的《关于改进企业职工劳保医疗制度几个问题的通知》规定：企业职工患病或非因工负伤，在指定医院或本单位附设的医院治疗时，所需要的挂号费和出诊费由职工个人负担。1977年以后国家对企业基金管理作出了系列规定，明确了职工福利基金的提取渠道和比例，解决了劳保医疗经费的来源问题和企业职工福利基金的赤字问题。②

（2）公费医疗制度

公费医疗制度是根据1952年政务院颁布的《中央人民政府政务院关于全国各级人民政府、党派、团体及所属事业单位的国家工作人员实行公费医疗预防的指示》建立并实施的。1989年卫生部、财政部联合下发了《公费医疗管理办法》，对享受公费医疗待遇的人员范围、经费开支范围、公费医疗管理、管理机构及其职责、经费预算管理、监督检查等作出规定。

公费医疗的享受对象是全国各级人民政府、党派、工会、共青团和妇联等社团以及各级文化、教育、科学、卫生、体育和经济建设等事业单位的国家工作人员和二等乙级以上革命伤残军人以及高等院校在校学生等。除自费药品、挂号费、营养滋补药品以及整容、矫形等项目由个人支付费用外，其他医药费的全部或部分可以在公费医疗经费中报销。公费医疗经

---

① 戚畅：《体制转型中的我国医疗保险制度》，《中国卫生经济》2006年第1期。
② 戚畅：《体制转型中的我国医疗保险制度》，《中国卫生经济》2006年第1期。

费全部由国家预算拨款,由各级财政部门安排,经由卫生部门拨付给公费医疗管理机构统一管理使用。

(3) 公费、劳保医疗保障制度存在的问题

公费、劳保医疗制度是我国实行的一种接近免费的医疗保障制度,在保障职工身体健康和维护社会稳定,促进经济社会发展等方面发挥了积极的作用。但是,随着社会主义市场经济体制的确立和国有企业改革的不断深化,这两种传统的医疗保障制度暴露出一定的弊端与问题。医疗保健需求的日益增长与财政负担能力的矛盾日益加深。[①] 国家和单位对职工医疗费用包揽过多,财政和企业不堪重负,而且医患双方缺乏有效的制约机制,医疗费用增长过快,浪费严重。医疗保障以单位为基础,新老企业之间,不同行业之间缺乏社会统筹互济,一些经济不发达和效益差的企业职工医疗待遇得不到保障,引发社会矛盾。医疗保障的覆盖面较窄,没有将改革开放以后发展起来的外商投资企业、股份制企业、私营企业的职工和个体工商户纳入社会医疗保障范围。[②]

2. 农村合作医疗制度

我国农村合作医疗制度是伴随着农业合作化的发展而出现的,其标志是山西高平、河南正阳、山东招远、湖北麻城等农村建立的一批由农业生产合作社举办的保健站。最早在1955年初,山西高平县米山乡联合保健站实行"医社结合"建立了合作医疗制度,[③] 此后,这种农村合作医疗方式在全国范围内得到快速推广。

国家领导人和卫生管理部门对农村合作医疗给予了较大的关注,同时借助"大跃进"和人民公社运动的推动,在1958年后的4年里,我国农村合作医疗制度出现了较快的发展,到1962年全国有46%的行政村(生产大队)开展了合作医疗。20世纪70年代,我国农村合作医疗得到广泛普及,在1976年全国实行合作医疗制度的行政村(生产大队)有90%,覆盖了全国85%的农村人口。但是伴随着1978年改革开放政策的实行和

---

① 赵淑鸿、赵长云、所剑飞、王明娣、郑玫、刘力杰:《现行公费医疗制度的弊端与对策》,《中国卫生经济》1994年第4期。
② 王东进:《中国社会保障制度的改革与发展》,法律出版社,2001,第108~109页。
③ 戚畅:《体制转型中的我国医疗保险制度》,《中国卫生经济》2006年第1期。

农村家庭联产承包责任制的迅速推广，人民公社解体，使以集体经济为基础的农村合作医疗制度失去了赖以存在和发展的经济基础和政治基础。到1985年，全国坚持合作医疗的行政村由鼎盛时期的90%猛降到5%，农村合作医疗制度面临着"网破、线断、人散"的接近瓦解的局面。①

中国的农村合作医疗制度使中国医疗卫生取得了巨大成就，以不到发达国家1%的医疗卫生支出，解决了占人口绝大多数的农民群众的医疗保障问题。被世界银行和世界卫生组织誉为"发展中国家解决卫生经费的唯一范例"。但是随着社会经济体制改革的进行，农村合作医疗制度的瓦解和基层卫生组织的衰落，我国农村公共卫生事业面临着严峻危机。② 广大农民的医疗费用全部需要自己承担，出现了"因病致贫、因病返贫"的现象。③

（二）医疗保障体系改革

我国传统的医疗保障结构是与中国城乡二元结构相适应的。在城市有覆盖国有企事业单位职工的公费、劳保医疗制度，在农村有合作医疗制度。从20世纪80年代初开始，随着经济体制改革，传统的医疗保障体系问题暴露。一方面社会对医疗服务的数量与水平均有更高要求，医疗服务价格上涨，城镇破产或濒临破产的企业职工、无业人员的医疗保障问题凸显，企业与国家财政不堪重负。另一方面，农村合作医疗制度分崩离析，城乡收入差距拉大，农村收入增长缓慢，因病致贫、因病返贫的现象屡见不鲜。贫病交加成为制约农村经济发展的严重社会问题。④ 医疗卫生公平性问题日益突出，成为影响社会稳定的重要因素。我国开始医疗保障体系改革，由社会体制内福利向社会公共福利保障转型。中国的医疗保障开始在城镇居民中推行城镇职工基本医疗保险制度和城镇居民基本医疗保险制度，在农村实行新型合作医疗。胡锦涛总书记在中共十七大中提出，中国

---

① 曹普：《1949~1989：中国农村合作医疗制度的演变与评析》，《中共云南省委党校学报》2006年第5期。
② 曹普：《1949~1989：中国农村合作医疗制度的演变与评析》，《中共云南省委党校学报》2006年第5期。
③ 张甲子：《中国医疗保险制度改革问题研究》，《知识经济》2009年第8期。
④ 田捷：《中国医疗保险制度探讨》，《医院管理论坛》2007年第1期。

到2020年要实现人人享有基本医疗卫生服务的卫生发展目标。全民医疗保险成为全民医疗保健的核心,中国医疗保障体系改革走上了全民医保之路。

1. 城镇职工基本医疗保险制度的建立

进入20世纪80年代,随着改革开放的深入,从计划经济时期沿袭下来的公费医疗制的和劳保医疗制度的弊端和问题日益凸显,国家由此开始了对医疗保险制度的改革探索。

1988年卫生部、财政部、劳动部等8部门成立医疗保险改革研讨小组,研究医疗保险改革方案并于1989年开始进行试点,引入医疗保险费用个人分担机制和职工大病医疗费用社会统筹试点的改革。1994年江苏省镇江市、江西省九江市按照社会统筹与个人账户相结合的模式进行了职工医疗保险制度改革试点,1996国务院在总结"两江"试点的基础上在全国扩大改革试点。1998年国务院在继续总结试点经验的基础上,提出了《关于建立城镇职工基本医疗保险制度的决定》,明确建立城镇职工基本医疗保险制度的原则是:"基本医疗保险的水平要与社会主义初级阶段生产力发展水平相适应;城镇所有用人单位及其职工都要参加基本医疗保险,实行属地管理;基本医疗保险费由用人单位和职工双方共同负担;基本医疗保险基金实行社会统筹和个人账户相结合。"以"低水平、广覆盖、双方负担、统账结合"为基本思路,我国城镇职工医疗保险制度改革取得了标志性的突破。在"十五"期间医疗保险制度改革在全国各地迅速实行,到2000年底,我国绝大多数地区完成了医疗保险制度改革方案的组织实施,已基本建立起城镇职工基本医疗保险制度,覆盖人口5000万。[1] 此后,我国职工医疗保险制度不断完善,覆盖范围也迅速扩大。

城镇职工基本医疗保险的基本制度框架已经形成,其主要内容包括以下几方面。[2]

(1) 实施范围和统筹层次

城镇职工基本医疗保险的实施范围是城镇所有的用人单位(包括各类

---

[1] 郑若愚:《中国医疗保险改革探析》,《现代经济信息》2009年第13期。
[2] 关志强、崔斌、董朝辉:《城镇职工基本医疗保险制度的发展》,载陈佳贵等编《中国社会保障发展报告2007——转型中的卫生服务与医疗保障》,社会科学文献出版社,2007,第37~42页。

机关企事业单位和民办非企业单位)及其职工和退休人员,城镇灵活就业人员和农民工也在制度覆盖范畴。基本医疗保险原则上以地级以上行政区为统筹单位,但也允许以县为统筹单位。所有用人单位及其职工都要按照属地管理原则参加所在统筹地区的基本医疗保险,执行统一的制度和政策。

(2) 基本医疗保险缴费

基本医疗保险费由用人单位和个人共同缴纳,用人单位缴费率控制在职工工资总额的6%左右,职工缴费率一般为本人工资收入的2%,具体到各个统筹地区,由当地政府根据各方面的实际情况确定。

(3) 医疗保险统筹基金和个人账户

按照统账结合的制度模式,基本医疗保险基金由统筹基金和个人账户构成。个人账户的资金来源于个人缴纳的本人工资的2%和单位缴费的30%左右,主要用于支付门诊(小额)医疗费用,归个人使用,可以结转和集成。统筹基金由单位缴费构成,主要用于支付住院(大额)医疗费用,由社会保险经办机构统筹调剂使用。

(4) 医疗服务管理机制

医疗服务管理主要指对医疗服务范围、机构和医疗费用结算的管理。

(5) 国家公务员医疗补助和职工大额医疗费用补助

(6) 有关人员的医疗保障政策

包括对离休干部、老红军、二等乙级以上革命伤残军人,退休人员,下岗职工,灵活就业人员,农村进城务工人员的医疗保障政策。

截至2007年,我国城镇职工基本医疗保险的覆盖范围已包括机关事业单位、大多数企业、城镇个体经济组织、灵活就业人员和农民工。[①] 城镇职工基本医疗保险制度的建立,标志着我国医疗保障制度基本完成了从公费劳保医疗福利保障制度到社会保险制度的历史性转变。

2. 新型农村合作医疗制度的建立

改革开放之后,传统的农村合作医疗制度瓦解,而农民对医疗卫生服务的需求一直存在并且随着收入水平的提高而增加,需要建立一套新的医疗保障制度满足农民的医疗卫生需求。2002年10月,国务院下发《关于

---

① 赵曼:《中国医疗保险制度改革回顾与展望》,《湖北社会科学》2009年第7期。

进一步加强农村卫生工作的决定》,提出逐步建立以大病统筹为主的新型农村合作医疗制度的思路,坚持自愿原则,实行个人缴费、集体扶持和各级政府资助相结合的筹资机制,提出到2010年新型农村合作医疗制度要基本覆盖农村居民的目标。① 2003年,卫生部、财政部和农业部联合发布《关于建立新型农村合作医疗制度的意见》,对新型农村合作医疗制度的目标和原则、组织管理、筹资标准、资金管理、医疗服务管理、组织实施作出了明确规定。2004年,国务院办公厅转发了卫生部等部门提出的《关于进一步做好新型农村合作医疗试点工作的指导意见》,新农村合作医疗制度的试点工作在全国展开。2006年卫生部等七部委联合下发了《关于加快推进新型农村合作医疗试点工作的通知》,至2007年底,全国共有2448个县(市、区)开展了新型农村合作医疗工作,7.3亿农民参加了新型农村合作医疗,参合率达85.7%,标志着新型农村合作医疗制度在全国初步建立。②

根据2002年10月《中共中央、国务院关于进一步加强农村卫生工作的决定》以及2003年1月发布的《关于建立新型农村合作医疗制度的意见》的相关规定说明,新型农村合作医疗制度具有以下特点:新型农村合作医疗制度是由政府组织、引导、支持,农民自愿参加,个人、集体和政府多方筹资,以大病统筹为主的农民医疗互助共济制度。《意见》规定新型农村合作医疗制度一般采取以县(市)为单位进行统筹,按照精简、效能的原则,建立新型农村合作医疗制度管理体制。实行个人缴费、集体扶持和政府资助相结合的筹资机制。农民个人每年的缴费标准不低于10元,经济条件好的地区可相应提高缴费标准,有条件的乡村集体经济组织应对本地新型农村合作医疗制度给予适当扶持,地方财政每年对参加新型农村合作医疗农民的资助不低于人均10元。农村合作医疗基金是由农民自愿缴纳、集体扶持、政府资助组成的民办公助社会性资金,要按照以收定支、收支平衡和公开、公平、公正的原则进行管理,必须专款专用,专户储存,不得挤占挪用,由农村合作医疗管理委员会及其经办机构进行管理,

---

① 戚畅:《体制转型中的我国医疗保险制度》,《中国卫生经济》2006年第1期。
② 赵曼:《中国医疗保险制度改革回顾与展望》,《湖北社会科学》2009年第7期。

主要补助参加新型农村合作医疗农民的大额医疗费用或住院医疗费用。

新型农村合作医疗从2003年开始试点工作以来，覆盖面得到了迅速的拓展，2004年全国仅有333个试点县，到2005年底，全国共有678个县（市、区）参加了新型农村合作医疗试点，覆盖农业人口2.36亿，参加合作医疗的农民达到了1.79亿人，参合率为75.7%，参合农民就诊率和住院率均明显提高。截至2011年底，全国开展新农合的县（市、区）达到2637个，参加新农合人口8.32亿，参加率为97.5%。[1]

3. 城镇居民基本医疗保险制度的建立

为了解决城镇非从业人员，特别是中小学生、少年儿童和其他非从业城镇居民的医疗保险问题，实现基本建立覆盖城乡全体居民的医疗保障体系的目标，国务院决定从2007年开始开展城镇居民基本医疗保险试点工作。2007年7月，国务院下发了《关于开展城镇居民基本医疗保险试点的指导意见》，计划用3年时间在全国城镇全面推开，试点工作要求坚持"低水平，广覆盖，居民自愿，属地管理，统筹协调"的原则，[2] 提出逐步覆盖全体城镇非从业居民，建立以大病统筹为主的城镇居民基本医疗保险制度的目标。

根据《关于开展城镇居民基本医疗保险试点的指导意见》，试点城市要根据地方情况制定相应的筹资水平，以家庭缴费为主，政府给予适当补助。城镇居民基本医疗保险基金重点用于参保居民的住院和门诊大病医疗支出，坚持以收定支、收支平衡、略有结余的原则，合理制定城镇居民基本医疗保险基金起付标准、支付比例和最高支付限额，完善支付办法，合理控制医疗费用，加强组织管理和服务管理，将城镇居民基本医疗保险基金纳入社会保障基金财政专户统一管理，单独列账。自建立以来，城镇居民基本医疗保险制度发展迅速，覆盖面不断扩大。2007年，全国参加城镇居民基本医疗保险的人数为4291万；[3] 到了2011年，全国参加城镇居

---

[1] 卫生部统计信息中心：《2011年中国卫生事业发展统计公报》，卫生部网站，http://61.49.18.65/mohwsbwstjxxzx/s7967/201204/54532.shtml，2012年4月20日。

[2] 赵曼：《中国医疗保险制度改革回顾与展望》，《湖北社会科学》2009年第7期。

[3] 人力资源和社会保障部：《2007年劳动和社会保障事业发展统计公报》，人力资源和社会保障部网站，http://www.mohrss.gov.cn/page.do?pa=40288020240500280124088b84702d7&guid=55569efea3c2469b9de26ddf78f9fdb1&og=8a81f0842d0d556d012d111392900038，2008年6月5日。

民基本医疗保险的人数达到22116万，比2010年末增加了2588万，并且城镇居民基本医疗保险基金累计结存达到497亿元。[1]

(三) 我国医疗保障面临的挑战和问题

从2007年下半年开始，我国在全国范围内展开了城镇居民基本医疗保险的试点，由此，一个由城镇职工医疗保险、城镇居民医疗保险和农村新型合作医疗组成的三层次医疗保障体系开始形成，并走向普遍覆盖。[2]从制度设计来看，我国现行的医疗保障体系可以覆盖全体国民，正在向全民医保的方向迈进，现行的医疗保障体系对保障公众的医疗卫生需求起到了积极的作用，但是还存在着一系列的问题以及挑战。一是，覆盖面不够广，距离"全民医保"的目标还有一定距离。二是，除了城镇职工医保之外，城镇居民医保和新型农村合作医疗的筹资水平较低，参保者实际发生的大部分医疗费用还需要自负。[3]三是，现行的医疗保障体系的目标定位主要为保大病，制度设计着眼于解决保障对象在住院及大病时的基本保障问题，并不是影响居民最多的常见病和多发病。四是，目前为了扩大参保人员范围，造成医疗保障"低水平、广覆盖"的结果，个人的负担增加，医疗保障服务质量不高，不能保证医疗保障社会福利的最大化。

二 农民工医疗保险政策的发展

(一) 农民工医疗保障现状

农民工为城市建设作出了巨大贡献，然而长期以来被排斥在城市医疗保障体系之外。尽管城镇职工基本医疗保险、城镇居民基本医疗保险和新

---

[1] 人力资源和社会保障部:《2011年人力资源和社会保障事业发展统计公报》，人力资源和社会保障部网站，http://www.gov.cn/gzdt/2012-06/05/content_2153635.htm，2012年6月5日。

[2] 顾昕:《全民医疗保险走上正轨》，载汝信主编《2008年中国社会形势分析与预测》，社会科学文献出版社，2008，第88页。

[3] 顾昕:《全民医疗保险走上正轨》，载汝信主编《2008年中国社会形势分析与预测》，社会科学文献出版社，2008，第96页。

农合三张"网"从制度上实现了对城乡居民的全覆盖,但农民工却成为医保制度覆盖的"空白点"。① 2006 年国家统计局进行了中国农民工生活质量调查(CLQS),调查结果显示农民工医疗保险覆盖率仅为 15.3%。最近,国家统计局再次对农民工群体进行抽样调查,根据其发布的《2011 年我国农民工调查监测报告》,农民工医疗保险的覆盖率虽有小幅提高,但依然只有 16.7%。②

虽然我国尚未针对农民工参加医疗保险的问题建立全国性的专门制度,但是按照《中华人民共和国劳动法》的要求,城镇工作单位正式雇用的农民工应被纳入法定的社会基本保险计划,包括养老保险、医疗保险、失业保险、工伤保险和生育保险。③ 农民工的医疗保障问题也已经引起了相关部门的关注。

2004 年 5 月 28 日,劳动和社会保障部出台了《关于推进混合所有制企业和非公有制经济组织从业人员参加医疗保险的意见》,明确要求加大推进混合所有制企业和非公有制经济组织从业人员参加医疗保险的工作力度,以私营、民营等非公有制企业为重点,提高中小企业参保率,逐步将与用人单位形成劳动关系的农村进城务工人员纳入医疗保险范围;根据农村进城务工人员的特点和医疗需求,合理确定缴费率和保障方式,解决他们在务工期间的大病医疗保障问题,用人单位要按规定为其缴纳医疗保险费。对在城镇从事个体经营等灵活就业的农村进城务工人员,按照灵活就业人员参保的有关规定参加医疗保险。

2006 年 3 月,国务院出台《国务院关于解决农民工问题的若干意见》,要求抓紧解决农民工大病医疗保障问题,各统筹地区要采取建立大病医疗保险统筹基金的办法,重点解决农民工进城务工期间的住院医疗保障问题,根据当地实际合理确定缴费率,由用人单位缴费。并且完善医疗保险结算办法,为患大病后自愿回原籍治疗的参保农民工提供医疗结算服

---

① 刘佳炜:《农民工——医保覆盖的"空白点"》,中国社会保障网,参见 http://www.cnss.cn/new/ztzl/200906/t20090630_212766.htm,2008 年 3 月 21 日。
② 国家统计局:《2011 年我国农民工调查监测报告》,国家统计局网站,http://www.stats.gov.cn/tjfx/fxbg/t20120427_402801903.htm,2012 年 4 月 27 日。
③ 王德文:《农民工的社会保障》,载蔡昉主编《中国人口与劳动问题报告 No.9》,社会科学文献出版社,2008,第 209 页。

务。有条件的地方，可直接将稳定就业的农民工纳入城镇职工基本医疗保险。农民工也可自愿参加原籍的新型农村合作医疗。根据《意见》的说明，各地可以按照自身的情况将农民工纳入大病医疗保险、城镇职工医疗保险和新型农村合作医疗三种制度之内。

为了落实《国务院关于解决农民工问题的若干意见》的相关规定，2006年5月16日劳动和社会保障部发布了《关于开展农民工参加医疗保险专项扩面行动的通知》，提出到2008年底将与城镇用人单位建立劳动关系的农民工基本纳入医疗保险。具体以解决农民工大病医疗保障为重点，按照"低费率、保大病、保当期、以用人单位缴费为主"的原则，制定和完善农民工参加医疗保险的办法，并探索完善农民工参加医疗保险和新型农村合作医疗的衔接办法和政策，同时切实做好农民工参加医疗保险的管理和服务工作。

在中央意见通知的指导下，各个地方采取了多种方法开展农民工参加医疗保险的扩面行动。在实践中，我国覆盖农民工以及进城务工人员群体的医疗保险计划包括：城镇职工基本医疗保险、城镇居民医疗保险、新型农村合作医疗、大病医疗保险、综合保险、劳务工医疗保险（见表8-1）。

表8-1 覆盖农民工及进城务工人员群体的各项医疗保险计划

项　目	城镇职工基本医疗保险	城镇居民医疗保险	新型农村合作医疗	大病医疗保险	综合保险	劳务工医疗保险
保障群体	城镇用人单位职工	城镇非从业居民（本市户籍农民）	农村户籍人员	形成劳动关系的农民工群体	进城务工人员（非城镇户籍人员）	建立劳动关系的非本市户籍人员
筹资主体	单位、个人	政府、个人	政府、个人、集体	单位	单位、个人	单位、个人
待　遇	住院+门诊	住院+大病	住院+大病	住院+大病	住院	住院+门诊
统筹层次	地级市	地级市	县级市	地级市	地级市	地级市
管　理	人力资源和社会保障部门	卫生部门	人力资源和社会保障部门			

资料来源：赵斌、王永才《农民工医疗保险制度碎片化困境及其破解》，《中国卫生政策研究》2009年第11期。

虽然在现实中有多种医疗保险计划覆盖农民工群体，实际上农民工主要有两种参加医疗保险的模式：流入地政府建立的医疗保障制度与流出地政府建立的新型农村合作医疗制度。流入地政府在实践中，建立了几种比较经典的农民工医疗保险模式：一是以上海、成都为代表的流入地政府针对农民工独立设计的"综合保险"模式，实行"一种保险三项待遇"，包括工伤、住院医疗、老年补贴；二是以广东和北京为代表的将农民工纳入现行城市职工医疗保障体系之内的模式，其在内容和缴费水平、待遇水平方面与城镇职工有所差别；三是近年来深圳试点的农民工合作医疗保险制度。

1. 流入地政府农民工医疗保障制度

为了更好地了解不同流入地政府农民工医疗保障制度，下面将会选取成都、北京、深圳三个地方的农民工医疗保障制度进行比较分析（见表8-2）。

表8-2　成都、北京、深圳三地农民工医疗保险制度比较

实施地区	成都	北京	深圳
参保对象	有单位的非城镇户籍从业人员和无单位的非城镇户籍从业人员，包括进城打工的本地农民（家政人员和农业劳动者除外）	与城镇用人单位形成劳动关系的外地农民工	有单位的外来农业户籍从业人员
缴费标准	八档缴费基数，从上一年成都职工平均工资的60%到200%不等。综合保险费按缴费基数的20%缴费，其中用人单位和农民工本人分别按农民工收入的14.5%、5.5%缴纳	以上一年本市职工月平均工资60%为基数，按2%的比例按月缴纳基本医疗保险费	每月12元
缴费责任	有单位的由用人单位和个人共同承担，无单位的由本人承担	用人单位承担	用人单位承担8元，农民工承担4元
保障项目	住院医疗费报销	住院治疗的医疗费用 恶性肿瘤放射治疗和化学治疗、肾透析、肾移植后服抗排斥药的门诊医疗费用	门诊医疗 住院医疗 慢性肾功能衰竭门诊透析，其规定范围内医疗费用报销30%

续表

实施地区	成都	北京	深圳
费用支付	一次性住院医疗费=(起付标准+应由个人自付的费用)×(75%+累计缴费年限数×0.5%) 一个自然年度内累计不超过入院前6个月本人月平均缴费基数的48倍	第一个结算期起付标准为1300元,第二个结算期以后起付标准为650元 不同级别医院医疗费用报销比例不同:起付标准至1万元以下,为80%~85%;1万至3万,为85%~90%;3万至4万,为90%~95%;4万以上为95%~97% 年度最高限额为5万,超额的由大额医疗费用互助资金支付70%	门诊医疗:甲类药80%列入基金记账范围,乙类药60% 住院医疗:市内一级及以下医院起付线300元,医疗费支付比例为90%;市内二级医院400元,支付比例为80%;市内三级医院500元,支付比例为70%;市外医院600元,支付比例为60% 最高限额6万元
等待时间	连续缴费满6个月	缴费当期享受	参保次月开始享受
承办机构	社会保险经办机构或其委托的商业保险公司	社会保险经办机构	社会保险经办机构

资料整理自:①2004年《北京市外地农民工参加基本医疗保险暂行办法》;
②2003年《成都市非城镇户籍从业人员综合保险暂行办法》;
③2005年《深圳市劳务工合作医疗试点办法》。

(1)"综合保险"模式——以成都市为例

成都市实行的是为外来农民工设计的"综合保险"模式,实行"一种保险三项待遇"(工伤、住院医疗、老年补贴)。2003年3月1日,成都市推出《成都市非城镇户籍从业人员综合保险暂行办法》,成为继上海市之后第二个推行农民工综合社会保险制度的城市。2005年施行的《成都市居住证管理暂行规定》将参加综合保险作为农民工领取居住证的必要条件,截至2006年3月,全市参加综合社会保险的人数达到25万,参保率达20.8%(2005年底成都市农民工有120万)。[1]

成都市综合社会保险的参保对象为除从事家政和农业劳动以外的所有非城镇户籍从业人员。缴费基数分为八档,从上一年全市平均工资的60%到200%不等,由企业和农民工自愿选择,按照单位14.5%,农民工本人5.5%的比例交纳,实际上绝大部分企业都选择了最低档。[2] 在连续

---
[1] 劳动和社会保障部课题组:《成都市农民工综合保险制度评估报告》,中国社会保险学会网站,http://www.csia.cn/hknr/200711/t20071122_166817.htm,2007年3月11日。
[2] 曲雅萍、米红:《农民工医疗保险制度模式研究》,《卫生经济研究》2006年第9期。

缴费满6个月以后的缴费期间，参保人员出院后由社会保险经办机构或其委托的商业保险公司按规定公式计算报销。最高金额为一个自然年度内累计不超过入院前6个月本人月平均缴费基数的48倍。

成都市综合保险制度有以下特点：一是在运行上与城镇职工医疗保险的风险与费用分离，仅在农民工内部进行风险分散和费用共担；二是参照城镇职工医疗保险的相关标准，待遇支付的起付线与城镇职工医疗保险制度的起付线标准相同，这并不符合农民工收入水平普遍较低的特点；三是只支付农民工住院医疗费，以"保大病"为目标，门诊费用并不包括在内；四是医疗保障的福利性不及城镇职工。据测算，截至2006年3月，在不考虑管理费用的前提下，按照实际支付水平，成都市农民工医疗保险的费率为2.93%，且只能用于住院医疗，而城镇职工的医疗保险费率为2%，可以同时用于门诊和住院医疗。[1]

需要说明的是，2011年成都市政府颁布了《关于非城镇户籍从业人员综合社会保险并轨城镇职工社会保险有关问题的通知》，将非城镇户籍从业人员综合社会保险并轨到城镇职工社会保险中。并轨后，2011年3月31日前已参加综合保险的农民工及其用人单位，从2011年4月1日起按规定接续参加城镇职工基本养老保险、基本医疗保险和失业、工伤、生育保险。虽然成都市的《非城镇户籍从业人员综合保险暂行办法》也同时被废止，但该"综合保险"模式在其他一些地方依然被沿用；在农民工医疗保险的发展过程中，这种模式具有典型的代表意义。

（2）扩面型医疗保险模式——以北京市为例

北京市为农民工提供的医疗保险模式是扩面型的医疗保险模式，将农民工作为扩大城镇社会保险覆盖面的对象，2004年实施的《北京市外地农民工参加基本医疗保险暂行办法》，将农民工纳入城镇职工社会保险体系，享受养老、工伤、医疗保险。[2] 2005年7月，北京市劳动和社会保障局发布了《关于加快本市农民工参加工伤保险和医疗保险有关问题的通

---

[1] 郑功成、鲁全：《农民工疾病与医疗保障》，载陈佳贵等编《中国社会保障发展报告2007——转型中的卫生服务与医疗保障》，社会科学文献出版社，2007，第142~153页。

[2] 陈顺玉：《农民工与医疗保障》，载郑功成等《中国农民工问题与社会保护》，人民出版社，2006，第380页。

知》，于 10 月又发布了《关于简化农民工参加工伤保险和医疗保险有关管理问题的通知》，加快了农民工参加医疗保险的进程。

北京扩面型医疗保险的参保对象为与北京市行政区域内的城镇所有用人单位，包括企业、机关、事业单位、社会团体、民办非企业单位等形成劳动关系的外地农民工。缴费标准以上一年本市职工月平均工资的 60% 为基数、按 2% 的比例按月由用人单位缴纳基本医疗保险费，农民工个人不缴费，其中 1.8% 划入基本医疗保险统筹基金，0.2% 划入大额医疗互助资金，不建个人账户。缴费当期即可享受相关医疗待遇，保障项目包括住院医疗的费用，恶性肿瘤放射治疗和化学治疗、肾透析、肾移植后服抗排异药的门诊医疗费用。费用支付标准以 1300 元/年为起付标准，根据不同级别的医院报销不同的比例，年度最高限额为 5 万元，超额部分由大额医疗费用互助资金支付 70%。

北京市农民工医疗保险制度有以下特点：第一，保大病，只负责住院医疗和门诊三种特殊病种的治疗费用，并不负责门诊费用。第二，保当期，只负责农民工在北京打工期间的医疗保障，而退休之后则不纳入管理范围。据相关调查，80% 的农民工在北京务工的时间为三年以下，北京市这种保险形式较为灵活，为农民工织起了一张有效的保护网。[1] 第三，社会统筹部分与城镇职工混合运行，可以更大范围地分担住院费用。第四，农民工住院费用的起付线标准为 1300 元，虽然低于城镇职工，但是对于收入水平普遍较低的农民工来说仍然较高。第五，与城镇职工实行相同的缴费比例。事实上，农民工的缴费标准也随着城镇职工标准的变化而不断调整。2012 年北京市发布《关于本市职工基本医疗保险有关问题的通知》，规定农民工按照 1% 的比例参加医疗保险的参保人员，自 2012 年 4 月起，统一按照城镇职工缴费标准缴费，即医疗保险费由用人单位和个人共同缴纳，其中用人单位按全部职工缴费工资基数之和的 10% 缴纳，农民工个人按本人上一年月平均工资的 2% 和每人每月 3 元缴纳。

（3）劳务工合作医疗模式——以深圳市为例

2005 年 2 月 23 日，深圳市颁布《深圳市劳务工合作医疗试点办法》，

---

[1] 曲雅萍、米红：《农民工医疗保险制度模式研究》，《卫生经济研究》2006 年第 9 期。

并于3月1日起推行新的劳务工合作医疗制度，在龙岗等四个地方的制造业企业试点，农民工可自愿选择参加住院医疗保险或合作医疗保险。

深圳市劳务工合作医疗制度以有单位的外来农业户籍从业人员为参保对象，每月只需要交纳12元的保险费（用人单位承担8元，农民工承担4元）即可。保障项目包括了门诊医疗、住院医疗和慢性肾功能衰竭门诊透析。费用支付根据门诊药物的类别不同和医院级别的不同而不同，最高限额6万元。从参保次月就可以开始享受相关的待遇。

深圳市劳务工合作医疗制度遵循低水平、广覆盖、高效率、逐步推进以及合作医疗基金现收现付、当年收支平衡的原则，以缴费水平低、统筹基金共济为价值理念，较好地体现了保障人的基本生存权利的思想。且政府会对此提供财政补贴，体现了政府责任的确立。深圳市的劳务工合作医疗制度具有以下特点：（1）覆盖面广，从2005年3月实行开始，至12月底就约有124万外来农民工被纳入体系中；（2）医疗保障需求满足范围大，保障项目较为全面，门诊、住院甚至包括部分门诊特殊病例，把农民工可能面临的疾病风险都纳入保障体系中；（3）社会保障资源利用效率高。[1]

（4）对以上三种流入地政府建立的农民工医疗保险制度的比较

第一，从福利性来看，三种医疗保险制度对医疗保障空白的农民工来说无疑所得大于所付，是具有福利性的，但是保障水平相对于城镇职工来说仍然较低。就北京市而言，农民工与城镇职工的缴费比例相同，但是仅仅适用于住院医疗而不适用于门诊医疗。就成都市而言，农民工医疗保险的费率相比城镇职工略高一点，而且并不能用于门诊医疗。深圳的农民工合作医疗的福利性最高，其缴费较低，同时适用于门诊医疗和住院医疗，缩小了农民工医疗保险与城镇职工医疗保险的差距。

第二，从防范和化解农民工的医疗风险来看，成都市和北京市以"保大病"为目标，这并不符合农民工群体普遍比较年轻的特征，他们身体比较健康得大病的几率较低，而深圳市劳务工医疗保险，将门诊医疗费用也纳入其中，可以更好地防范和化解农民工的医疗风险。

---

[1] 陈顺玉：《农民工与医疗保障》，载郑功成等《中国农民工问题与社会保护》，人民出版社，2006，第380页。

第三，从起付标准来看，农民工医疗费用负担仍然比较重，特别是成都市与北京市的医疗保险，根据2005年成都市城镇职工的平均年收入，一级、二级、三级定点医院的起付线分别为998元、1596元和2395元，北京市第一个结算期的起付线为1300元，第二期开始降为650元，相对成都较低，但是调查结果显示，两市的农民工月平均工资水平集中在500~800元，月可支配收入仅在300元左右。① 深圳市劳务工合作医疗的起付标准是三个城市中最低的，最低为300元，最高为600元，但是这样的设置对农民工来说仍然是比较沉重的负担。

总的来看，三种医疗保险模式都是针对农民工群体的特殊性而设计的，与城镇职工医疗保险有较大差别，这在不同程度上分裂了劳动者的医疗保险制度。② 由于这些不同的医疗保险的统筹水平仅仅在市级水平，这并不适应农民工流动性高的特征。另外，这种为农民工建立的独立的医疗保险体系会大大增加社会和财政的管理成本，阻碍劳动力在地区之间的流动，而且给未来与城镇医保并轨造成障碍。③

2. 流出地政府建立的新型农村合作医疗保险制度

流出地政府建立的新型农村合作医疗保险制度，农民工与其家庭成员一同加入。这种制度还处于分散试点阶段，并未形成统一的模式。④

新型农村合作医疗是针对农民设计的医疗风险分散计划，但由于农民工群体工作流动性大以及新农合属地管理原则的制约，参保群体只能在参保地（多为输出地）享受相应的医疗保险待遇，一旦离开参保地就无法得到保护。⑤ 而目前我国仍然存在大量利用农闲时间进城务工，一年中在农村居住时间长于在城市居住时间的农民工，还有一部分农民工最终会回

---

① 郑功成、鲁全：《农民工疾病与医疗保障》，载陈佳贵等编《中国社会保障发展报告2007——转型中的卫生服务与医疗保障》，社会科学文献出版社，2007，第142~153页。
② 陈顺玉：《农民工与医疗保障》，载郑功成等《中国农民工问题与社会保护》，人民出版社，2006，第382页。
③ 曲雅萍、米红：《农民工医疗保险制度模式研究》，《卫生经济研究》2006年第9期。
④ 贾丽娥：《农民工参加新型农村合作医疗制度的问题及对策》，《人口与经济》2008年增刊。
⑤ 赵斌、王永才：《农民工医疗保险制度碎片化困境及其破解》，《中国卫生政策研究》2009年第11期。

到农村，因而在新型农村合作医疗制度的建立和完善过程中，应当充分考虑农民工群体的需求。

(二) 农民工医疗保障存在的问题分析

1. 碎片化的农民工医疗保险制度

目前我国还没有专门的医疗保险法律，更没有针对农民工的医疗保险法律。仅仅有《关于推进混合所有制企业和非公有制经济组织从业人员参加医疗保险的意见》《国务院关于解决农民工问题的若干意见》以及《关于开展农民工参加医疗保险专项扩面行动的通知》三个指导性的文件通知。在实践中，对农民工的医疗保险制度是遵循属地化的管理原则的，各个地方政府根据自身的特点制定政策，各自为政，不同地区的制度之间没有任何衔接，使得医疗保险体系呈现碎片化。这种碎片化的医疗保障体系并不能适应农民工的高流动性特征。当参保的农民工从一个统筹地区转移到另一个统筹地区时，制度间并不能衔接，保险关系不能转移，监管复杂，管理成本高昂，并且给农民工带来不便甚至利益受损。

2. 农民工医疗保险制度设计的合理性

现行医疗保险制度多保大病，遵循"低费率，保大病，保当期，以用人单位缴费为主"的原则，重点解决农民工进城务工期间的住院医疗保障问题，除了深圳实行的劳务工合作医疗保险制度对农民工迫切需要报销的门诊费用建立了报销机制之外，其他地方的制度并没有建立相应的报销机制。但是农民工多处于青壮年，身体素质良好，需要医疗服务的通常以常见病和多发病为主，现行的医疗保险体系并不能很好地满足农民工的医疗需求。

目前的农民工医疗保险制度设计的缴费费率偏高。以北京市为例，2006年初，北京市外地在京施工企业工会联合会对11家劳务企业参加"基本医疗"的情况进行了调查，调查结果显示11家企业职工总数为3.485万人，参加基本医疗保险的人数为7791人，仅占职工总数的22.4%，缴纳医疗保险费44.9万元，参保人员全年共发生医疗费用总额21.08万元，由社保部门报销1.5万元，实际报销费用仅占实际发生费用的7.1%。[1] 从中可

---

[1] 杜萍：《我国农民工医疗保险缺位探究》，《人口与经济》2009年增刊。

以看出，目前农民工医疗保险制度的缴费率较高，与实际报销费用并不成比例，这表明实际上不能很好地为农民工提供医疗保障服务。

3. 政府对农民工医疗保险制度的财政责任缺失

从我国实践看，针对相对弱势群体设计的各项医疗保险制度往往采取个人部分缴费、政府提供相应补贴的方式，地方与中央政府财政承担相当比例的筹资义务，但是我国医疗保险实行地方统筹，医疗保险经办机构经费和部分医疗保险计划补贴的财务责任完全需要地方政府承担。而实行分税制以来，地方政府收入占财政收入的比重不断下降，但是各种服务职责却不断增加，因此出现了收入与支出责任不匹配的情况。另一方面，农民工群体的政治参与力低，地方政府在制定各种社会保障政策时对进城务工人员的关注度不够，因而也使得政府对农民工医疗保险制度的财政责任缺失。[1]

4. 农民工、用人单位的观念问题

农民工的文化水平普遍较低，外出打工的动机以挣钱养家为主。相关调查结果显示，农民工的受教育程度以初中及以下为主，月收入以 500～1200 元为主要分布区间。[2] 农民工在劳资关系中处于弱势地位，当他们的医疗保险权益受损时，他们可能会选择沉默。同时，农民工对医疗保险制度的信任程度以及了解程度都不够。农民工工作的单位多为民营企业、外资企业、乡镇企业以及个体工商户，主要集中在建筑、餐饮、服装等技术含量较低的劳动密集型企业，只有千方百计地减少工人工资成本，才能追求更大的利润，因此用人单位在主观上也不愿意为农民工缴纳医疗保险。

（三）完善农民工医疗保障制度

1. 以动态角度设计农民工医疗保障政策

目前我国的医疗保险体系并不完善，没有很好地保障农民工的医疗卫生权利，因而各地为了保障农民工的权利，针对他们的特征设计了特定的医疗保险制度。但是按照发达国家的经验，农民工这个转型时期特殊的身

---

[1] 赵斌、王永才：《农民工医疗保险制度碎片化困境及其破解》，《中国卫生政策研究》2009年第11期。
[2] 郑功成、黄黎若莲：《中国农民工问题与社会保护》，人民出版社，2006。

份，最终会随着经济社会的发展而转化为市民身份。所以，目前我国根据各地自身的需要或特殊问题而设计的独立的医疗保险制度具有短期性、过渡性和特殊性的特点，并不利于社保一体化进程。① 因而目前设计农民工医疗保险计划时还应考虑城市化农民工的医疗保障问题，将农民工分类分层纳入三大主干医疗保险制度的设计比独立为农民工设计的医疗保险制度更具有长远性。

2. 加强政府责任

政府首先应当承担一定的财政责任，为农民工医疗保障事业的发展提供资金支持。受制于现阶段国家财力有限的情况，政府可以作为农民工社会保障制度的最后责任承担者，对农民工社会保障的部分项目进行资金投入，对农民工保险项目的管理成本进行补贴。其次，我国现处于"强资本、弱劳工"的状态，企业追求自己的利益，不为农民工参保，而在现行体制下，地方政府往往与资方形成利益共同体，不认真履行应尽的职责。因此政府应当平衡劳资关系，注意在劳资双方建构利益平衡机制，赋予劳动者与资方平等谈判的权利，同时加强对农民工的保护，监督企业为农民工参加社会保险项目。② 再次，政府应当加强对农民工进行健康教育宣传，提高农民工的卫生保健意识，增强自我保健的能力。同时，加强对农民工的政策宣传，提高他们对医疗保险制度的认识，增强其对医疗保险的信任程度以及维权意识。

3. 建立农民工医疗救助制度

农民工医疗救助体系是农民工医疗保障的最后一道防线，目前，农民工作为社会弱势群体，其参与医疗保险的能力相对较低，大量农民工没有参加医疗保险而又遭遇工伤、职业病、身体疾病，因病致贫、因病返贫现象时有发生。国家和社会有义务承担起对他们的医疗救助责任，维护他们的基本生存权利，这也是在兑现"人人享有卫生保健"的承诺。可以由政府承担主要的财政责任，建立专项农民工医疗救助基金，加强对农民工医疗救助制度的

---

① 赵斌、王永才：《农民工医疗保险制度碎片化困境及其破解》，《中国卫生政策研究》2009年第11期。
② 陈顺玉：《农民工与医疗保障》，载郑功成等《中国农民工问题与社会保护》，人民出版社，2006，第384页。

建设,① 同时也可以由各行业联合起来建立民间性的农民工医疗救助系统。

三 农民工职业安全卫生政策与工伤保险

我国目前正处于经济快速发展时期,同时也处在工伤事故频发、职业病高发的时期。而农民工由于自身受教育程度低和劳动技能不足,以及长期以来城乡分割的制度使农民工在城市中受到排斥和歧视,只能在一些危险性高、技术含量低、灵活性强的加工制造、采掘、建筑、交通运输等行业就业。② 根据国家统计局的《2011年我国农民工调查监测报告》,农民工从事制造业的比例最大,占36.0%,其次是建筑业占17.7%,服务业占12.2%,批发零售业占10.1%,交通运输仓储和邮政业占6.6%,住宿餐饮业占5.3%;值得注意的是,对于较为危险的建筑业,农民工的从业比例在逐年递增,从2008年的13.8%上升到17.7%。③ 农民工工伤事故频发,据统计,我国每年各类工伤事故死亡人数接近14万,其中大部分是农民工,特别是在矿山开采、建筑施工、危险化学品3个农民工集中的行业。④ 另外由于缺乏职业病防范意识,以及受各种客观因素影响,农民工正成为职业病的高危人群。根据卫生部2010年对新生代农民工职业健康状况的调查,我国近1亿新生代农民工中,约60%在职业健康风险高的行业中就业;近些年来农民工职业病发病人数更是占总发病人数的80%以上,而且经常是以群体发病的形式出现。⑤ 目前我国农民工劳动保护和劳动安全措施都不足,农民工工伤事故和职业安全卫生问题日益严重,但是农民工职业安全卫生政策和工伤保险政策的实施却不尽如人意。

---

① 陈顺玉:《农民工与医疗保障》,载郑功成等《中国农民工问题与社会保护》,人民出版社,2006,第385页。
② 乔庆梅:《农民工与工伤保险》,载郑功成等《中国农民工问题与社会保护》,人民出版社,2006,第386页。
③ 国家统计局:《2011年我国农民工调查监测报告》,国家统计局网站,http://www.stats.gov.cn/tjfx/fxbg/t20120427_402801903.htm,2012年4月27日。
④ 赵铁锤:《关注农民工促进安全生产状况的稳定好转》,载李真主编《工殇者》,社会科学文献出版社,2005,第4~5页。
⑤ 林洁、邹剑明:《农民工成职业病主要群体》,《羊城晚报》2011年9月8日A5版,http://www.ycwb.com/ePaper/ycwb/html/2011-09/08/content_1205994.htm。

（一）农民工职业安全与劳动保护现状

目前，我国已有一系列的法律法规通过界定劳动者与用人单位的权利与义务（见表8-3）进而来保护劳动者的健康权益，如《劳动法》、《职业病防治法》、《安全生产法》、《使用有毒物品作业场所劳动保护条例》、《危险化学品管理条例》、《环境保护法》、工商税务等方面的法律法规以及《刑法》《民法》等。① 其中前四部法律法规与劳动者的健康权益保护尤为相关。

表8-3 国家法律所规定的劳动者与用人单位的权利与义务

主 体	权利/义务
劳动者	• 获得职业卫生培训教育的权利 • 获得职业卫生防护的权利 • 接受职业健康检查、职业病诊疗、康复服务的权利 • 了解工作场所产生或者可能产生的职业病危害因素、危害后果和应当采取的职业病防护措施 • 要求改善工作条件的权利 • 对违反法律规定的行为，提出批评、检举、控告的权利 • 拒绝违章指挥和强令进行没有职业病防护措施的作业 • 参与民主管理，对职业病防治工作提出意见和建议的权利 • 享受国家规定的工伤保险待遇的权利 • 要求并获得健康赔偿的权利
用人单位	◆ 提供符合国家职业卫生标准和卫生要求的工作环境和条件 ◆ 配备职业病防护用品、治理职业危害 ◆ 配备专职或兼职的职业卫生专业人员 ◆ 监测和评价工作场所的职业病危害因素 ◆ 采取有利于防治职业病和保护劳动者健康的新技术、新工艺、新材料 ◆ 包括上岗前、在岗、离岗时的劳动者健康监护 ◆ 对劳动者进行劳动安全卫生教育 ◆ 危害告知，提供危害警示标志 ◆ 建立危害监测和劳动者健康档案 ◆ 职业病报告义务 ◆ 对患职业病者进行救治和安置 ◆ 依法参加工伤劳动保险 ◆ 落实职业危害治理和职业病防治经费 ◆ 对未成年工、女工进行特殊保护

---

① 苏志：《我国农民工职业健康现状及其保障》，载李真主编《工殇者》，社会科学文献出版社，2005，第24页。

为了使上面这些权利切实得到保障，义务切实得到履行，我国法律特别规定了以下各项制度：用人单位建立职业卫生责任制、作业场所职业危害控制制度、劳动者健康监护制度，以及要求工会组织履行相关职责和权利。① 可以看出，我国法律法规已经逐步健全，对劳动者职业安全卫生保护进行了全面的规定。但是，在实际中，这些法律法规并没有很好地执行，卫生部在2003年对地方企业中《职业病防治法》各项制度落实情况的抽样检查发现，落实率大部分在40%以下，其中设立危害监测机构的落实率仅在10%左右，危害合同告知的落实率只有20%左右，真正能够落实各项职业卫生制度的企业可能只有1/3，从不同性质的企业来看，传统的国有企业执行得相对较好，而私企和港澳台企业相对较差。② 私企和港澳台企业吸纳的大部分是农民工，农民工群体所面临的职业危害更加严重。

从微观角度看农民工职业安全与健康所面临的问题，一是由于有关部门的执法不到位，监管力度不够；二是因为部分企业法律意识淡薄，片面追求利润而忽视农民工的生命健康权益；三是农民工本身知识水平较低，安全卫生意识和维权意识不高。从宏观角度看，则是由于农民工的主体地位离《劳动法》的规定还有很大差距，不能有效组织起来与资本抗衡；社会资源有限，既得利益集团过强，使农民工处于弱势地位；社会劳动力结构供给失衡，三方机制尚未落实。③ 种种原因造成农民工的职业安全卫生与健康权益受到严重的侵犯。

物质文明的进步和社会分工的发展不能避免和消除危险性高、职业伤害严重的职业出现，但是对于任何有危害的职业，完善的劳动保护和劳动安全措施都能够将危险性降到最低，最大限度地减少职业伤害。④ 农民工

---

① 苏志：《我国农民工职业健康现状及其保障》，载李真主编《工殇者》，社会科学文献出版社，2005，第22~23页。
② 苏志：《我国农民工职业健康现状及其保障》，载李真主编《工殇者》，社会科学文献出版社，2005，第13页。
③ 李真：《首届"全国农民工职业安全与健康权益研讨会"会议综述》，载《工殇者》，社会科学文献出版社，2005，第15页。
④ 乔庆梅：《农民工与工伤保险》，载郑功成等《中国农民工问题与社会保护》，人民出版社，2006，第393页。

为我国经济和社会发展作出了巨大贡献，而目前农民工的劳动保护现状不容乐观，成为影响国家经济发展和社会稳定的重要因素，如何更好地保护农民工的安全与健康权利，应当引起社会和政府的更广泛关注。

（二）农民工工伤保险

1. 农民工工伤保险立法现状

从 1951 年《劳动保险条例》颁布到 2004 年《工伤保险条例》的实行，我国工伤保险制度日益健全。我国农民工的职业安全卫生问题也受到了社会和政府的广泛关注，政府出台了相关的意见通知对其作出规定，农民工的工伤保险制度建设取得了一定成绩。

2004 年 1 月 1 日，国务院发布《工伤保险条例》，第一次明确将农民工涵盖在工伤保险范围之内，为农民工工伤保险提供了法律依据。[①]《条例》规定："中华人民共和国境内的各类企业、有雇工的个体工商户应当依照规定参加工伤保险，为本单位全部职工或者雇工缴纳工伤保险费。各类企业的职工和个体工商户的雇工，均有依照规定享受工伤保险待遇的权利。"此规定将私营企业与个体工商户统统纳入参保范围，改变了以往仅仅是国家行政和企事业单位职工才能参加工伤保险的状况。

2004 年 6 月，劳动和社会保障部颁布《劳动和社会保障部关于农民工参加工伤保险的有关问题的通知》，对农民工参加工伤保险的若干问题进行了专门的规定，指出"农民工参加工伤保险、依法享受工伤保险待遇是《工伤保险条例》赋予包括农民工在内的各类用人单位职工的基本权益，用人单位招用的农民工均有享受工伤保险待遇的权利"。《通知》要求凡是与农民工建立劳动关系的用人单位必须及时为农民工办理参加工伤保险的手续。《通知》同时对农民工参加工伤保险的一些具体工作进行了特别规定。将农民工参加工伤保险作为工伤保险扩面的重要工作，体现了政府对农民工工伤保险权益维护的重视。

2006 年 3 月，《国务院关于解决农民工问题的若干意见》要求依法将农民工纳入工伤保险范围，所有用人单位必须及时为农民工办理参加工伤

---

① 叶迎：《论我国农民工工伤保险制度的建立与完善》，《大众商务》2009 年第 103 期。

保险手续，并按时足额缴纳工伤保险费。同时加快推进农民工较为集中、工伤风险程度较高的建筑行业、煤炭等采掘行业参加工伤保险。同年5月，劳动和社会保障部下发了《关于实施农民工"平安计划"加快推进农民工参加工伤保险工作的通知》，制定了推进农民工特别是矿山、建筑等高风险企业农民工参加工伤保险工作的三年计划，全面推进农民工参加工伤保险，力争在2008年底前，基本实现全部煤矿、非煤矿企业和大部分建筑企业农民工参加工伤保险。2006年12月，劳动和社会保障部颁发《关于做好建筑施工企业农民工参加工伤保险有关工作的通知》也对建筑业农民工参加工伤保险作了相应的规定，要求"将参加工伤保险作为建筑施工企业取得安全生产许可证的必备条件之一"。同时要求建筑施工企业要严格遵守安全生产和职业病防治的法律法规，执行安全卫生标准规程，预防工伤事故的发生，减少和避免职业病的发生。2010年10月，引人瞩目的《中华人民共和国社会保险法》经过四审五稿后最终出台，并于2011年7月1日起实施。《社会保险法》以法律的形式确定要建立广覆盖的工伤保险体系，强调全体职业人群都在工伤保险的覆盖范围内，当然也包括农民工群体。

在国家对农民工工伤保险权益予以关注的同时，地方也出台了相关的规章对农民工工伤保险进行地方立法。最早于2002年9月，上海市出台《上海市外来从业人员综合保险暂行条例》对外来从业人员的工伤、住院医疗、老年补贴进行了规定。2004年7月，北京市出台《北京市外地农民工参加工伤保险暂行办法》，规定了北京市农民工的工伤保险实行办法。2009年深圳市针对工伤事故发生率高但保险覆盖率低的建筑业农民工群体出台了《建筑施工企业农民工参加工伤保险试行办法》，规定建筑施工企业必须为本企业从事建筑施工的农民工购买工伤保险，可选择以工程项目一次性缴费或逐月缴费的形式，并规定如不按规定让农民工参保，企业将会被查处。2010年6月，广州市出台《关于农民工参加工伤保险有关问题的通知》，规定跨地企业可为农民工异地参加工伤保险。此外，云南、青海、山西、江苏等省份都针对农民工工伤保险的问题出台了相关政策。

总的来说，农民工工伤保险权益保护的问题受到了社会和政府的广泛关注，我国也出台了相关的意见通知对其作出规定（见表8-4），地方政府对农民工工伤保险立法增多，农民工的工伤保险制度建设取得了一定成绩；但是，相对于城镇职工的工伤权益维护状况，农民工的工伤保险制度仍然存在着很多问题。

表8-4 我国农民工工伤保险政策

时间	政策法规	主要内容
2004.1.1	《工伤保险条例》	中华人民共和国境内的各类企业、有雇工的个体工商户应当依照规定参加工伤保险，为本单位全部职工或者雇工缴纳工伤保险费。各类企业的职工和个体工商户的雇工，均有依照规定享受工伤保险待遇的权利。
2004.6.1	《劳动和社会保障部关于农民工参加工伤保险的有关问题的通知》	各类用人单位招用的农民工均有享受工伤保险待遇的权利。并对农民工工伤保险的若干问题进行了专门的规定。
2006.3.27	《国务院关于解决农民工问题的若干意见》	依法将农民工纳入工伤保险范围，加快推进农民工较为集中、工伤风险程度较高的建筑行业、煤炭等采掘行业参加工伤保险。
2006.5.17	《关于实施农民工"平安计划"加快推进农民工参加工伤保险工作的通知》	制定推进农民工特别是矿山、建筑等高风险企业农民工参加工伤保险工作的三年计划，全面推进农民工参加工伤保险，力争在2008年底前，基本实现全部煤矿、非煤矿企业和大部分建筑企业农民工参加工伤保险。
2006.12.5	《关于做好建筑施工企业农民工参加工伤保险有关工作的通知》	参加工伤保险作为建筑施工企业取得安全生产许可证的必备条件之一； 预防工伤事故的发生，避免和减少职业病的发生。
2011.7.1	《中华人民共和国社会保险法》	职工应当参加基本养老保险，由用人单位和职工共同缴纳基本养老保险费； 职工因工作原因受到事故伤害或者患职业病，且经工伤认定的，享受工伤保险待遇。

2. 农民工工伤保险存在的问题

（1）农民工工伤保险参保率低

虽然我国政府对农民工工伤保险的重视程度日益加深，但是农民工参保率却比较低。有关学者的调查结果显示，在城市中无用人单位的农民工几乎没有参加任何社会保险，而有用人单位的农民工参加工伤保险或有些许工伤医疗补助的仅仅占20.2%，有76%的农民工没有工伤保险，甚至还有3.8%的农民工根本不知道工伤保险为何物。① 根据国家统计局2008年2月公布的《第二次全国农业普查主要数据公报（第一号）》，截至2006年底，农村外出从业劳动力为13181万人，而2007年2月国家统计局公布的《2006年国民经济和社会发展统计公报》显示，2006年参加工伤保险的农民工人数为2538万人，覆盖率只有19.25%。在2006年实施农民工"平安计划"后，随着工作的展开，《2007年度劳动和社会保障事业发展统计公报》显示，2007年参加工伤保险的农民工人数为3980万人，比2006年增加了1442万人，② 但是相对于庞大的农民工总体来说，还有相当数量的农民工没有参加工伤保险，农民工工伤保险的参保率非常低。

（2）农民工工伤维权困难

由于法律法规不完善，没有针对农民工工伤处理做特殊规定，也没有专门的负责机构。农民工的工伤事故处理与城镇职工的工伤事故处理程序相同，这很明显与农民工的特点不相匹配，导致农民工工伤处理处于一种马拉松式的状态。

按照现行《工伤保险条例》的规定，农民工从发生工伤到获得工伤保险待遇，要经历申请工伤认定、劳动能力鉴定和工伤保险待遇索赔三个阶段。农民工与用人单位发生工伤保险争议，必须先申请工伤认定，而认定工伤的前提必须是双方存在劳动关系；若用人单位认为不存在劳动关系，而农民工又无法提供有效的证据证明双方存在劳动关系，就要启动劳动仲裁程序确认劳动关系；当劳动部门做出工伤认定结论后，若用人单位或农民工对结论不服，还可能进入行政复议程序；若用人单位不依法承担工伤保险待遇，又可能进入工伤赔偿劳动仲裁和诉讼程序等。③ 如果按照规定走完工伤认定到工伤评级，再经过劳动仲裁、一审、二审，最短的需

---

① 孟繁元、田旭、李晶：《我国农民工工伤保险存在的问题及对策分析》，《农村社》2006年第2期。
② 许素睿：《我国农民工工伤保险存在的问题及对策分析》，《中国劳动关系学院学报》2009年第4期。
③ 许素睿：《我国农民工工伤保险存在的问题及对策分析》，《中国劳动关系学院学报》2009年第4期。

要360天，最长的需要510天，如果出现意外而延误的，最长可达30个月。① 我国"一调一裁二审"的设计初衷本是为了尽快解决纠纷，保护劳动者权益。但是在实际执行中，反而让遭遇工伤事故或职业病伤害的农民工面临工伤认定难，获得工伤赔偿难的问题。

除了维权申诉的程序复杂、时间漫长之外，农民工获得工伤赔偿仍然步履维艰。在现实的赔偿中，很多企业主为了逃避责任，对工伤待遇的支付能拖则拖，能减则减，能逃避的尽量逃避，尤其是对那些需要由企业主承担赔偿责任、没有参加工伤保险或5~10级伤残者的赔偿，这使农民工经过千辛万苦争取得来的工伤赔偿权益成为一纸空文。②

（3）基金设计不合理

首先，我国工伤保险的费率结构较粗放，行业之间划分并没有根据实际情况拉开档次，全国大部分省市实行3~7档，档次较少，达不到与风险相关联的效果，使低风险的企业不愿参加工伤保险，不利于扩大工伤保险的覆盖面。其次，我国工伤保险的统筹层次处于县市级，并不适应农民工流动性高的特点，工伤保险社会化程度不高，抵御风险的能力弱。再次，工伤保险基金结余过高（见表8-5）。③ 从表8-5可以看到，2001~2007年，

表8-5　2001~2012年全国工伤保险基本情况

	2001	2002	2003	2004	2005	2006	2007	2008	2009	2012
参加工伤保险人数（万人）	4345	4406	4575	6845	8478	10268	12173	13787	14896	16161
享受工伤保险人数（万人）	18.7	26.5	33	52	65	78	96	118	130	148
收入（亿元）	28	32	38	58	93	122	166	217	240	285
支出（亿元）	16	19.9	27	33	48	68.5	88	127	156	192
滚存结余（亿元）	69	81.1	91	119	164	193	262	385	469	561

资料来源：国家统计局人口和就业统计司、人力资源和社会保障部规划财务司《中国劳动统计年鉴》，中国统计出版社，历年。

---

① 乔庆梅：《农民工与工伤保险》，载郑功成等《中国农民工问题与社会保护》，人民出版社，2006，第399页。
② 乔庆梅：《农民工与工伤保险》，载郑功成等《中国农民工问题与社会保护》，人民出版社，2006，第400页。
③ 邓秋柳、刘海珍：《完善我国农民工工伤保险制度的思考》，《财经理论与实践》2008年第5期。

基金结余数逐年增加。这种由于费率机制不完善、支付水平较低、缺乏预防工作机制而造成的基金结余过高的现象并不利于保护工人的利益。

(4) 缺乏"预防—赔偿—康复"机制

一直以来，我国的工伤保险都偏重工伤补偿，对预防和康复并没有作出特别的要求，对工伤预防、职业康复方面的投入非常少。但是工伤预防与职业康复对农民工的身心健康和他们的家庭生活都更加有益，同时还可以降低社会对工伤职工的投入。因此一套完善的"预防—赔偿—康复"机制对农民工本身和社会、政府来说，都是十分必要而且有价值的。但是我国工伤预防的宣传、教育、培训都比较弱，不能做到防患未然。目前，全国仅有少数几个省（市、区）从社会工伤保险基金中支付一定比例的工伤预防费用，而其他大部分地区仍然存在社会认识不足、政府不重视、工伤预防经费缺乏的问题。[1] 我国尚未对职业康复作出较为完善的规定，因此让一些不法之人有借口逃避，使职业康复处于一种"上无政策，下无对策"的尴尬局面。[2]

3. 原因分析

(1) 法律法规不健全

我国采取政策、措施和地方性法规来推动农民工工伤保险，导致其缺乏法律的权威性和稳定性。在国家层次有《工伤保险条例》，但是其为行政法规，效力不及普通法律，劳动和社会保障部颁布的《关于农民工参加工伤保险有关问题的通知》属于行政规章，法律效力不及地方性行政法规。当我国地方制定的针对农民工的工伤保险实施办法这类地方行政规章与其冲突时，国家的行政法规的统筹规划与指导作用就会受到影响，同时由于地区间的政策办法缺乏规范性、一致性，这不利于提高统筹层次和基金管理。[3] 我国尚无一部关于农民工社会保险或工伤保险的全国性专门法律或法规。

---

[1] 赵东辉、吕晓宇、王金涛、陆裕良：《"平安计划"能为多少农民工带来"平安"？》，中国农业信息网，http://www.agri.gov.cn/llzy/t20060811_666418.htm，2006年8月11日。

[2] 孟繁元、田旭、李晶：《我国农民工工伤保险存在的问题及对策分析》，《农村社》2006年第2期。

[3] 邓秋柳、刘海珍：《完善我国农民工工伤保险制度的思考》，《财经理论与实践》2008年第5期。

目前的《工伤保险条例》虽适用于农民工群体，但是《条例》是针对城镇职工设计的，在实践中，并不能很好地解决农民工工伤保险的问题。一是，"按职工工资总额一定比例缴费"以及伤残津贴按月发放并不适应农民工流动性大、劳动关系短期性的特点；二是，现行法规缺少对非法用工形势下的工伤认定的明确规定；三是，国家层面实施办法的欠缺使各地做法不一致，待遇规范性差，使农民工很难真正享受到工伤待遇。[1]

现行法律法规对违法行为缺乏严格的制约和惩处，用人单位违法成本低，导致大量企业仍未参保。《工伤保险条例》第六十条规定："用人单位依照本条例规定应当参加工伤保险而未参加的，由劳动保障行政部门责令改正；未参加工伤保险期间用人单位职工发生工伤的，由该用人单位按照本条例规定的工伤保险待遇项目和标准支付费用。"除此之外并没有对用人单位进行别的惩罚的规定。用人单位在现实中很少因为没有为农民工参保或给予赔偿而受到任何惩罚。用人单位的违法成本十分低。

（2）政府职能缺位

政府在农民工工伤保险中的职能缺位，是造成农民工工伤保险问题的重要原因之一。政府的监督管理职能不到位，对用工单位要求不够严厉、监督检查力度不大，导致用工单位侵害农民工权益的现象屡屡发生。同时，政府的工伤保障职能不到位，即使国家已经明确规定了农民工工伤保险为强制保险，但是在现实中，工伤保险的执行仍存在缺陷。最后，政府的法律援助职能不到位，在农民工权益受损时，政府没有主动向农民工提供援助，即使是劳动监察和仲裁，也是"民不举，官不究"[2]。政府职能缺位，使得目前农民工维权困难成为一个社会普遍现象。

（3）企业逃脱责任

农民工主要集中在建筑、制造、服务等劳动密集型的企业，这类企业

---

[1] 邓秋柳、刘海珍：《完善我国农民工工伤保险制度的思考》，《财经理论与实践》2008年第5期。

[2] 孟繁元、田旭、李晶：《我国农民工工伤保险存在的问题及对策分析》，《农村社》2006年第2期。

管理往往不规范，只注重利润，而忽略了农民工的利益，为农民工参保必然增加它们的经营成本，降低它们的竞争力。另外法律的约束力不强，对不参保的企业的惩罚力度不够，因而企业缺乏为农民工参保的内在动力，投机意识强，能省则省，逃避为农民工参保的责任。

（4）农民工文化素质低，自我保护意识薄弱

农民工的文化程度普遍不高，国家统计局 2008 年 2 月 27 日公布的《第二次全国农业普查主要数据公报（第五号）》显示，2006 年末外出从业劳动力中，文盲占 1.2%，小学文化程度占 18.7%，初中文化程度占 70.1%，可以看出大部分农民工只有小学或初中文化程度。因为较低的文化素质，农民工只能从事一些社会地位较低、工作环境较差的职业，在劳资博弈的过程中，并没有太多的议价能力。他们在找工作的时候，往往只要求能够按时发工资，签不签劳动合同，参不参加工伤保险都无所谓。同时，来自农村的外来务工者，并没有太多的法律知识，对城市的社会保障更是了解甚少。大部分农民工由于缺乏法律知识不能对可能遇到的风险进行自我保护，在权益受损后又不能运用法律武器来维护自己的权益。最后，农民工的组织化程度低，个人的利益表达往往缺乏力量，而他们又没有正式的组织来帮助他们维护权益。[1] 因而，在现实中农民工的工伤保险权益往往受到侵害。

4. 解决的对策

（1）加快立法进程，完善相关法规

在不断完善地方工伤保险制度改革的基础上，建立统一的工伤保险制度，提高法律层次，使农民工工伤保险工作步入法制化的轨道。在坚持总的立法原则下，不同地区可根据自身的情况制定实施细则性的地方法规。加大对工伤待遇、工伤认定、非法企业职工的工伤办法以及事实劳动关系等事项的研究，制定出适合农民工特点、统筹层次较高的工伤保险制度。[2]

---

[1] 孟繁元、田旭、李晶：《我国农民工工伤保险存在的问题及对策分析》，《农村社》2006 年第 2 期。

[2] 邓秋柳、刘海珍：《完善我国农民工工伤保险制度的思考》，《财经理论与实践》2008 年第 5 期。

(2) 简化农民工工伤保险争议处理机制

应当理顺劳动行政部门、劳动仲裁部门以及法院在工伤认定中的职能，规定劳动关系确认的劳动仲裁一裁制度，确立工伤认定或裁或审制度。① 另外应当改变现行的工伤争议处理机制中仲裁和诉讼严重脱节的现象，实现诉讼以仲裁为前置条件。人民法院在工伤保险问题的诉讼中可以参考劳动仲裁时提供的证据，并以其结果为参考对象，简化工作程序。② 最后应当限制用人单位随意提起行政复议、行政诉讼的权利，保护工伤农民工的权利。

(3) 加强政府职能，保护工伤农民工的合法权益

首先，加强政府的监督管理职能，强化劳动合同制度，促进企业劳动关系规范化，在规范化的基础之上实现农民工劳动就业的相对稳定。目前应当提高劳动合同签订率，并且提高合同质量，落实合同的内容。同时在非公企业加紧建立健全集体合同制度。应当加强劳动监察工作，在监察方法和手段上变被动受理举报投诉为日常监察与个案查处并重。具体而言，在市场准入机制上加强对雇用农民工的用人单位的监管，严厉打击挂钩转包和肢解发包的行为。建立保障农民工权益的专项审计制度，特别要对建筑劳务公司等是否为农民工参加工伤保险、医疗保险等进行抽查审计，还可以建立行业企业诚信信息系统。③ 其次，应当加强政府工伤保障职能，解决工伤保险执行方面存在的问题。最后，落实政府的法律援助职能，在农民工权益受损时，主动向农民工提供援助。总之，应当加强政府的监督管理、工伤保障和法律援助的职能，保护工伤农民工的合法权益。

(4) 加强工伤保险宣传，提高农民工参保率

在现实中，由于农民工自身文化素质的限制，他们对于工伤保险的认识并不多，自身的维权意识薄弱，另外一些企业对工伤保险没有正确的认识，存在着投机心理，片面追求利润而不顾农民工利益，这对维护农民工

---

① 于欣华、霍学喜：《农民工工伤保险困境分析》，《北京理工大学学报（社会科学版）》2008年第6期。
② 许素睿：《我国农民工工伤保险存在的问题及对策分析》，《中国劳动关系学院学报》2009年第4期。
③ 邓秋柳、刘海珍：《完善我国农民工工伤保险制度的思考》，《财经理论与实践》2008年第5期。

权益具有不利的影响。因此劳动保障部门、工会、负责工伤保险的政府部门等有必要在农民工群体和企业中进行宣传，加强工伤预防教育，增加农民工的工伤保险相关知识，提高农民工的维权意识，使企业重视并知晓不参加工伤保险的后果，从而提高农民工的参保率。

（5）完善工伤保险基金设计

首先，针对保险费率粗放的情况，应该细化行业分类，增加保险费率档次，增加低风险企业参加工伤保险的动力。其次，提高统筹层次，建立农民工工伤保险账户自由转移制度，目前应尽快实现省级统筹，再慢慢地过渡到全国统筹，使其更好地符合农民工流动性大的要求。再次，针对基金结余较大的情况，应该提高基金的使用效率，合理分配基金在预防、补偿、康复上的比例，以预防为主，注重康复和补偿。最后，我国工伤保险基金结余较大，而农民工工伤保险待遇标准和水平都偏低，可以适当提高农民工工伤补偿待遇，并强化其待遇的落实。①

（6）逐步发展工伤预防—补偿—康复机制

在工伤保险制度诞生地德国，工伤预防是作为首要任务和制度核心存在的，其次是康复，再次是赔偿。预防为主是最有效、最符合经济成本收益原则的。我国目前以补偿为主，实质上是最不符合效率原则的。针对这种情况，工伤保险机构可以提取一定的基金用于安全知识的宣传普及和工伤预防与科研工作，防止由于无知或蛮干造成的事故，逐步进入预防—减少事故—减少工伤赔付—降低企业缴纳工伤保险费率—预防的良性循环。② 同时还应强化农民工工伤职业病康复机制，针对农民工的流动性特征，在城市和农村利用现有的设施，建立流动的职业康复站为工伤农民工提供服务。

四 总结

"病有所医"是社会政策的重要目标。建立符合居民需要及社会发展

---

① 邓秋柳、刘海珍：《完善我国农民工工伤保险制度的思考》，《财经理论与实践》2008年第5期。
② 孟繁元、田旭、李晶：《我国农民工工伤保险存在的问题及对策分析》，《农村社》2006年第2期。

要求的医疗保障体系，是现阶段中国社会政策的主要内容之一。本章梳理了中国医疗保障体系的变革过程，介绍了改革后城镇职工基本医疗保险制度、新型农村合作医疗制度、城镇居民基本医疗制度的建立和主要内容，指出了我国医疗保障制度面临的挑战和问题。本章还重点分析了农民工医疗保险政策、农民工工伤保险与职业安全卫生政策，分别总结归纳出其存在的问题，并为进一步完善政策提出了对策建议。

第九章 中国高等教育：从国家福利到私有化和市场化

许多亚洲国家都受到了教育私有化、教育市场化、教育商品化和全球化的影响，中国当然也不例外。在这种情形下，中国开始转向新自由主义政策，通过引进竞争来对社会政策和公共管理进行改革与重建。[1] 在提高大学毕业生全球竞争能力的巨大压力下，中国与世界各国政府一样，一方面，要扩大高等教育的招生规模，另一方面，要保证教育和科研的高质量，确保其高等教育体制具有国际竞争力。[2] 由于单纯地依靠国家的资金资助不能满足高等教育不断增长的需求，中国已寻求市场/私人部门以及其他一些非国有部门，让他们进入高等教育领域，使教育服务更加多样化，同时也使教育服务提供者迅速增加。[3] 民办/私人高等教育部门已经成为中国高等教育的重要组成部分，在这样一个广泛的社会经济背景下，中国高等教育体制正经历巨大的变革，"私有化"趋势明

---

[1] Luke, A. and Ismail, M., "Introduction: Reframing urban education in the Asia Pacific", *Handbook of Urban Education* (London: Routledge, 2007).

[2] Deem, R., Mok, K. H. and Lucas, L., "East meets West meets world class: What is a 'world class' university in the context of Europe and Asia and why does it matter?", Paper presented at the CHER 2006 Conference, September 2006, Kassel, Germany.

[3] Mok, K. H., "Riding over socialism and global capitalism: Changing education governance and social policy paradigms in post-Mao China", *Comparative Education* 41 (2005): 217 – 242; Mok, K. H., *Education Reform and Education Policy in East Asia* (London: Routledge, 2005).

显加强。① 而且，自1978年中国改革开放以来，随着剧烈的社会变迁和社会政策重建，富人与穷人之间、地区与地区之间的差距正不断扩大。② 毋庸置疑，经济改革促使中国新富人阶层的产生和中间阶层的涌现，但同时，也加剧了中国的社会紧张和社会矛盾。③ 在这样一个大的社会背景下，本章将探讨中国高等教育部门在采取了促进竞争和市场导向的政策工具后如何转变高等教育的营运模式。此外，本章也会阐述高等教育领域中的"私有化"倾向给中国的社会凝聚力带来的挑战。

一 中国经济转型与新的教育战略

20世纪70年代末以来，现代化建设、改革开放使得中国从高度集中的计划经济转向更加具有活力的市场经济。在新的市场经济条件下，"集权治理"（centralized governance）这一老治理方法在教育领域中已不再适合。④ 在认识到过度的集权和严格的规则可能会抹杀地方教育机构的积极主动性后，中央采取了新的管理措施，向地方政府授权（decentralization），实施"放权政策"（policy of decentralization），以激发教育管理上的灵活性。1993年发布的《中国教育改革和发展纲要》，将降低集权程度和政府控制程度作为一项改革的长期目标。⑤ 政府的角色要转变为"通过立法，资金分配，计划，信息服务，政策导向和必要的行政

---

① Shi, Q. H. et al., "Affiliated colleges and private education development in China: Take independent colleges as an example", Available at: www.ocair.org/files/presentations/Paper 2003_04/forum2004/ChinaHE.pdf; Mok, K. H., "The growing importance of the privateness in education: Challenges for higher education governance in China", *Comparative* 39 (2009): 35.

② UNDP, *China's Human Development Report* 2005 (Washington DC: UNDP, 2005); Keng, C. W., "China's unbalanced economic growth", *Journal of Contemporary China* 15 (2006): 183-214.

③ Lui, T. L., "Bringing class back in", *Critical Asian Studies*, 37 (2005): 473-480; So, A., "Beyond the logic of capital and the polarization model: The state, market reforms, and the plurality of class conflict in China", *Critical Asian Studies* 37 (2005): 481-494; Chen, F., "Privatization and its discontents in Chinese factories", *The China Quarterly*, March (2006): 42-60.

④ Yang, R., *The Third Delight: Internationalization of Higher Education in China* (London: Routledge, 2002).

⑤ 国家教委：《关于加快改革和积极发展普通高等教育的意见》，1992。

干预进行宏观管理",由此,"大学可以在政府的领导下独立地提供适应社会需要的教育"。正如闵文方所指出的,自1978年经济改革以来,中国的高等教育经历了一系列的结构变革,从课程设计,筹资方式,高等教育供应领域私人/民办部门的介入,到采取措施发展"世界一流大学"。①

20世纪80年代中期开始的教育结构的变革改变了教育供应领域中国家的独占性角色,导致了私人和公共消费的并存。② 为了应对知识经济所带来的挑战,中国政府已经认识到单纯依靠国家远远不能满足中国大陆对高等教育的强烈需求。在这种情况下,教育提供者的增加与教育筹资的多样化变得越来越普遍。③ 尽管目前仍存有关于"私"与"公"的思想理论之争,但中国领导人还是较重实效地允许了非国有部门的进入,包括由市场(私人部门)提供高等教育。④ 中国政府意识到要向国外大学学习成功的经验,鼓励国外的大学与中国本地的教育机构在中国大陆携手共同发展课程项目。在中国加入世界贸易组织以及相继履行关贸协定后,跨国高等教育也得到了迅速的发展。⑤

二 中国高等教育"私有化"趋势加强

(一)国家资金投入的减少和个人付费的增多

20世纪80年代早期,领导人邓小平代表政府作了一个非常重要的承

---

① Min, W. F., "Chinese higher education: The legacy of the past and the context of the future", *Asian Universities: Historical Perspectives and Contemporary Challenges*, eds. by Altbach, P. and Umakoshi, T. (Baltimore: The John's Hopkins University Press, 2004).
② Cheng, K. M., "Education-decentralization and the market", *Social Change and Social Policy in Contemporary China*, eds. by L. Wong and S. MacPherson (Aldershot: Avebury, 1995).
③ Ngok, K. L. and Kwong, J., "Globalization and educational restructuring in China", *Globalization and Educational Restructuring in the Asia Pacific Region*, eds. by K. H. Mok and A. Welch (Basingstoke: Palgrave Macmillan, 2003).
④ Yang, R., "The debate on private higher education development in China", *International Higher Education* Fall (1997): 1–4; Mok, K. H., "Marketizing higher education in post-Mao China", *International Journal of Educational Development* 2 (2000): 109–126.
⑤ Huang, F. T., "Qualitative enhancement and quantitative growth: changes and trends of China's higher education", *Higher Education Policy* 18 (2005): 117–130.

诺：将会提高政府在教育领域的投资，GDP（国内生产总值）的4%左右会投入到教育发展事业中。20世纪80年代以来，中国的经济经历了显著、持续的发展，年平均增长率为9%~10%。然而中国政府对教育资金的投入却长期没有达到这一标准。1995年，投入到教育领域的资金仅占GDP的2.41%，1999年和2000年稍有提高，分别是2.79%、2.86%。但是，国家教育资金投入在2004年又一次下降，只有约2.79%（见表9-1）。此外，认识到基础教育的重要性，国家也将较多的资金投向中小学。据一项资料显示，国家从1990~2002年，对高等教育的财政支持确实是降低了，1990年为93.5%，而2002年则降到50%。[①]

表9-1 公共教育支出占GDP的比重

单位：10亿元

年份	国内生产总值	国家教育资金分配	比重(%)
1992	2663.8	72.9	2.74
1995	5847.8	141.2	2.41
1999	8206.8	228.7	2.79
2000	8946.8	256.3	2.86
2001	9731.5	305.7	3.14
2002	10517.2	349.1	3.32
2003	11739.0	385.1	3.28
2004	15987.8	446.6	2.79
2005	18386.8	516.1	2.8
2006	210871	634.8	3.0
2007	246619	828.0	3.4
2008	300670	1045.0	3.4
2009	335353	1223.1	3.7
2010	401513	14670.1	3.7
2011	47154	16116	3.4

资料来源：历年《中国统计年鉴》。

注：国家教育资金分配包括中央政府以及地方政府的教育支出。

因此，中国大陆许多大学校长和教育学家指责政府在教育资金提供中没有尽责也就不足为奇了。中国农业大学校长陈章良教授，中国人民大学

---

① Cheng, E., "China: capitalist restoration worsens inequality", *Green Left Weekly* April (2006): 1-4.

校长纪宝成教授公开提出了他们的担忧：政府没有履行其在2006年3月全国人民代表大会上对教育发展所作出的承诺。

随着中央政府对教育资金投入的持续下降，教育资金和教育服务的提供愈加依靠地方政府财政能力和个人付费。与"多渠道"的筹资方式相对应，中国政府将一种混合的经济福利制度描述为在社会主义初级阶段通过"多渠道"和"多方法"提供教育服务的模式，这反映了责任从国家转移到社会。[1] 认识到单独由国家提供教育不能满足人们迫切的教育需求后，政府将责任转移给其他非国有部门，在"付费"（fee-paying）原则下让其参与到教育事业发展中。20世纪80年代早期，学生付费办法称为"计划外招生"，意思是说这些自费学生的招收是在国家计划之外的。[2] 但是在十四大提出社会主义市场经济体制后，教育部正式批准，高等教育机构"委托培养生"和"付费生"的招收规模可增至25%。1993年，30所高等教育机构被抽取参与到了一个名为"并轨"的试验计划中。根据此计划，学生在以下两种情况下都可以被学校录取，或者是公共考试分数达到了规定标准，或者是虽然分数未达标但他们愿意且能够支付一定的费用。1994年，更多的机构参与到计划中，收费原则由此合法化。中国教育资金投入的结构性变革在高等教育中尤其显著。20世纪90年代之前，付费学生仅是非常小的一部分，但是在引入了"使用者付费"（user charge）原则之后就逐渐增加了。在上海，高等教育机构中付费生的比例从1988年的7.5%增加到1994年的32.1%，自费学生的比例呈现大幅升高趋势。[3]

现在，所有大学的学生都需要交纳学费，付费原则已经成为中国教育

---

[1] Mok, K. H., "Marketization and decentralization: Development of education and paradigm shift in social policy", *Hong Kong Public Administration* 5 (1996): 35 – 56; Cheng, K. M., "Financing education in mainland China: What are the real problems?" *Issues and Studies* 26 (1990): 54 – 75.

[2] Cheng, K. M, "Markets in a socialist system: Reform of higher education", *Educational Dilemmas: Debate and Diversity*, eds. by K. Watson, S. Modgil and C. Modgil (London: Cassell, 1996).

[3] Yuen, Z. G. and Wakabayashi, M., "Chinese higher education reform from the 'state model' to the 'social model': Based on a Sino-Japan comparative perspective", *Forum of International Development Studies* 6 (1996): 173 – 200.

领域的基础性原则。据一项最新报告显示,高等教育的学费增长了约24倍,1986年,一名学生需要缴纳的平均学费为200元,而到2006年,则上涨到5000元。著名社会学家朱庆芳对中国城市居民消费模式进行了调查,多次指出子女教育费用已成为父母的经济重担。近年来,中国城市居民消费中,至少有1/3用于教育、健康保险和住房。浙江是中国经济最繁荣的地区之一,2003年人均教育支出大约是802元,比1995年增长了4.2倍,与2002年的数据相比提高了8.6%。据一项由浙江省政府主持的关于教育支出的研究报告显示,2005年省内一户普通城市家庭一年在孩子的教育上需要花费大约10398元。另一项数据资料显示,依据2004年物价指数,一名普通中国学生从幼儿园到大学的教育花费累计总和大约是14万元,如果考虑到其他的一些费用,如家教、看护、兴趣课的学费等,教育开支将会占到城市居民消费相当大的一部分比例。[1]

(二) 教育提供者的激增与私人/民办部门的增加

中国高等教育愈加突出的"私有化"趋势主要表现在私人/民办教育的增加。1993年末,《中国教育和改革发展纲要》规定,国家政策要积极鼓励与支持社会团体和公民个人依法举办学校,要提供正确引导并加强管理。[2] 1995年颁布实施的《中华人民共和国教育法》第25条规定再一次重申,国家将全力支持企业事业组织、社会团体、地方团体以及公民个人在中华人民共和国法律体制下依法开办学校。简言之,政府对民办教育发展的态度可以概括为"积极鼓励,大力支持,正确引导,加强管理"。在这样的法律体制下,再加之"去集权化"(decentralization)的政策背景,教育服务提供者倍增,特别是中国政府努力扩大招生规模,鼓励民主党派、群众组织、社会团体、退休干部和知识分子、集体经济组织和公民个人等,积极自愿地通过多种形式、多种方法为教育发展作贡献。[3]

---

[1] 戴建林:《居民生活:稳定迈向全面小康》,载杨建华主编《浙江蓝皮书:2005年浙江发展报告(社会卷)》,杭州出版社,2005。

[2] 国家教委:《关于加快改革和积极发展普通高等教育的意见》,1992。

[3] Wei, Y. T. and Zhang, G. C., "A historical perspective on non-governmental higher education in China", paper presented to the International Conference on Private Education in Asia and the Pacific Region, University of Xiamen, Xiamen, China, 1995.

2005年3月,中华人民共和国教育部发展规划司司长韩进,在一次新闻发布会上作了关于当前私人/民办高等教育发展情况的报告,指出截至2004年底,民办教育机构的招生规模已达1400万,占全国学生总数的10.4%。根据韩进所作的报告,截至2004年已有1300所私人/民办高等教育机构,其中,228所已经得到了官方的正式批准可以颁发毕业证书,23所被批准可以授予大学学位。[1] 另外一项研究显示,在1260所私人/民办高等教育机构中,有50所被称为所谓的"万人大学",即招生规模超过1万人的高校。[2] 教育部官员也表示,今后高等教育扩招将通过私人/民办部门来实现。[3] 虽然与公共部门相比,私人/民办教育所占比例很小,但是就发展态势而言,民办教育的规模仍是非常可观的,特别是站在社会主义政治背景下进行评断。由此来看,在市场经济条件下教育的提供者明显的更加多样化,特别是私有化和市场导向愈加普遍。[4]

(三) 二级学院:形成中的"受约制的教育市场" (Governed Education Market)

为了实现高等教育招生规模扩大的政策目标,教育部已经鼓励公立大学建立"二级学院"(也称为"附属学院"或"独立学院")以增加额外的大学课程。20世纪90年代以来,为了满足社会的需要,中国的高等教育经历了一个迅速膨胀的时期,二级学院这种新形式的民办机构正是与中国对高等教育持续增长的需求相同步的。举例来看,2001年大学招生人数增加到了268万,比2000年增长了21.5%。同时,2001年大学学生总人数也增加到了719万,比2000年增长了29.3%。然而,政府对高等教育的支出却不能满足高等教育大规模扩张的需求。实际上,中国的公立大

---

[1] China Education and Research Network, Available at: www.edu.cn/20050301/3129836.shtml, 2005.

[2] China Education and Research Network, Available at: www.edu.cn/20050301/3129836.shtml, 2005.

[3] China Education and Research Network, Available at: www.edu.cn/20050301/3129836.shtml, 2005.

[4] Levy, D., "New private realities in Chinese higher education", Available at: www.albany.edu/dept/eaps/prophe/publication/News/Summary Asia, 2006.

学大概只有65%的收入由政府给予,而有些情况下更是只有50%。与此同时,私人教育机构在数量和质量上发展仍然是滞后的。[1]

在这样一个广泛的政策背景下,公有民营的高等教育机构开始在中国出现并越来越普遍。与传统的公立大学不同,这些兴建的"二级学院"是作为"自筹经费"的实体组织来运作的,遵循"市场"原则。浙江大学城市学院是最早建立的二级学院之一,它是由杭州市人民政府、浙江大学、浙江省电信实业集团共同创办的。浙江大学城市学院即反映了中国教育公有化与私有化的混合。一方面,城市学院的建立是与新浙江大学的整体规划与发展相联系的。中央政府与地方政府都希望通过大学合并战略将新浙江大学建设成一所具有领先地位的研究型大学,因此教育部也批准了浙江大学建立城市学院这样一个在自筹经费基础上运作的二级学院,以此为当地学生创造更多的本科教育课程,从而也使浙江大学能够将重点集中在研究生教育和科研活动上。由于得到了中央政府和省人民政府的大力支持,城市学院从成立之初就拥有授予学位的权利。另外,杭州市人民政府也以税收减免形式提供了资金支持,同时,还成立了一个委员会对其与城市学院的合作进行管理指导,依据此合作,城市学院的学生和毕业生可以在市政府获得较多的工作或实习等机会。另外一方面,城市学院与其母体、中国大学排行榜中名列前五名的浙江大学之间保持着较密切的关系。[2] 在与城市学院院长周教授的实地访谈中我们得知,学院的毕业生中一部分优秀学生可以免试直接被浙江大学录取攻读研究生,另外,一些在读期间有着优异学业成绩的本科生,通过"快速通道"(fast track)也可转入浙江大学就读。显然,城市学院的"半民办性质"的确增强了其实力,使它在与其他民办院校的竞争中能够更胜一筹。由于得到了相关政府部门的大力支持,城市学院在招生上也并没有遇到难题。更有趣的是,城市学院运作上有明显的私有化成分,尤其体现在通过抵押、贷款、捐赠等形式实现资本的流动,以及后勤服务的外包上。

---

[1] 陈昌贵、余群英:《走进大众化——21世纪初广州市高等教育发展研究》,暨南大学出版社,2005,第167页。

[2] Wen, S.Y., "A new thinking on the state-owned privately-run secondary colleges", *International Journal of Private Higher Education* 1 (2005): 39-48.

1999年，二级学院在江苏省有23所，在浙江省有8所。随后，这种形式的院校迅速增加。2000年，在以上两省中，二级学院的数量跳涨到50所。建立二级学院创造更多额外的教育机会，一方面，这是一种实现国家扩大高等教育招生规模政策目标的有效方式；另一方面，能够让浙江大学将师资力量等更集中在科研等项目上。基于以上认识，城市学院的试验得到了教育部的认可，二级学院也在全国范围内迅速发展起来。到2005年，中国共有344所二级学院，本科招生规模达到了540000人。①教育部批评传统民办院校"为了赚取利润，利用国家政策，损害了学生和家长的权利"，认为二级学院这种新形式的民办教育机构能够在这样一个特殊的历史时期完成非常重要的使命（对政府官员的访谈，北京，2004年1月）。鉴于传统民办院校缺乏"自我约束"（self-discipline）能力，易出现管理上的问题，中国官方相信二级学院的建立对于高等教育扩招政策目标的实现不失为一个更好的选择。②

在这样的政策背景下，公立大学纷纷通过建立二级学院来扩大招生规模，如南开大学（天津）深圳金融工程学院，华北电力大学（河北）科技学院，复旦大学（上海）太平洋金融学院等。这些学院都是依照民办原则来运作的，其最初资金来自地方政府或国有企业，它们担负着为当地社会经济发展需要培育人才的使命。有些二级学院的招生人数为20000~30000人，达到"综合大学"的规模，甚至达到教育部所描述的未来示范性大学的标准。③随着二级学院的扩招，传统民办院校自然遭遇招生不足的问题。据Lin所指出的，为了吸引更多的学生，"私人/民办大学投到广告及招募上的费用要占到其收入的20%或更多，他们在招生上的竞争也是非常激烈的"。④一项报告显示，2003年，有些传统民办院校甚至对申请者全部录取，但最后超过1/4的被录取者没有报到，还有10%的学生在读期间因为对学校不满而选择了退学。⑤因此说，传

---

① Chen, Y., "Behind millions of donations", *China Youth News* June (2005): 30.
② Lin, J., "China: private trends", *International Higher Education* 36 (2004): 17-18.
③ Lin, J. and Yu, Z., "Educational expansion and shortages in secondary schools in China", *Journal of Contemporary China* 15 (2006): 255-274.
④ Lin, J., "China: private trends", *International Higher Education* 36 (2004): 8.
⑤ Lin, J., "China: private trends", *International Higher Education* 36 (2004): 8.

统民办教育机构在与新设的具有优待性质的"二级学院"的竞争中处于相对不利的地位。传统民办院校发现中国的教育市场并没有开放,仍是一个"受约制的市场"或者说是"国家规制的市场"(state regulated market)。

(四)跨国高等教育:公私合作的兴起

加入 WTO 以后,中国政府开始修订有关立法,使其与 WTO 规则相一致,并允许国外教育机构在中国大陆提供教育项目。2003 年 9 月,中华人民共和国国务院开始实施《中华人民共和国中外合作办学条例》。此条例对中外合作办学的性质、政策方针、申请程序与具体要求、组织与管理、教育教学、财务管理、监督机制、法律责任等方面作了进一步的具体规定。2003 年中外合作办学条例有效促进了跨国高等教育的发展,尤其促进了与国外知名高等教育机构的合作,通过共同开发新的课程项目,引进国外先进的教育资源,以提高教学质量。而且,2003 年的条例并没有禁止国外高等教育机构从项目中获得盈利。

在这样的政策背景下,中国在高等教育项目的运作中开始不断提倡公私合作。1995 年,在中国教育机构与外方合作者共同推出的合作项目中,仅有 2 个合作项目可以授予国外学位,而到 2004 年 6 月,中外的合作项目已达到 745 个,其中,能够授予国外学位或香港学位的合作项目增加到了 164 个。[1] 大部分项目的合作者均来自发达经济和先进技术的国家或地区。来中国合作办学的国外大学主要来自那些教育服务输出大国,中国几乎一半的项目合作者来自美国和澳大利亚。来自欧洲国家的项目合作学校只占少数,却也是重要的一部分,它们已被中国国务院学位委员会(ADCSC)批准,可以在中外合作办学(CFCRS)中给学生授予学位。

一些由中国国务院学位委员会批准的学位项目是与 100 多所国外大学或学院合作,在诸如北京大学、清华大学、浙江大学等著名学府开设的。

---

[1] 中华人民共和国教育部教育涉外监管信息网,参见 www.jsj.edu.cn/mingdan/002.html,2006。

这些国外高等教育院校，就科研和教学水平而言，有一些并非是"世界一流"（world class），但也有一些是非常优秀的大学。到2004年6月底，共有164个中外合作办学学位项目，其中，47个项目（占28.7%）可以提供学士学位，112个项目（占68.3%）可以提供硕士学位，2个项目（占1.2%）可以提供博士学位，2个项目（占1.2%）提供专科文凭，还有1个项目可以提供学士学位、硕士学位与博士学位。这些项目都是有招生数量限制的（从1到15人不等）。① 就项目涉及的专业领域而言，大多与商业、贸易和管理相关。

以上数据表明，这些合作项目有着顾客导向和市场取向，因为它们大多数都是自筹经费甚至是营利的。通过对这些项目中的录取学生的进一步研究，我们很容易发现，他们与传统学位项目中的学生有着相当大的区别。接受跨国高等教育的学生，通常在录取之前有着相关领域的工作经验，他们认为取得一定的资格证书对于其今后的工作生涯会非常有益。这些跨国教育项目还有一个显著的特点就是它的期限。与当地单独提供的教育项目一样，这些合作项目本科也是4年时间，但不同的是，根据学生在外方合作院校学习时间的长短又分为4种类型：1+3，2+2，3+1以及4+0。基于经费上的考虑，学生们倾向于大部分时间留在中国本地的院校学习，但是他们也会去国外学习一段时间（常常是3~6个月），或者是实习、实地调查研究，或者仅仅是为了完成校方的教学要求而到外方合作院校实地参观。②

研究表明，这些中外合作项目的投向地区大多数集中在东部沿海，亦即中国经济最繁荣的地区。2004年，大部分项目分布在上海（111），北京（108），山东（78），江苏（61），辽宁（34），浙江（33），天津（31），山西（29），广东（27），湖北（23），以上这些地区大部分靠近中国东部沿海。③ 考究目前跨国高等教育的发展，中国东部沿海地区的居

---

① 中华人民共和国教育部教育涉外监管信息网，参见 www.jsj.edu.cn/mingdan/002.html，2006。
② Huang, F. T., "Transnational higher education in mainland China: A focus on foreign degree-conferring programs", *Transnational Higher Education in Asia and the Pacific Region*, Hiroshima: *Research Institute for Higher Education*, ed. by Huang, F. (Hiroshima University, 2006), p. 28.
③ 括号中的数字代表由中国本地的院校与外方合作院校共同举办的跨国教育项目的数量。

民在过去的二十年中不成比例地享受了经济增长的成果,他们当中的许多人都愿意而且也有经济能力为这样的国外教育项目付费。更重要的是,跨国高等教育项目的增多也反映了在中国的高等教育提供领域公私合作的上升趋势。尽管如此,私有化趋势的加强并不是没有问题的,特别是考虑到社会发展和社会凝聚力的政策含义时。以下将会集中探讨中国教育私有化如何对社会凝聚力和社会发展构成挑战。

三 对中国社会凝聚力的挑战

(一) 向学生过度收费与教育的经济负担

随着国家对教育投入资金的减少,地方政府和教育机构都尝试扩招学生,增加学费,以此增加额外收入用于支持教育发展以及提高教师收入。近年来,一些地方教育部门、中小学或高等教育机构向学生收取了非常不合理的费用。根据中国大陆著名教育政策分析家杨东平先生所言,由于学生和家长需要为教育付更多的费用,基础教育领域的收费现状变得更加混乱。根据2004年度审计报告,国家审计署发现,全国许多教育部门都牵涉到了相当多的腐败事件中,收取过高的费用以及向银行超额贷款。同年,北京市教育局也发现,18所公立大学向学生过度收取的费用达到86.8亿元。2003年,北京一所大学违反国家有关规定,向学生过度收取的费用达186.6万元,其中,103.5万元为所谓的"捐赠"(donations)。北京市教育局同时还发现被这所大学录取的新生中,有1/6都对学校有过特别的捐赠(从20000元到100000元不等)。① 类似问题在中国其他地方也十分普遍。我们现在完全可以理解为什么中国的农民将教育支出视为一座"大山"(mountain)。②

除了学生学费的增加和国家对高等教育资金投入的减少之外,还有一些改革措施也普遍被采用,如,将后勤服务从高校管理中分离出来,加强

---

① Chen, Y., "Behind millions of donations", *China Youth News* June (2005): 30.

② Chen, Y., "Behind millions of donations", *China Youth News* June (2005): 30.

大学与工商企业之间的联系，鼓励各高校和学院参与到商业中和经济活动中以增加收入。与其他国家的高校一样，中国高校承受着持续不断的压力并向"企业性质的"（entrepreneurial）的方向发展。根据 2004 年《全国高等教育校办企业报告》，高校校办企业收入达 9690.3 亿元，净利润为 490.93 亿。高校校办企业创收以及大学教授投身"商海"（辞掉学校职务，开办新的工商企业）在中国已越来越普遍。① 利用国家呼吁要求建立"世界一流大学"（world-class university）的时机，许多地方政府试图建立大规模的大学城，不仅为了推动高等教育的发展，而且也是出于其他的商业目的。发展大学城能够促进房地产市场的发展，繁荣地方经济以及创造额外商机，如开设盈利的休闲公园或高尔夫球俱乐部，等等，一些地方政府看到了那些潜在的收益，已经开始实施其雄心勃勃的"大学城"（university city）计划。有些高校甚至向银行借得巨额款项以给予此大规模建设资金支持。当然，中央政府也已经开始担心这样的大型规划的财务问题，并且，许多学者也非常担心高校如此"投资"（investments）所带来的风险。②

（二）质量保证问题与社会影响

私人/民办高等教育机构的增加也引发了对质量保证及这些机构社会地位问题的关注。根据相关报道，成千上万的学生聚集在一些私人/民办高等教育院校抗议、静坐。部分抗议者是针对这些民办院校的过高收费，也有部分是针对学校教学质量以及毕业时所获得的学位证书。一些抗议者抱怨学校对学生入学时所作出的承诺与毕业时的实际情况"不相符"。一名来自位于郑州市中心的升达经贸管理学院的女同学向自由亚洲电台粤语节目的记者说道，"我现在仍然有录取时学校发给我们的招生简章……他说我们毕业时会获得由郑州大学授予的学位证书，这是学校给我们的承诺"。但是直到毕业典礼他们才发现他们所拿到的毕业

---

① Mok, K. H., "Marketizing higher education in post-Mao China", *International Journal of Educational Development* 20 (2000): 109–126.
② Cheng, E., "China: capitalist restoration worsens inequality", *Green Left Weekly* April 12 (2006): 1–4.

证书并非郑州大学授予。面对这样的情况，一些人回应道，"学校承认招生简章上作出了那样的承诺，但却说那是一个印刷错误。显然这是对学生的蓄意欺骗"。①

根据对升达经贸管理学院学生的采访，我们得知，他们中的大多数都是因为相信会获得由郑州大学授予的毕业证书才就读此学院。郑州大学在中国高校排行榜上名列前茅，而升达学院由于其与郑州大学的密切关系，招生上并不存在问题。学生非常重视学院的排名等级，尤其看重升达与郑州大学之间的密切关系，他们在四年的本科学习中也支付了50000元的总费用，而这样一笔费用是公立大学平均收费的许多倍。在位于东北沈阳的渤海学院就读的学生同样也是看重了渤海学院与沈阳师范大学之间的密切关系才报读该院校。②

2003年中华人民共和国教育部颁布了新条例，对新建立的私人/民办教育机构的文凭进行管理。在此之前，民办院校可以以其联系密切的公立教育机构的名义颁发毕业证书，而新修订的条例规定以后新颁发的证书只能冠以学院本身的真实名称，而不能再使用那些人们所熟知的、它自身所依附的教育机构的名称。这项新的规定显然令许多应届毕业生非常失望。因此，出现学生抗议事件也并不奇怪——依附于东北大学的东软信息学院的约3000名学生陷入极度愤怒的状态，乱砸学校物品；杭州求是专修学校几千名学生向省级上访部门提出请愿，指责学校在毕业证书上对他们存在欺骗。③ 2006年9月初，数百名学生在上海复旦大学前进行抗议，批评复旦大学没有履行承诺，没有支持由计算机与信息技术系和上海市杨浦区复才进修学校合办的证书课程（certificate programmes）。复旦大学则表示，这些课程的停办以及对七八百名学生的逐出，是由于有关院系严重违反了教育部和复旦大学的有关办班的管理规定，"超范围、超计划"与"盲目招生"。④

---

① www.rfa.org，2006年8月7日。
② www.rfa.org，2006年8月7日。
③ www.rfa.org，2006年8月7日。
④ Mooney, P., "Hundreds protest Chinese university's crackdown on certificate courses", *The Chronicle of Higher Education*, September (2006): 1.

另外，大规模扩张同样也引发了对中国教育机构应对迅速扩招的能力的担忧。1998年，中国大学学生招生总数约800万人（毛入学率低于10%），但是到2005年招生总数迅速增长到2300万人，毛入学率高于21%。在相对较短的时期内实现如此大的增长导致了人们对教学质量的担心。最近的多项调查报告都表示，中国的高等教育体制正面临着非常严重的后勤以及教学质量问题。有报告甚至指出许多博士论文有抄袭的现象。中国每一位教职员需要同时监管40名研究生，这使我们理所当然会质疑教育质量。[1] 笔者曾经承担了一个有关浙江省跨国高等教育的研究项目，发现了一个对就读学生非常重要的问题，即这些跨国教育项目的社会地位，以及地方政府和团体对于他们所颁发的证书的认可。[2] 之前的论述已经清晰地阐明，如果消费者对所提供的教育服务不满意，他们必然会抗议，为保护自身的利益而斗争。因此，民办/私人教育机构以及跨国教育项目教育质量的低劣会导致社会动荡，而社会动荡当然又会影响到中国的社会凝聚力。

（三）城乡差距的扩大与教育不均衡的突出

通过非国有主体和非国有资源的流动实现高等教育的扩张，虽然为高中毕业生创造了更多的升入大学的机会，但是这些机会并不是均衡地分配给了中国的农村居民与城市居民。为了支持高等教育的大规模扩张，高校筹资的去集权化、私有化与市场化着实带来了额外的资金收入。于是，中央政府希望将财政负担转嫁给地方政府，而地方政府又将责任推给了学生、家长、私人企业、地方团体和社会。[3] 2005年，中国高等教育机构总预算的20%以上来自收取的学费。这与过去大不相同，那时教育几乎是

---

[1] *China Daily* 2006年9月7日。

[2] Mok, K. H. and Xu, X. Z., "When China opens to the world: A study of transnational higher education in Zhejiang China", *Asia Pacific Education Review* 9 (2008): 393 – 409.

[3] Ngok, K. L. and Kwong, J., "Globalization and educational restructuring in China", *Globalization and Educational Restructuring in the Asia Pacific Region*, eds. by K. H. Mok and A. Welch (Basingstoke: Palgrave Macmillan, 2003); Mok, K. H., "Riding over socialism and global capitalism: Changing education governance and social policy paradigms in post-Mao China", *Comparative Education* 41 (2005): 217 – 242.

免费的，没有学生会因为贫困而被剥夺受教育的权利。这样一种公共主导型模式可以为社会流动提供更多的机会。显然，高等教育的运转采取了新自由主义政策后，教育领域沿着私有化与市场化的方向进行变革，高等教育的性质也从公共物品变成了私人消费品。[1]

意识到让学生为高等教育付费会加剧其经济困难这个问题后，中华人民共和国教育部决定与中国银行合作，启动一项新的贷款计划，自2004年起，为被教育部直属公立大学录取的学生提供资金支持。根据2004～2006年的国家统计数据，这项计划覆盖了115所院校，已经向32.2万名学生提供了43.5亿元的贷款，约15.4%的学生接受了经济援助。政府声称此计划基本上满足了学生的经济需要。由于贷款计划的成功与学生的积极回应，政府决定将计划延期至2010年。[2] 这项贷款计划可以帮助那些被公立大学（public universities）录取的学生，尤其是在教育部直属的大学（national universities）就读的学生。但是对于那些在民办院校就读的学生，不论是普通民办还是二级学院，他们则只能享受到非常有限的帮助，甚至是享受不到。所以说，伴随着学费的不断上涨，高等教育的私有化就意味着来自贫困家庭的学生将无法获得高等教育，尤其是那些没能考入教育部直属重点大学的学生。简言之，这一基于成绩的经济援助计划只能看作一个精英模式，它仍大大滞后于当今高等教育大规模扩张的政策。

进一步而言，中国高等教育的扩张也是非常不平衡的。根据对全国1051所高等教育机构地理位置的调查，我们发现，153所位于三个直辖市，占总数的14.6%，462所位于省会城市，占总份额的44.0%。然而三个直辖市加上省会城市总共仅占到中国城市总数量的5%。就大学院校在中国内陆和农村地区分布而言，在中国的两个内陆省份青海和贵州没有一所教育部直属院校。[3] 从表9-2可以看出，2004年，在中国经济最发

---

[1] Chou, P., "Taiwan higher education on the crossroad: Its implication for China", Paper presented at the Senior Seminar of Education 2020 Programme, 6-11 September 2006, East-West Center, Hawaii; Wan, Y. M., "Expansion of Chinese higher education since 1998: Its causes and outcomes", *Asia Pacific Education Review* 7 (2006): 19-31.

[2] 中华人民共和国教育部教育涉外监管信息网，参见 www.jsj.edu.cn/mingdan/002.html，2006。

[3] 钟学敏：《我国高等教育公平缺失的原因探析》，《江苏工业学院学报》2009年第3期。

达省份之一的江苏省，有112所高等教育院校，招生规模达994808人，而在西藏仅有4所高等教育院校，招生人数也只有14731人。用以说明省际不平衡的另一个重要指标是每100000位居民拥有的学生数量，全国平均是1420人，而北京2004年则是6204人，同年安徽仅为985人。从招生率[①]角度将中国三个相对富裕的地区（如北京、上海、天津）与三个相对贫穷的地区（如贵州、广西、甘肃）进行比较，我们发现，三个富裕地区的平均招生率为4.6%，而三个贫困地区的平均招生率仅有0.9%。对比这些地区的经济状况可以发现，2004年三个富裕地区的非国家教育资金投[②]总量是34.5亿元，而三个贫困地区的非国家教育投入总量仅8亿元（见表9-3）。[③] 通过这样的对比，我们能明显地看出中国富裕地区与贫困地区之间的教育差距。

表9-2 2004年部分地区正规高等教育院校的数量以及招生数量

地区	正规院校数量	总招生数量	每100000位居民拥有的学生数量
北京	77	499524	6204
天津	40	285655	3845
上海	58	415701	3694
江苏	112	994808	1768
广东	94	726866	1285
甘肃	31	200282	1089
安徽	81	501290	985
广西	49	281044	909
贵州	34	179852	745
西藏	4	14731	550
全国	1731	13334969	1420

资料来源：中华人民共和国统计局编《中国统计年鉴2005年》，中国统计出版社，2005。

注：每100000位居民拥有的学生数量是根据正规高等教育院校以及成人高等教育院校的学生数量计算得出的。

---

① 招生率的计算是每100000位居民拥有的学生数量。
② 此处的非国家教育资金投入包括来自社会团体与个人的投入与捐赠。
③ Mok, K. H., "Riding over socialism and global capitalism: Changing education governance and social policy paradigms in post-Mao China", *Comparative Education* 41 (2005): 217-242.

表9-3 2004年部分地区非国家教育资金投入

单位：百万元

地区	社会团体及个人投入	捐赠及基金收益	总额
北京	624	522	1146
天津	477	21	498
上海	1315	491	1806
江苏	2204	229	2433
广东	4059	970	5029
甘肃	186	57	243
安徽	452	241	693
广西	251	97	348
贵州	150	58	208
西藏	N/A	21	21
全国	25901	10459	36360

资料来源：教育部财务司、国家统计局社会科技和文化产业统计司编《中国教育经费统计年鉴2005年》，中国统计出版社，2005。

以上数据清晰地反映了高等教育获取机会上存在着的巨大的地区差距，大部分高等教育的提供者集中在沿海社会经济较繁荣的地区。从家庭消费支出结构可以看出，过去30年的经济改革和发展明显地改善了沿海地区居民的生活水平，同时也拉大了沿海地区与内地的差距。最近的研究还表明，教育层次越高，教育的提供越不均衡。[1] 根据《2005年中国人类发展报告》，中国的贫富差距在扩大，城市居民中10%的富人拥有34%的城市社会财富，而城市居民中10%的穷人仅拥有0.2%的社会财富。如果将对比扩大到城市人口20%的富人与20%的穷人，那么在2002年他们各自所拥有的财富比例是51%与3.2%。对于这样的收入差距，联合国评论道，中国可能是世界上收入差距最大的国家。[2]

---

[1] Qian, X. L. and Smyth, R., "Measuring regional inequality of education in China: Widening cost-inland gap or widening rural-urban gap?", *ABERU Discussion Paper* 12 (2005): 1–12; Rong, X. L. and Shi, T. J., "Inequality in Chinese education", *Journal of Contemporary China* 10 (2001): 107–124.

[2] UNDP, *China's Human Development Report 2005* (Washington D. C.: UNDP, 2005).

高等教育招生规模上的不同也形象地反映了城乡差距。由于中国农村地区没有高等院校，来自农村的学生可以向全国范围内的大学提出录取申请。① 然而一项研究表明，来自农村地区的学生被认为要差于来自城市的学生。② 举例来看，广东省来自城市的学生与来自农村的学生，虽然在普通公立大学和公立职业学院的分布相对较为平均，但是城市学生却占了教育部直属重点院校学生总数的72.2%，以及民办职业学院学生总数的89.9%（见表9-4）。③

表9-4 广东省来自城市与农村的学生在不同
教育机构中的比重（2003）

单位：%

	所有院校	教育部直属重点院校	普通公立院校	公立职业学院	民办职业学院
来自城市的学生	60.7	72.2	50.6	48.0	89.9
来自农村的学生	39.3	27.8	49.4	52.0	10.1

资料来源：王香丽《社会分层对高等教育入学机会的影响》，《江苏高教》2005年第3期。

在类似的社会经济背景下，Yang着手研究了中国城市与农村之间教育机会的差别，认为教育资金和教育的提供在中国城乡之间的差距是一个新中国成立以来就一直存在的问题。④ 与其他一些受教育私有化、教育市场化和教育商品化的全球趋势所影响的发展中国家一样，中国采取了适当的新自由主义政策，但是社会机会和经济公平的问题也已不断凸显，尤其是当前中国社会正处于社会各阶层差距拉大的时期。⑤ 显然，尽管中国经

---

① 钟学敏：《我国高等教育公平缺失的原因探析》，《江苏工业学院学报》2009年第3期。
② 此项调查是2003年在广东9所高等教育机构开展的。详细内容见王香丽《社会分层对高等教育入学机会的影响》，《江苏高教》2005年第3期。
③ 王香丽：《广东高等教育入学机会研究——对广东省几所高校的调查》，《高教探索》2005年第3期。
④ Yang, R., "Urban-rural disparities in educational equality: China's pressing challenge in a context of economic growth and political change", Handbook of Urban Education, eds. by Luke, A. and Ismail, M. (London: Routledge, 2007).
⑤ Luke, A. and Ismail, M., "Introduction: Reframing urban education in the Asia Pacific", Handbook of Urban Education, eds. by Luke, A. and Ismail, M. (London: Routledge, 2007).

济不断增长，教育规模也在不断扩张，但目前仍面临着教育不均衡加剧的问题。正如 Mak 在其他一些亚洲国家所描述的那样，新自由主义的教育改革不可避免地"对不同的群体产生不同的影响"。①

最近的消费调查研究证实，随着收入的增加和消费模式的转变，中国20世纪70年代以来的经济改革产生了新富人阶层或是新中产阶层。② 预计在未来二十年，中国城市用于休闲和教育的消费支出将平均年增长9.5%，继续成为消费支出结构中所占比例较大的类别，也使中国成为世界上休闲和教育市场发展最快的国家之一。③ 但与此同时，占中国人口大多数的农民感到了自己在社会上和经济上的边缘化④，他们中许多人仍然没有机会接受教育或者是只接受少量教育⑤。以民办/私人教育的发展为特征的中国教育私有化的突显，跨国高等教育的普遍以及家教的不断增多确实是为那些能够负担得起教育费用的中国居民，尤其是主要沿海城市的居民，创造了更多的受教育机会。然而，教育改革同样也加大了那些仍然在寻求基本教育的农村居民与城市中的新生国际专业精英之间的差距。⑥与亚洲其他一些发展中国家相类似，中国进行教育体制的变革希望能够培养出一批受过良好教育，具有全球竞争力的跨国公民，进而成为一个新兴阶层。但与此同时，中国同样必须面对那些贫困人群以及教育匮乏人群。中国西部农村移民向珠江三角洲的涌入给那些新兴城市聚集处带来了教育

---

① Mak, G., "Women in Asian education and society: Whose gains in whose perspectives?", *Handbook of Urban Education*, eds. by Luke, A. and Ismail, M. (London: Routledge, 2007).

② Lui, T. L., "Bringing class back in", *Critical Asian Studies* 37 (2005): 473 – 480.; So, A., "Beyond the logic of capital and the polarization model: The state, market reforms, and the plurality of class conflict in China", *Critical Asian Studies* 37 (2005): 481 – 494.

③ Farrell, D., Gersch, U. A., Stephenson, E., "The value of China's emerging middle class", *The McKinsey Quarterly*, 2006 Special Edition (New York: McKinsey & Company, 2006), pp. 66 – 67.

④ Khan, A. R. and Riskin, C., "China's household income and its distribution, 1995 and 2002", *The China Quarterly* Jun (2005): 356 – 384; Keng, C. W., "China's unbalanced economic growth", *Journal of Contemporary China* 15 (2006): 183 – 214.

⑤ Murphy, R., "Turning Chinese peasants into modern citizens: 'Population quality', demographic transition, and primary schools", *The China Quarterly* March (2004): 1 – 20.

⑥ Qian, X. L. and Smyth, R., "Measuring regional inequality of education in China: Widening cost-inland gap or widening rural-urban gap?", *ABERU Discussion Paper* 12 (2005): 1 – 12.

压力。尽管长期关注社会平等，然而全国范围内教育资金投入的不均衡仍是困扰中国政府的一大难题。①

从一个比较的视角来看，中国是否会如 Luke 和 Ismail 所提出的那样②，让资金流向城市，改善知识、权力、语言和物质资源在人口中的不平等分配？中国是否会由于教育机会提供的不平等而走向贫富两极分化？中国在这样的教育体制下是否会由于对失业者和低收入者的资助不足，以及在使用者付费原则下运行有选择性的私营体系，而加大城乡差距？如果以上设问成为事实，那么中国政府将会面临巨大的压力，尤其是当前要将其长期提倡的社会公平摆在重要位置。因此，对于其强调新自由主义市场经济向教育领域延伸，以及教育市场化、教育私有化和教育商品化作用的这样一个政策取向，中国政府需要予以重新审视。

四 结论：改变社会政策范式，提升社会凝聚力

以上的讨论已经表明，社会政策的发展，尤其是在高等教育领域，呈现了一个基本的政策范式的转变，从普遍的国家福利模式转变为有选择性的"社会化"模式。③ 为了应对全球资本主义的挑战，中国领导人不得不为两个最主要的且相互矛盾的需求而努力。一方面，为了维持中国工业的全球竞争力而迫切要求降低国内产品的劳工成本；另一方面，基于市场经济转变的经济结构调整给中国政府带来了严重的失业问题。因此，中国在

---

① Yang, R., "Urban-rural disparities in educational equality: China's pressing challenge in a context of economic growth and political change", *Handbook of Urban Education*, eds. by Luke, A. and Ismail, M. (London: Routledge, 2007).
② Luke, A. and Ismail, M., "Introduction: Reframing urban education in the Asia Pacific", *Handbook of Urban Education*, eds. by Luke, A. and Ismail, M. (London: Routledge, 2007).
③ Wong, L., *Marginalization and Social Welfare in China* (London: Routledge, 1998); Guan, X. P., "China's social policy in the context of globalization", *Repositioning of the State: Challenges and Experiences of Social Policy in the Asia Pacific Region*, ed. by Social Policy Research Centre, Hong Kong Polytechnic University (Hong Kong: Joint Publishing Co. Ltd., 2001).

制度上要平衡公平与效率的关系。为了提高企业的整体效率，中国政府通过削减大量在社会保障、住房、公共健康以及教育等方面的福利来控制公共支出的增加，为外国投资者创造了一个更具吸引力的投资环境。[1] 除了让市场与私人部门在社会政策筹资与提供方面发挥重要作用，政府也尝试着利用其他一些非国家资源与非国家主体，包括社区、社会（尤其是非营利组织）、公民个人和家庭等，来为社会政策提供支持与资助。

过去的二十年来，市场导向的改革给中国带来了前所未有的经济增长。然而，片面追求经济的快速增长，急于完成工业化与城市化，也给中国带来了严重的社会后果。近几年来，许多社会学家、社会政策和公共政策专家，还有中国大陆的政策分析家都提出了对 GDP 中心主义的质疑，指出了从 1978 年末到 2003 年不可否认的事实，即中国大陆的贫富差距扩大，同时地区间差距与贫困亦加剧。"非典"的暴发也给中国带来了巨大的国际压力。认识到了不能解决好急于工业化与急于城市化所导致的消极社会后果，新一代领导人重新审视了将快速增长模式作为中国未来发展战略的"可持续性"。为了解决"非典"危机，由胡锦涛和温家宝带领的中国新一代领导集体极力为社会发展和公共政策寻求新的释义，2003 年，引入了"科学发展观"与"以人为本的发展观"，以此实现经济、社会与人的更加全面、协调、可持续的和谐发展。自那时起，"科学发展观"与"以人为本的发展"的思想就成了指导社会政策和社会福利发展的流行话语。

"科学发展观""以人为本的发展观""和谐社会""执政能力"和"节约型社会"等在中国已经成为政治话语（political discourse）中的行话。岳经纶指出，在"以人为本的发展观"这样一个新兴的政治话语指导下，中国在如今的政治统治中给予人民福祉更多关注，特别是采取了新的政策措施以帮助社会弱势群体。[2] 在选择政策工具时也会更多地考虑社

---

[1] Wong, L. and Flynn, N. eds., *The Market in Chinese Social Policy* (Basingstoke: Palgrave, 2001).

[2] Ngok, K. L., "Redefining Development in China: Towards a New Policy Paradigm for the New Century?", *Changing Governance and Public Policy in East Asia*, eds. by Mok, K. H. and R. Forrest (London: Routledge, 2009), pp. 49 – 66.

会贫富差距问题的解决。为了弥补社会/公共政策中的市场失灵，中国政府调动了更多的资源，帮助社会弱势群体获得更好的健康状况、教育以及其他社会服务。在这样的政策背景下，一个新的政策范式正在形成，它强调发展"以人为本"的社会政策和社会保护策略。综合而言，中国政府现在面临的重要问题是在社会政策上要完善法规体系，对市场进行规制，取代市场力量的完全主导，因为市场导向的发展战略并不能促进"社会公平"与"社会平等"。

第十章 社会管理创新的理论与行动框架：以社会政策学为视角

自从2004年中共十六届四中全会通过的《中共中央关于加强党的执政能力建设的决定》中提出"加强社会建设与管理，推进社会管理体制创新"以来，学界对"社会管理"概念的研究和讨论持续升温。据统计，从2004年至今（2011年7月19日），以"社会管理"为篇名的期刊文章（CNKI检索）数量就达1071篇。尽管社会管理的研究成果如此丰硕，但总体来看社会管理的概念依然比较模糊，在整个学术理论体系中的地位仍不清晰，对其在实践中如何推进依然各行其是。因此，本文试图结合理论与实践，在系统阐明社会管理概念的基础上，提出创新社会管理的行动框架与实施路径。

一 社会管理：一个亟待厘清的概念和理论

社会管理是我国社会建设和社会发展中的一个崭新概念，西方似乎并没有这样的概念。在西方，与此相类似的概念有社会发展、社会控制、社会整合、社会政策、社会服务、社会工作、福利国家等。这些概念虽然可以为我国社会管理创新提供一些借鉴和启示，但不能完全概括今天中国社会管理的全部含义。

任何一个概念的厘清都离不开内涵和外延。首先，从内涵来看，认清社会管理的定义，需要从客体和主体两个维度来展开。从客体来看，国内学者通常认为，社会管理有广义和狭义两种含义。郑杭生指出，广义的社会管理是指整个社会的管理,即包括政治子系统、经济子系统、思想文化子系统和社会生活子系统在内的整个社会大系统的管理。狭义的社会管理,主要指与政治、经济、思想文化各子系统并列的社会子系统或者社会生活子系统的管理。① 大多数学者都倾向于从狭义的角度界定社会管理。不过,在管理的客体取得基本共识之后,不同的学者对社会管理的主体的界定又存在不同。一些人认为政府是社会管理主体,社会管理是指"国家通过自己的权力机关或授权部门依据一定的规则,对社会生活方方面面的干预、协调、调节、控制的行为"。② 一些人认为社会管理就是社会自主管理,社会管理属于不带有政治性质的社会自主性、自发性、自治性的管理领域,是一种自下而上的社会自主管理。③ 还有一些人从多元化主体的角度来界定社会管理,"社会管理主要是政府和社会组织为促进社会系统协调运转,对社会系统的组成部分、社会生活的不同领域以及社会发展的各个环节进行组织、协调、服务、监督和控制的过程"。④ 李培林更是直接指出,"现代社会管理既是政府向社会提供公共服务并依法对有关社会事务进行规范和调节的过程,也是社会自我服务并且依据法律和道德进行自我规范和调节的过程"。他把社会管理分为政府社会管理与社会自主管理两个部分。⑤ 目前这一说法已被学术界和实务界广为接受,多元治理的理念深入人心。

与社会管理的内涵基本达成共识相比,理论界和政策界对社会管理的外延看法似乎颇为混乱。首先,不同的学者对社会管理及其创新的重点看法不尽相同。何增科认为,创新社会管理的主要内容包括八个方面:社团管理体制、社会保障体制、社会服务体制、社会工作体制、社会治安体制、社会应急体制、社区管理体制、社会管理领导体制和工作机制。⑥ 戴

---

① 郑杭生:《社会学视野中的社会建设与社会管理》,载《走向更讲治理的社会:社会建设与社会管理(中国社会发展研究报告2006)》,中国人民大学出版社,2006,第2页。
② 李文良:《中国政府职能转变问题报告》,中国发展出版社,2003,第57页。
③ 孙关宏、胡雨春:《政治学》,复旦大学出版社,2002,第179页。
④ 李学举:《加强社会建设和管理,促进社会和谐发展》,《求是》2005年第7期。
⑤ 李培林:《创新社会管理是我国改革的新任务》,《人民日报》2011年2月22日。
⑥ 何增科:《中国社会管理体制改革与社会工作发展》,载《社会管理与社会体制》,中国社会出版社,2008。

均良则认为，创新社会管理的重点应该放在社会治安、文化教育、医疗卫生、社会保障、环境保护、道德风尚、社会服务及其他社会公益事业方面。① 丁元竹提出，创新社会管理体制需要建立完善四个机制，即社会发展综合决策与执行机制、社会影响评估机制、社会安全网机制和社会风险管理机制。② 其次，不同时期党和国家的文件对社会管理包括的具体内容的阐述也不一样。无论是2004年十六届四中全会通过的《中共中央关于加强党的执政能力建设的决定》，还是2006年十六届六中全会通过的《中共中央关于加强构建社会主义和谐社会若干重大问题的决定》；无论是2007年党的十七大报告，还是2011年2月19日胡锦涛总书记在中共中央党校省部级主要领导干部社会管理及其创新专题研讨班开班式上的讲话，抑或是最新的国家"十二五"规划等，这些政策文件对社会管理包括的内容的表述都不尽相同。

综上所述，当前学术界和实务界对社会管理的内涵普遍取得了共识，基本上都将社会管理界定为与经济管理、政治管理、文化管理相对的狭义的社会管理，对社会管理的主体也大多倾向政府、市场、社会组织等多元治理。只是对社会管理到底包括哪些内容还存在较大争议。而正是外延上的混乱，导致了社会管理概念的模糊。因此，在综合诸家对社会管理的研究以及党和政府相关文件表述的基础上，笔者试图从外延的角度来重新界定社会管理概念。第一，从政府职能的角度看，社会管理与经济调控、市场监管、公共服务一道构成政府的四大基本职能，它主要是指政府及社会组织对社会事务的规范和调节，如人口登记管理、社团组织注册管理。第二，从社会矛盾的角度看，社会管理就是协调社会利益关系，化解社会矛盾，维护社会稳定，如建立各种利益博弈和纠纷调处机制。第三，从管理就是服务的角度看，社会管理是对人的管理和服务，主要是保障公民的社会权利，增进社会福祉，在服务中实施管理，在管理中体现服务，如提供各种社会保障和社会服务。

---

① 戴均良：《社会管理体制改革，创新体制求和谐》，《人民日报》2005年6月24日。
② 丁元竹：《社会发展管理》，中国经济出版社，2006，第37页。

二　社会管理离不开社会政策

相比较而言，化解社会矛盾虽然也是社会管理的任务，但它只是解决社会浮现出来的表面问题，属治标之策；作为政府职能的社会管理，主要是对社会活动和社会组织的规范，属于政府常规事务。只有增进人民福祉，促进社会公平和公正，推动社会进步，才是社会管理的治本之道。

从更深层次来看，社会管理概念的模糊源于理论视角的不同。一是以斯考切波为代表的国家中心主义的视角，强调国家的自主性以及国家的结构、能力、倾向性。这个视角下的社会管理强调社会控制，以维稳为宗旨。二是以怀默霆为代表的公民社会的视角，认为公民的权利和自由具有首位的重要性，为了避免国家的干涉，公民应该有正式的、制度化的自由保障，国家与社会之间应该保持距离。公民社会理论最看重的就是社会的自我管理、自我服务能力，因此在它们看来，社会管理主要包括社会组织的发育、社会自治等。三是社会政策学的视角，重视公民社会权利的维护和人类需要的满足，社会政策学视域下的社会管理就是保障和改善民生，提供社会服务和福利。

市场经济条件下的社会管理离不开社会政策。一般来说，社会政策指的是应对社会问题、满足人类需要、影响国民福祉的公共政策。正如英国著名社会政策学者迈克·希尔所说，社会政策就是影响公共福利的国家行为。鉴于社会政策在缓和社会问题、应对社会风险、提升国民生活素质等方面所起的重要作用，我们可以把社会政策界定为国家为了实现福利目标而在公民中进行资源再分配的各种有意识的干预活动，也就是社会建设的重要工具。从本质上说，在市场经济社会，社会政策就是用以抵消私人资本和市场力量之不利影响的国家政策。借用卡尔·波兰尼的概念，社会政策属于抵制市场力量扩张的"社会自我保护"运动；如果转用艾斯平·安德森的概念，社会政策的作用就是提升劳动者的"去商品化"和"去阶层化"程度，减少人民对市场的依赖。概言之，一切旨在确保社会变迁、能够增进公民福利和幸福的社会干预实践，都属于社会政策的范畴。政府和非政府组织实施社会政策，目的是通过提供社会保障津贴、免费教育、医疗服务、公共房屋等收入保障和社会服务措施来改善个人的生活机会和社会关系，从而提升个人生活质量和幸福度。社会政策学就是以社会政策为研究内容的一个学术领域，其关注的核心是人们如何实现美好的生活。换言之，社会政策学就是关于何谓人类福祉、实现人类福祉所必需的社会关系以及人类福祉赖以提升的各类制度的研究。

从社会政策学角度来看，所谓社会管理实际上是制定和执行社会政策的整个过程，也就是社会政策的管理。从某种程度上说，社会政策的模式决定了社会管理的模式，有什么样的社会政策就有什么样的社会管理方式。在现代市场经济社会，社会政策是一个独特的领域，它与经济政策既有联系又有区别，主要目标是实现社会公平、增进社会团结。在成熟的市场经济体系中，实施社会政策已成为现代政府的中心任务：它决定哪些风险需要通过国家干预而得到解决，哪些再分配需要以国家权威加以强化。从社会政策的开支水平看，社会福利已经成为发达市场经济国家的最大产业。我国社会管理体制落后，与我国的社会政策不健全、社会政策沦为经济政策的附庸有密切的联系。所以，进行社会管理创新，首先必须从社会政策的制定和实施着手，完善社会保障政策、就业政策、医疗政策、教育政策、住房政策、社会服务政策等，进而引导社会建设方式或体制的改变。以社会政策为引领，可以提高社会管理的自觉性和科学性。

三　创新社会管理的行动框架

在社会政策学的视角下，创新社会管理最重要的使命就是以人为本，通过发展社会政策，满足公众的基本需求和增进人民福祉，从而实现和谐社会。为此，我们提出了创新社会管理的行动框架。

（一）以人为本，一切从人的需要出发

人的需要被认为是社会政策的起点。而满足人的需要则是社会建设和社会管理的核心任务。加强社会建设、推进社会管理创新，需要在发展经济的基础上，建立一个具有透明度的管治体系，增加公共服务（如教育、医疗、社会服务）的投入，确保个人在经济（如个人生活水平的提升、

社会福利资源的公平分配等）和非经济方面的发展机会（如确保人权、政治和社会参与权利等）。

创新社会管理，最根本的就是如何把以人为本、服务为先的理念切实贯穿到社会政策的制度设计、方法创新、具体执行中。要倾听群众呼声，了解群众所思所想，从人民群众最迫切的需要出发，优先解决人民群众最关心、最直接、最现实的利益问题。要善于从形态各异的公民个人需要上升到社会（集体）需要，优先解决大多数人的问题。要逐步打破长期以来按照身份提供社会福利的体制（如干部、工人、农民、体制内、体制外），探索建立基于人的需要的新福利体制，优先解决最需要的人的民生问题。在满足好绝对需要的同时，把相对需要的满足提上重要议事日程。当前特别要扭转贫富差距不断扩大的现状，处理好效率和公平的关系，让广大人民群众共享改革发展的成果，实现居民收入增长和经济发展同步，劳动报酬增长和劳动生产率提高同步，逐步提高居民收入在国民收入分配中的比重、劳动报酬在初次分配中的比重，加快形成合理的收入分配格局，维护社会公平正义。

（二）以公民社会权利为宗旨，树立社会管理新理念

在现代社会，群众就是公民。公民是权利和义务的统一体。一般来说，公民权利包括三个基本维度：民事权利（civil right）、政治权利（political right）和社会权利（social right）。在这三种权利形式中，社会权利出现最晚，但与社会福利关系最密切。马歇尔将社会权利归纳为四个方面：一是最基本的经济福利与安全；二是完全享有社会遗产；三是普遍标准的市民生活与文明条件；四是年金保险保障健康生活。在这个意义上，社会权利本质上就是社会福利权。在马歇尔看来，只要一个国家的公民具有这个国家的成员资格，那么他就有从该国获得福利保障并根据社会中流行标准过一种文明生活的权利，国家有责任帮其实现这一目标；而且个人接受福利救助不应该以丧失个人尊严为代价，接受救助是个人的权利而不是要求施舍和怜悯。[①] 公民社会权利应该成为国家（政府）满足公众

---

① Marshall T. H., "Citizenship and Social Class", *Class, Citizenship and Social Development*, ed. by Marshall T. H. (CT: Greenwood Press, 1964).

需要的理论基础。

创新社会管理，在某种意义上就是对社会权利结构的重新确认与配置，其目标是建立一种适应市场经济发展和现代化建设的社会权利结构。要改变过去重义务、轻权利的状况，牢固确立公民社会权利的理念，这不仅是创新社会管理的大方向，更应成为检验创新社会管理成效的重要标准。向公民提供社会福利既不是经济发展的结果，也不是维护社会稳定的手段，而是为了保障公民的社会权利，提升个人的自主性。它是公民"应得"的东西，是现代国家的责任和义务。

当前社会管理创新的一个重要路径就是，着力建构统一的社会公民身份。在计划经济时期，国家在户籍制度的基础上，按照城乡分割的原则，在城乡建立并实施了两套截然不同的社会政策体系，形成了二元"社会中国"。改革开放以来，国家从社会公共服务中全面退却，社会保障制度和社会福利改革带有明显的地方化取向，导致我国公民的社会权利日趋分割化，二元"社会中国"的格局进一步分化，"社会中国"的整体图景日益模糊。21世纪以来，随着科学发展观和社会主义和谐社会的提出，教育、医疗、住房等社会民生问题日益得到高度重视，中央政府在社会政策中的作用逐步强化。尽管如此，旧的城乡差距和城乡分割的社会政策体系、地区差距与福利的地域不平等，依然制约着统一的社会公民身份的建构。[①] 在创新社会管理的宏观背景下，中央政府要积极承担起在社会公共服务领域的责任，逐步推动社会政策的集中化，为统一的社会公民身份的建构创造条件。

（三）以公民参与为基石，不断提升公民参与的能力

公民不是社会管理的客体，而是主体；不是旁观者，而是行动者。推动社会建设、创新社会管理要发挥公民（群众）的基础性作用。随着政府面临的社会管理和公共服务问题的复杂化，公民参与的重要性日益凸显。要加强社会建设，创新社会管理，必须探索公民参与的途径与渠

---

① 岳经纶：《演变中的国家角色：中国社会政策六十年》，载《中国公共政策评论（第4卷）（社会保障与社会政策专辑）》，上海人民出版社/格致出版社，2010。

道、方法与程序，而且要提升公民参与的能力。社会管理是多元主体互动的过程。各主体通过协商、合作、达成伙伴关系、确立共同目标等方式共同推动社会建设，创新社会管理，实现国家和社会之间的良好合作。成熟而广泛的公民参与是推进社会建设、提升社会管理和社会服务品质、促进公共利益实现的重要保障。随着社会经济的迅猛发展，社会各层面都发生了巨大的变化，社会需求朝多样化发展，政府依靠自身提供公共物品和服务的方式已难以满足社会多元化的需求，这也为公民参与分担公共事务和公共责任提供了实践依据。公民参与正是政府应对自身越来越严峻的合法性问题、推动公共政策有效执行、培育不断萎缩的社会资本的重要出路。

（四）以社会保护体系建设为重点，大力发展社会保障和社会服务

创新社会管理的落脚点就是要更好地回应和解决民生问题，这就要求政府不断强化其在提供公共福利中的责任和角色，建立一个既能为民众提供基本的经济福利和收入保障，又能提供各类"个人导向"的具体服务的完善的社会保护体系。按照国际惯例，社会保护体系包括以现金给付为主的社会保障（包括社会救助、社会津贴和社会保障）和以服务给付为主的社会服务（如教育、医疗、住房及个人社会服务）。各级政府要切实履行好保障和改善民生的职能，纠正市场化改革以来公共产品供给不足的现状，扎实推进基本公共服务均等化。在经济保障方面，要进一步提高基本养老、医疗、工伤、失业、生育等社会保险的覆盖率和保障水平，逐步从制度覆盖向人群覆盖转变，真正使每一个城乡居民都享受到社会保障网的保护；加快"碎片化"的社会保障制度的整合，提高统筹层次；健全综合性社会救助制度，完善最低生活保障制度，发展专项救助和临时救济，逐步提高社会救助水平；建立适度普惠型社会福利制度，发展社会津贴体系，加大对老人、儿童、残疾人等特殊群体的津贴补助力度。在服务保障方面，要坚持优先发展教育，高标准构建学前教育、义务教育、高中教育、高等教育、职业教育、终生教育的现代教育体系，合理均衡配置公共教育资源，促进教育公平，发展优质教育，满足群众多样化的教育需求；加快医疗卫生体制改革，坚持公共医

疗卫生的公益性质，健全基本药物制度，降低诊疗费用，推进医疗卫生资源均衡化和医疗服务标准化，让人民群众看病方便、治病便宜；加大保障性住房建设和农村危房改造力度，进一步扩大住房保障覆盖面；实施更加积极的就业政策，加强职业培训和择业观念教育，多渠道开发就业岗位，鼓励自主创业，促进充分就业，发展和完善政府购买社会服务体系。

（五）大力发展社会组织，实现多元善治

创新社会管理，政府要"掌舵"，而不是"划桨"。因此，要从重政府作用、轻多方参与向党委领导、政府主导型的社会共同治理转变。改变政府在社会管理中包揽一切的做法，解决好越位、错位和缺位问题，政府社会管理的主要内容是公民个人、家庭、基层自治社区和非营利社会组织所不能办理的公共社会事务，如保障公民权利、协调社会利益、回应社会诉求、规范社区自治、监管社会组织、提供社会安全、应对社会危机等。既要发挥政府主导作用，又要鼓励和支持社会各方更加积极、有效地参与社会管理，发挥多元主体的作用，尽快从传统的一元管理转向时代要求的多元治理，大力发展社会组织，让具有更高生产效率的社会力量来直接供给公共服务。政府应该对社会非营利组织、市场化的组织、公民社会等多元化的社会主体充满信心，主动"放权"给社会，让多元的社会主体主动参与管理。要加大政府对社会组织的扶持力度，大力培育和发展公益慈善、社区服务等枢纽型社会组织，充分发挥其在社会建设中的主动性、积极性和创造性，重点发展社会工作组织和志愿服务组织，实现社会工作的专业化、职业化、本土化。同时规范社会组织发展，加强监管，提高社会组织公信力，加强社会组织自身能力建设，实现自我管理、自我发展、自我约束。推动政府向社会组织部分转移职能，探索和推广政府向社会组织购买服务新机制。

（六）增进人民福祉，实现社会和谐的目标

推动社会和谐发展，构建和谐社会是社会管理体制改革的基本方向和核心目标。在社会政策学的视野下，进行社会管理创新，就是要缓解

或消除社会问题,在社会变迁中增进人民福祉,促进社会公平与公正。具体而言,就是要正确理解和认识人民的基本需要,通过不断完善社会政策体系积极回应和满足人民的需要,保障人民的福祉随着经济发展而不断得到发展。① 为此,要从老百姓的需求出发,探索建立新的福利体制,优先解决最紧迫、最急需人群的民生问题,搞好"基本民生",保障"底线民生",关注"热点民生",缩小贫富差距,提升社会整体福利。这是一种取悦人民的积极性社会管理创新,可以大大减小维稳的政治压力。忽视人民的基本需要,轻视甚至否定社会福利制度的建设,以为依靠不断增加维稳投入就可以维持社会稳定的想法,是完全有悖于社会管理创新理念的。当前,社会各界对创新社会管理的重要性和必要性已经基本达成共识,但对于何谓社会管理以及社会管理创新的长远方向和具体路径的认识仍然比较模糊。笔者从社会政策学的视阈出发,通过对社会管理概念外延的梳理,强调指出社会管理是对人的管理和服务,主要是保障公民的社会权利,在服务中实施管理,在管理中体现服务。基于这一认识,创新社会管理最重要的使命就是以人为本,通过发展社会政策,满足公众的基本需求,提升人民福祉,实现和谐社会。为此,社会管理创新必须重视社会政策的引导作用。通过社会政策的制定和实施切实保障公民社会权利,激发公民主体意识和参与精神,满足公民基本需要,减少社会不公,促进社会融合和社会团结,从根本上实现社会的长治久安。以社会政策为引导的社会管理创新,能充分体现以底层群众利益为依归的政治价值基础,让公众更好地分享经济改革和发展的成果。

四 结语

推进社会管理改革和创新是我国经济社会发展的必然要求,是现阶段我国社会改革过程中面临的一项重大任务,具有特殊的重要性。然而,在当前全国加强和创新社会管理的大潮中,将社会管理理解为社会控制或化

---

① 丁元竹:《中国社会建设:战略思想与基本对策》,北京大学出版社,2008,第23页。

解社会矛盾的倾向明显。实际上,保持社会稳定只是社会管理的器用层面,其根本的着眼点应该是满足人民的基本需要,保障人民的基本权益。就我国目前的实际而言,推进社会管理创新,就是要实现从传统的社会控制思维向社会公共服务思维的根本性转变,实现由传统的政府一元化社会管理模式向多元治理结构的根本性转变;要以社会政策的制定和实施为主要手段,增加社会支出,扩大公共服务供给,提高服务供给效率,保障公民基本社会权利,增进人民福祉,只有这样才能从源头上实现社会的长治久安。

比较篇

大中华视域下的反思与前瞻

第十一章　香港和澳门的社会发展挑战与政策应对

在1997年亚洲金融危机之后,香港和澳门经济结构急速改变,人民开始面对经济困境。由于过去未能有效应对经济结构重组带来的问题,社会积累了"深层次矛盾",两地政府在近年不得不着力推出"新政"解决问题。在亚洲金融危机之前,两地政府都相信可以利用快速的经济增长来解决社会问题,但随着失业和贫穷问题日益加剧,这种重经济发展而轻社会保障的"生产型福利资本主义"开始遭受质疑。Wilding就质疑,面对人口和社会经济结构急速改变,"生产型福利资本主义"是否仍能有效地满足人们不断提高的福利期望。[①] 此外,回归后的政治变化也影响了福利政策的制定,"港人治港"和"澳人治澳"的理念令人民对政府管治和生活水平的期望有所提高。

在1997年亚洲金融危机和2008年全球金融危机相继影响下,香港和澳门特区政府面临着巨大的压力而开始改变其社会福利策略。在经历由经济增长不稳定,失业率上升,收入差距扩大所引致的合法性危机之后,香港和澳门特区政府意识到若无法满足人们的社会发展要求和福利需求,它们同样将付出巨大的政治代价,因而两者开始着手社会政策的改革以适应社会发展的现实。基于上述背景,本章将检视两个特区政府所面临的社会发展挑战,尤其关注它们在面临快速社会经济和人口结构变化时如何改革

---

① P. Wilding, "Is the East Asian Welfare Model Still Productive?", *Journal of Asian Pubilc Policy* 9 (2008): 71–82.

既有社会政策，文章还进一步讨论在这个过程中"生产型福利资本主义"的特质是否发生了改变。

一 危机四伏的"生产型福利资本主义"：追求"利贫增长"方式？

在后亚洲金融危机时代，Holliday 提出"生产型福利资本主义"概念①，但随着环境的变化，这一概念所依赖的基础包括快速的经济增长、年轻化的人口结构、稳定的民主进程都发生了变化。②虽然目前亚洲各国的经济逐渐复苏，但事实上，以高经济增长和低社会福利支出为特征的"东亚福利体制"在亚洲金融危机后前景不再光明，特别是全球金融海啸再次证明，在全球化背景下任何一个稳定的经济体都难以不受外界牵涉。

经历了经济危机后，东亚政府究竟学到了什么历史教训？Ramesh 在比较了东南亚国家（印度尼西亚、马来西亚、菲律宾、新加坡和泰国）在两次金融危机中的应对策略之后认为，1997 年亚洲金融危机使贫困增速，导致了长期的政治和社会动荡，更甚者，有些国家一度中止了学校招生和健康照护体系，一直等到国际组织的援助才重建。③

针对金融危机广泛性和灾难未知性的特征，许多文献将其形象地比作一场火灾或灾害事故，警告政府应当做好预防措施。Lee 认为金融危机之所以对经济生活造成巨大的破坏是因为"社会安全网"的缺失，例如失

---

① Holliday, Ian, "Productivist Welfare Capitalism: Social Policy in East Asia", *Political Studies* 48 (2000): 706 – 723.

② Chan, Kam Wah, and James Lee, "Rethinking the Social Development Approach in the Context of East Asian Social Welfare", *China Journal of Social Work* 3 (2010): 19 – 33; Lau, Maggie, and Mok, Ka-Ho, "Is Welfare Restructuring and Economic Development in Post – 1997 Hong Kong in Search of a Cohesive Society?", *Social Cohesion in Greater China: Challenges for Social Policy and Governance*, eds. by Mok, Ka-Ho and Yeun-Wen Ku (Singapore: World Scientific, 2010), pp. 162 – 175.

③ Ramesh M., "Responding to the Social Repercussions of Economic Crisis in Southeast Asia: Past Experience, Future Directions", the 9th Annual Conference of Taiwanese Association for Social Welfare, Taiwan, 23 – 24 May, 2009.

业保险可在金融危机时发挥"自动调节器"的作用。① 而造成这一缺失的主要原因是：第一，多年的高就业率使政府和人民盲目地相信失业风险很温和；第二，夸大农业和非正式部门吸纳被解雇者的效度；第三，担心运行失业保险的财政开支过大，政府现有管理能力不足；第四，惧怕"福利国家"的引入损害了人们工作的诱因；第五，缺乏结社自由，工会组织化程度较低。② 这也解释了为何在危机之前亚洲各国都坚信市场机制。

"滴漏式经济"（Trickle-down Economics）在过去几十年内一直被认为是最理想的财富分配方式，但其发展过程也会遭遇经济危机的影响。不知是一心为了解决问题还是有其他政治目的，在当前金融危机中，民主政府或威权政府实际上都采取了之前近十年从未有过的"市场干预"手段。最近，相关学者对"生产型福利资本主义"的可持续性展开了激烈的讨论，且先不论这一概念是否真的可以涵盖如此特殊的东亚经济和福利发展策略的所有特质③，不容置疑的是，不再稳定的经济增长、人口老龄化、失业率增加、不断深化的劳工运动和民主政治已经动摇了"生产型福利资本主义"的支柱④。这一福利范式的解释效力开始受到质疑，正如 Castells 和 Himanen 所指出的，一些福利国家已经很好地融合进了这一信息化社会。⑤ 而其他学者持有不同意见，如 Hwang 则认为中国台湾、韩国和日本等东亚主要国家或地区只是部分调试增加福利提供以维持良好的经济增长，并没有因此改变它们福利体制的基础。⑥ OECD 中的许多讨论则认

---

① Lee, Eddy, The Asian Financial Crisis: The Challenge for Social Policy, Geneva: International Labour Office, 1998.
② Lee, Eddy, The Asian Financial Crisis: The Challenge for Social Policy, Geneva: International Labour Office, 1998.
③ Hudson, J. and Kuhner, S., "The Challenges of Classifying Welfare State Types: Capturing the Productive and Protective Dimensions of Social Policy", *Reframing Social Policy: Actors, Dimensions and Reforms*, ed. by Maja Gerovska Mitev (Skopje: Friedrich Ebert Stiftung, 2008).
④ Mok, K. H., "Right Diagnosis and Appropriate Treatment of the Global Financial Crisis: Social Policy Responses and Social Protection in East Asia", *Welfare Regimes in East Asia*, ed. by Hwang, J. (Cheltenham: Edward Elgar, forthcoming, 2010).
⑤ Castells, M. and Himanen, P., *The Information Society and the Welfare State: The Finnish Model* (Oxford: Oxford University Press, 2002).
⑥ Hwang, G. J., "Welfare State Adaptations in East Asia", Paper presented at the 7th East Asia Social Policy Network Annual Conference Searching for New Policy Paradigms in East Asia, Sogang University, South Korea, 2010.

为"生产型的福利资本主义"开始更倾向于社会政策。可见,当福利政策在稳定经济和维持经济增长方面都发挥着重要的作用时,独特的东亚生产型福利资本主义遭遇挑战。① Kim 提出质疑,既然现代福利国家都包含着保护型和生产型的要素,那么"生产主义"是否还仅存在于东亚福利体制。②

延续以上讨论,世界时刻充满变化,现行的福利措施在维持经济增长的同时能否维持社会稳定?而社会显著变化是否会引起社会政策范式的转变,抑或仅是权宜之策?为了解答这些问题,本章以"利贫政策"(pro-poor policy)为具体研究对象,分析近年来被大力倡导的"利贫增长"政策如何减轻"滴漏式经济"发展过程中所导致的不均。相较于"利增长"(pro-growth)策略,"利贫增长"策略更集中于穷人的财富再分配。③ Kakwani & Pernia 指出,"利贫政策"是倾向于穷人的制度设计,有助于穷人的财富比例增长超过富人。④ 根据传统的自由主义理论,平等和效率在财富分配过程中是相互抵消的(trade off),也就是说,倾向于穷人群体的财富分配方式将会不可避免地造成整体福利损失;但支持"利贫政策"的学者则认为实施良好的社会政策(例如为穷人提供教育保障、保健和家庭服务,实施小额贷款,推广中小企业和建立基础设施等项目)有利于更好地保障贫穷人士的生计安全与可持续性。⑤

假设政府采取了这一策略,那么它该有何作为?理论上一个民主的政治制度往往会导致一个较为公平的社会,惠及更多的穷人,但是现实并非如此。通过比较 1970 年和 2000 年 168 个国家的婴儿死亡率,Ross 驳斥了"民主是为穷人创造更好生活的机制",他认为无论是在民主还是威权体

---

① Hudson, J. and Kuhner, S., "Towards Productive Welfare? A Comparative Analysis of 23 Countries", *Journal of European Social Policy* 19 (2009): 34 – 46; Hudson, J. and Kuhner, S., "Beyond the Dependent Variable Problem: The Methodological Challenges of Capturing Productive and Protective Dimensions of Social Policy", *Social Policy and Society* 9 (2010): 167 – 179.

② Kim, Y. M., "Beyond East Asian Welfare Productivism in South Korea", *Policy & Politics* 36 (2008): 109 – 125.

③ Son, H. H., "Interrelationship between Growth, Inequality, and Poverty: The Asian Experience", *EPD Working Paper Series*, No. 96, Manila, Asian Development Bank, 2007.

④ Kakwani, Nanak and Ernesto M. Pernia, "What is Pro-Poor Growth?", *Asian Development Review* 1 (2000): 1 – 16.

⑤ Kakwani, Nanak and Ernesto M. Pernia, "What is Pro-Poor Growth?", *Asian Development Review* 1 (2000): 1 – 16.

制下,只要政府倾向于将资源分配给中上阶层,穷人的生活境遇就不会改善。① 因此,"利贫增长"策略的实践不是具体的方案或项目,而是政府执政理念的变化。本章以香港和澳门为例,试图探讨两个特区政府如何去应对社会的变迁,从而满足公民的福利期望。

二 因应社会经济转变危机的"利增长"策略

自殖民时期到近几十年,香港②和澳门③政府一直采取"自由放任"的治理政策,信奉"小政府、大市场"可以保持经济的繁荣和竞争性。香港和澳门一直属于典型的"生产型福利资本主义"(productivist welfare capitalism),社会政策从属于经济政策,经济增长优先于社会发展。④ 低社会福利支出的基础在于,持续经济增长可以弥补发展滞后的社会政策;也就是说,高就业保障低需求。但是,在东亚经济奇迹的泡沫破灭后,民众对各种社会援助政策的公共需求明显上升。⑤

香港的福利制度以其"残补式"(或"救济式")的政策,一直被批评为缺乏远见,⑥ 香港政府更坚持"经济不干预"的原则谨慎对待各项福

---

① Ross, Michael, "Is Democracy Good for the Poor?", *American Journal of Political Science* 4 (2006): 860–874.
② 香港的社会保障体系包括综合社会保障援助(CSSA)和公共福利金计划(SSA)。前者是家计审查制的社会援助,而后者是一种社会津贴。
③ 澳门的社会保障体系包括社会保障基金(SSF)、财政援助(FA)和老年津贴,其中社会保障基金是由雇主和雇员共同缴费。
④ Holliday, Ian, "Productivist Welfare Capitalism: Social Policy in East Asia", *Political Studies* 48 (2000): 706–723; Holliday, Ian, "East Asian Social Policy in the Wake of the Financial Crisis: Farewell to Productivism?" *Policy and Politics* 33 (2005): 145–162; Lai, Dicky Wai Leung, *Macao Social Policy Model* (Macao: Macao Polytechnic Institute, 2003); Lai, Wai Leung, "Macao's social welfare model: A productivist welfare regime", *The Hong Kong Journal of Social Work* 40 (2006): 47–59.
⑤ Lau, Maggie, and Mok, Ka-Ho, "Is Welfare Restructuring and Economic Development in Post-1997 Hong Kong in Search of a Cohesive Society?" *Social Cohesion in Greater China: Challenges for Social Policy and Governance*, eds. by Mok, Ka-Ho and Yeun-Wen Ku (Singapore: World Scientific, 2010), 162–175.
⑥ Chui, Ernest, Tsang, Sandra, and Ka-Ho Mok, "After the Handover in 1997: Development and Challenges for Social Welfare and Social Work Profession in Hong Kong", *Asia Pacific Journal of Social Work and Development* 20 (2010): 52–64.

利开支。为满足亚洲金融危机之后不断增长的社会福利需求，香港政府提高申请标准，减少给付金额，社会援助支出占政府经常性开支的比例从1993~1994年的2.6%跃至1999~2000年的8.6%。[1]例如，自1999年7月开始，三人家户的给付金额减少10%，三人以上的家户给付金额减少20%，[2]可见政府对市场干预仍持非常保守的态度。除此之外，香港政府于2000年实施了强制性公积金（Mandatory Provident Fund，MPF）计划，虽然有关强积金的讨论从20世纪60年代就已经开始，但实施一直受阻，这是因为在殖民时代资方代表在政策制定过程中一直具有决策权。[3]回归之后，立法会和区议会面对直接选举的压力，这一情况有所好转。除此之外，为了减少财政负担，政府通过实施"以工代赈计划"（workfare programs）推广"自力更生"理念。

澳门政府则在1998年投入5000万澳币作为社会保障专项基金，用于职业培训、就业补贴、残疾人安置就业、人才培训、职业辅导、青年首次就业津贴和失业救济。自21世纪起，澳门政府解决贫困问题的重心就逐渐转移到职业培训和终生学习上。[4]与香港类似，澳门政府在2004年引进"以工代赈计划"促进受助者的工作诱因。[5]总而言之，为了减少亚洲金融危机及其后续影响，香港和澳门特区政府均将"自力更生"的理念深深融合进社会福利政策制定中。

一方面，虽然经济逐渐复苏，就业情况好转，但两地民众清楚意识到仅有工作还不足以维持良好的生活水平，足够的收入也很重要；另一方面，危机之后，企业认识到高经济增长难以为继，转而选择更为弹性的经

---

[1] Lai, Dicky Wai Leung, "Diffusion and Politics: Social Security Developments of Hong Kong and Macao in the Colonial Era", *Asian Journal of Social Policy* 1 (2005): 9-24.

[2] Tang, Kwong-leung, "Asian Crisis, Social Welfare, and Policy Responses: Hong Kong and Korea Compared", *International Journal of Sociology and Social Policy* 20 (2000): 49-71.

[3] Lai, Dicky Wai Leung, "Diffusion and Politics: Social Security Developments of Hong Kong and Macao in the Colonial Era", *Asian Journal of Social Policy* 1 (2005): 9-24.

[4] Lai, Wai Leung, "The regulatory role of social policy: Macao's social security development", *Journal of Contemporary Asia* 38 (2008): 373-394.; Lai, Dicky, "The Political Economy of Social Security Development in Macao", *China Journal of Social Work* 3 (2010): 65-81.

[5] 参见田北海、蒋超《从"以工代赈"政策看澳门社会福利事业的发展》，《澳门社会福利发展：特点与趋势》，澳门大学澳门研究中心，2006，第166~179页。

营模式，例如为降低生产成本和保持生产弹性，各种新的商业手段如短期合约、兼职、外包和自雇层出不穷。因此，一个社会范畴的"在职贫穷"（working poor）概念应运而生。这一现象已经引起有关学者和NGO的关注，他们认为这不仅损害了工人的生计，而且也将影响他们的家庭生活，加剧"跨代贫穷"（intergenerational poverty）。[1] 针对这些新问题，香港和澳门特区政府在过去几年中开始布局新的社会政策。

三 香港社会经济变迁之因应

（一）在职贫穷

近年来，"在职贫穷"成为香港一个重要的社会议题。"低收入（贫穷）家庭"是指月收入低于50%香港月收入中位数的家户。表11-1显示，2005年以后，最少有一人在职的低收入户数目呈增加趋势。表11-2则显示，近年来，香港在职贫穷户的人口数目不断增加，贫穷率不断提高。2012年，香港乐施会以在职贫穷家庭为对象，通过分析政府统计处的数据，指出香港在职贫穷家庭的状况在过去十年（2003~2012年第2季）

表11-1 香港有成员在职的低收入户数目（2005~2011年上半年）

单位：千户

年度	2005年	2006年	2007年	2008年	2009年	2010年	2011年上半年
最少有一人在职的低收入户	181.0	189.0	198.7	198.2	196.8	199.7	195.5
低收入户	434.9	446.1	455.1	453.1	451.7	451.0	457.9
住户总数	2195.1	2219.5	2245.8	2275.2	2308.6	2332.0	2345.5

资料来源：香港政府统计处综合住户统计调查。

注：低收入定义：全港住户按住户成员数目划分为1人、2人、3人及4人或以上共4组，收入少于或等于同组住户人息中位数一半的住户，便会被定为低收入户。

---

[1] 邓广良、林静雯编《如何制定减少跨代贫穷的社会政策》，香港中文大学香港亚太研究所，2005。

表11-2 香港在职贫穷户及在职住户的人口数目（2005~2010年第2季）

单位：人

年度	2005年	2006年	2007年	2008年	2009年	2010年第2季
在职贫穷户的人口数目（A）	595600	628500	644500	651800	650100	660700
在职住户的人口数目（B）	5688900	5689400	5762300	5802600	5768700	5788800
贫穷率（A/B）（%）	10.5	11.0	11.2	11.2	11.3	11.4

资料来源：香港政府统计处。

显现持续恶化的趋势。这不仅表现在"在职贫穷住户及人口增加"上，还表现为"在职贫穷家庭负担较一般家庭沉重""近60%在职贫穷住户或于综援水平以下"等。①

日益突出的在职贫穷问题引起了议员的关注。立法会的研究有关灭贫事宜小组委员会（Subcommittee to Study the Subject of Combating Poverty of Legislative Council）出版了《有关在职贫穷的报告》（Report on Working Poverty）。这一报告指出造成香港"在职贫穷"现象的原因主要有：①经济转型、工业迁移内地及高技术工业发展，造成低技术工作流失；②当局未能因应经济转型作出周详的人力规划及协调各项有关政策及措施；③公私营企业过分注重削减成本，倾向于雇用短期或兼职工人；④政府服务外判，加上对承办商监管不足，以致部分承办商剥削工人，支付不合理低薪及削减工人权益；⑤弱势社群（例如新移民及少数族裔人士）未能享有平等机会；⑥因有需要应付某些特别需求（例如在家庭周期的某些阶段中需要照顾年幼子女），以致一些家庭的劳动人口参与率偏低；⑦缺乏就业机会、社会孤立带来的问题及因居住在偏远地区而需支付高昂的交通费。由不同党派、政见相异的议员组成的立法会依此提出以下建议：①在制定减少在职贫穷的策略时，促进社会人士参与及为在职贫穷人士充权；②发展经济及创造就业机会；③提供小区支持及发展本地经济；④检讨政府服务的外判安排；⑤保障雇员福利；⑥透过教育及培训提升低收入工人

---

① 乐施会：《香港贫穷报告：在职贫穷家庭状况（2003~2012）》，http：//www.oxfam.org.hk/filemgr/1972/20121113_povertyreport_TC_final.pdf，2012。

的竞争力；⑦为在职贫穷家庭提供财政援助；⑧为在职贫穷家庭提供支持服务。①

面对"亲市场派"的政治团体在立法会上的反对，报告建议中最终没有纳入最低工资，而只是简单提到"至于订立最低工资的建议，小组委员会认为政府应查悉本报告内就这课题表达的不同意见"。② Lee 认为由于香港缺乏民主选举，加上利益多元化，致令威权政府可以推行新自由主义的社会政策改革。事实上，为维护低薪劳工在"非典"危机经济衰退时期的收入安全，工会曾多次主张建立最低工资制度，但均遭到了政府的拒绝。为平衡各方利益，政府与商界在2006年10月携手推行为期两年的工资保障运动（Wage Protection Movement），参与运动的雇主须付予其清洁工人及保安员不低于相关行业的市场平均工资。但整体而言，成效未如理想，这也显示以自愿参与的方式推动工资保障有其局限性。在此之后，政府继续努力通过立法来落实最低工资制度，成立了临时最低工资委员会（Provisional Minimum Wage Commission），在2009年2月聚集雇主方、工会、政府部门和学术界的代表商议法定最低工资。对于薪资水平，部分雇主组织主张最低工资水平应维持在时薪23~25港币，而工会则要求提高到33港币。最低工资立法最终于2010年7月通过，最低工资水平最后确定为时薪28港币。但是，最低工资标准的设立，并不一定就能完全保护低薪的劳动者。对于香港普通居民尤其是从事低薪工作的居民来说，最低工资是一把双刃剑。临时最低工资委员会在最低工资标准出台前所进行的压力测试表明，28港币的最低工资标准实施后，将有近1700家公司（占香港公司总数约1%）"由盈转亏"，估计7万名员工因此受影响。概括来说，最低工资势在必行，但最低工资远远不够。要切实解决低薪工作或在职贫困的问题，还必须加强其他相配套的福利保障措施。

除了最低工资之外，香港的工会、非政府福利机构和左翼政治家多年来一直争取设立最高工时（maximum working hour），争取集体谈判权，设

---

① 香港立法会的研究有关灭贫事宜小组委员会：《有关在职贫穷的报告》，立法会 CB（2）1002/05 – 06 号文件，2006。
② 香港立法会的研究有关灭贫事宜小组委员会：《有关在职贫穷的报告》，立法会 CB（2）1002/05 – 06 号文件，2006。

立失业救济金和反对无理解雇。其中除了最低工资法案已经签署之外，其他政策建议仍未被政府采纳。尽管如此，政府仍成功实施了部分小规模的支持措施，如为了鼓励和支持偏远地区的低薪工人寻找工作及跨区工作，劳工处在2007年实施了"交通费支援计划"（Transport Support Scheme，TSS），即月收入6500港币及以下的工人可在24个月内申请每月600港币的求职津贴，以及12个月期限每月600港币的在职交通津贴。[①] 2011年10月1日，劳工处停止了"交通费支援计划"，并于其后推出"鼓励就业交通津贴计划"（Work Incentive Transport Subsidy Scheme）作为替代。该计划与之前的"交通费支援计划"最大的区别在于不再以个人为单位而改为以家庭为单位，政府以申请者的家庭入息水平作为是否发放津贴的标准。在所有符合资格的申请住户当中，每月工作不少于72小时的申请人，不论交通费用多少，一律可以申请到每月600港币的全额津贴；每月工作不足72小时但不少于36小时的申请人，不论交通费用多少，一律可申领每月300港币的半额津贴。津贴会以银行转账方式发放。抱着把"蛋糕"做大就可以惠及每一个人的信念，香港政府一直将维持长期经济增长和增加就业机会作为政策重心。2008年金融危机发生后，特区政府立即成立了由行政长官曾荫权主持、包括学者精英和商界领袖的经济机遇委员会（Task Force on Economic Challenges），以发掘未来经济发展的新思路。行政长官曾荫权表示，香港政府将继续坚持"稳金融、撑企业、保就业"的策略来协助香港经济复苏。四次讨论会议之后，委员会重申香港经济中金融部门具有不可动摇的地位，同时研究发展六个新的产业，分别为检测认证、医疗服务、创新科技、文化与创意产业、环保产业和教育服务。

但那些抵御金融危机影响的民生措施从本质上而言仍具有短期性和补救性色彩。危机之后的首次预算案中，财政司司长曾俊华承诺政府将花费16亿美元在未来3年内提供62000个工作及实习机会。这一预算案中最为争议的方案之一是大学毕业生实习计划（Internship Programme for University Graduates），即提供约4000个最低月薪为4000港币的实习岗

[①] 香港劳工处：《交通费支援计划》，http://www.tss.labour.gov.hk/gui_eng/faq.html, 2007。

位。但这项建议在社会上引发了各种批评。首先,认为大学毕业生在劳动力市场上选择较多,谈判能力较强,因而这笔钱应当用于帮助低技术劳工。其次,4000港币的工资水平过低,恐怕会引致低教育程度工人的薪酬水平下降。最后,虽然4000港币是底限,但批评者仍担心,这可能成为将来企业雇用应届毕业生的标准尺度。这一事件清楚地表明"在职贫穷"和"工资剥削"的议题备受港人关注。

此外,政府不愿意提供直接现金退款的举措也同样引发了争议。相比民众对政府采取直接现金给付的方式,香港政府向月薪1万港币及以下的工人的强积金账户注资90亿港币,民众却更期望政府采取直接现金给付的方式。这项措施被批评注资给基金管理者投资股票市场,"救市场而非救人民"。两个事件一起更强化了"政商勾结"、臭名昭著的形象。2011年,基于上一年财政年度库房盈余,香港政府决定向18周岁以上的永久居民派发6000港币,但一开始依然计划采用强积金账户注资的方式;在遭到香港市民激烈抗议之后,政府才被迫应允直接派发现金。到了2012年,虽然库房依然盈余,但香港政府决定不再向强积金账户注资或派发现金。

(二)跨代贫穷

当意识到贫穷问题的广泛性后,香港政府在2005年成立了扶贫委员会(Commission on Poverty),并组织政府官员、议员、非政府组织领导和学者共同探讨"收入不均加剧、失业和低技能工人、跨代贫穷和老年贫穷"等议题。在扶贫委员会报告中,政府强调,推动就业对扶贫纾困和鼓励自力更生至为重要。基于这一前提,政府决心要通过以下途径解决贫困问题。

- 对于有工作能力的人士,核心策略就是提高他们的就业能力、增加就业机会以及提供有效的就业支持和适当的工作诱因,以推广"从自助到自强"。
- 为了预防跨代贫穷,除了为高危的儿童和家庭提供额外支持之外,还应采取正确的策略以提升他们的能力,使他们能计划自己的未来,鼓励他们脱贫。
- 对于未能自给的有需要的老年人和其他弱势群体,应继续为他们提供福利援助和安全网，让他们能有尊严地过活。

上述的政策言论表明，面对巨大的社会经济转型香港政府仍维持其基本原则，正如报告本身所指出的"市场主导，政府促进"已经成为香港推动经济发展和增加就业机会的核心原则。①

为解决跨代贫穷问题，香港政府在2008年采纳了扶贫委员会的建议花费3亿港币成立了儿童发展基金（Children Development Fund，CDF），"以便有效运用和结合从家庭、私人机构、社会及政府所得的资源，为弱势社群儿童的较长远发展提供支持"。② 基金的服务对象为10~16岁家境清贫的儿童，预计最少可以惠及约13600名儿童。③ 基金包含三个主要元素，首先，"个人发展计划"，协助儿童订立短期和长期的个人发展计划，基金为每名儿童预留15000港币作为相关培训之用；其次，"师友计划"，为每名儿童选派一位友师协助订立个人发展计划；最后，"目标储蓄"，鼓励儿童定期储蓄，头两年的目标储蓄额为每月200港币，非政府机构会安排商业机构或个人捐助者提供最少一比一的配对供款。完成两年储蓄计划后，政府会为他们每人提供3000港币奖励金。④ "目标储蓄"与Sherraden所提倡的"资产建设"⑤ 相吻合，鼓励贫困家庭积累他们的资产而不是依靠政府的短期收入维持。这一制度设计再次反映了"自力更生"的理念。

在儿童发展基金之前，政府投入2亿港币成立了弱势伙伴基金（Partnership Fund for the Disadvantaged，PDF），期望福利部门能够扩大他们的网络寻求企业的合作，而企业也能够担当更多的社会责任，共同创造一个有凝聚力的、和谐的和互相关怀的社会。2010年5月，立法院通过议案向该基金再次注资2亿港币。由此，NGO组织可以向基金申请与弱

---

① Commission on Poverty, HKSAR Government: *Report of the Commission on Poverty*, Hong Kong: Hong Kong SAR Government, 2007.
② 香港劳工及福利局：《儿童发展基金简介》，http：//www.cdf.gov.hk/english/aboutcdf/aboutcdf_int.html，2008。
③ 香港劳工及福利局：《儿童发展基金先导计划下月正式推行》，http：//www.cdf.gov.hk/english/publication/files/20081123_cdf_nextmonth.pdf，2008。
④ 香港劳工及福利局：《儿童发展基金先导计划下月正式推行》，http：//www.cdf.gov.hk/english/publication/files/20081123_cdf_nextmonth.pdf，2008。
⑤ Sherraden, Michael et al., "Social Policy Based on Assets: The Impacts of Singapore's Central Provident Fund", *Asian Journal of Political Science* 3 (1995): 112-133.

势社群（如残疾人、老年人、贫困家庭的儿童和家庭虐待的受害者）相关的项目和活动。在致力于消除儿童贫困方面，香港社区组织协会（Society for Community Organization，SoCO）联合毕马威会计事务所（KPMG）共同发起促进贫穷儿童平等发展机会计划（Project for Equal Opportunity Development of Children Living in Poverty），全面支持18岁以下贫穷儿童在生理、心理、学习和社交方面的发展。香港小童群益会（Boys' & Girls' Clubs Association of Hong Kong）联合香港安利公司（Amway）共同推出纾缓贫困儿童心理压力的项目。

在讨论了香港政府应对金融危机后的重大经济社会变迁的主要措施之后，我们将视角转向澳门政府，观察其如何因应1999年回归之后所经历的社会发展挑战。

四 澳门社会经济变迁之因应

（一）在职贫穷

以博彩业和旅游业为支柱的澳门经济近年来蓬勃发展，对比香港政府，澳门政府在支出上似乎更为"慷慨"，实施了一系列福利措施以满足人们的需求。为应对金融危机，澳门政府立即减少了25%的薪俸税，并在2008年底和2009年4月分别向每个居民分发5000澳币和6000澳币，与香港政府不愿意提供直接现金退款形成对比。即便如此，澳门的社会冲突仍屡见不鲜，例如，随着对外籍劳工挤占工作机会的不满加深，五一劳动节的抗议较先前几年更为激烈。从某工会分别在2005年与2009年所做的调查结果来看，超过70%的受访者认为外来劳工侵占了本地劳工的就业机会和其他劳动权益。此外，1998年和2007年不同行业的工资水平呈现分化的态势，营建业，文化娱乐、博彩等服务业的薪水显著增加，而制造业、公共管理及社会保障业的薪水则增幅不大。[①] 澳门特区政府委托的

[①] 廖振华：《澳门劳动就业与人力资源》，载郝雨凡等主编《澳门经济社会发展报告（2008~2009）》，社会科学文献出版社，2009，第153~170页。

一项最新调查研究结果显示,移民问题成为澳门居民最为关心的社会议题,多数澳门居民反对内地和香港移民大量增长,认为这会导致本地工作机会流失。

针对上述问题,2008年澳门政府开始实施工作收入补贴临时措施(Temporary Income Supplement,TIS),凡40周岁以上每季收入少于12000澳币,每月累计工时至少有152个小时的劳工,政府会补贴其季度收入至12000澳币。① 2008~2009年,澳门政府共批准18180宗申请,超过3800人受惠,涉及金额超过6500万澳币。② 与香港情况一样,澳门劳工团体也多次提出建立最低工资制度。为回应这一要求,澳门政府在2007年出台规定,凡是从事政府有关清洁和保安的外包工作,时薪不得低于21澳币。澳门立法会的政治态度趋向保守,最低工资立法能否完成仍取决于政府的政治意愿。但在此之前,笔者认为澳门政府首先需要对"在职贫穷"有一个明确的定义,如像香港将其定义为少于50%的家户收入中位数。

(二) 跨代贫穷

相较香港,澳门关于儿童贫穷和跨代贫穷讨论得较少。前行政长官何厚铧在回顾澳门回归十年以来的发展后指出,旅游博彩业和相关行业的快速发展使得一大批青年得以进入薪酬相对优厚的行业工作,大幅改善了其所属家庭的整体收入,从而改善了跨代贫穷。③ 但是一些学者同时也担心澳门青年"没有经济贫穷之虞,却有文化贫穷之忧"(缺乏学历和社会阅历),这将会影响他们的社会阶层流动。④ 事实上,澳门学生辍学率有明显上升趋势,部分原因是博彩业快速吸收劳动力人口。例如,几年前随着新博彩业的陆续开张,"离校率由2002~2003年度的4.2%上升至2004~

---

① 澳门公民网:《低薪补贴放宽申请》,http://www.macaucitizen.org/?action-viewnews-itemid-2473,2009年3月21日。
② 《工作补贴三千八百人受惠》,http://www.macaucitizen.org/?action-viewnews-itemid-2473,《澳门日报》2010年5月6日。
③ 澳门博彩企业员工协会:《政府力控赌业发展规模》,http://www.mgesa.org.mo/web/?action-viewnews-itemid-1527,2009年11月9日。
④ 社协:《学者忧现代贫穷》,http://www.mswa.org.mo/xoops223a/modules/news/article.php?storyid=515,2008年1月25日。

2005年度的4.8%，教青局指出，工作是离校的首要原因"[1]，高薪的博彩业当然更具吸引力。2007年一项由政府资助的调查结果显示，大量的年轻人希望进入博彩业工作（27.9%的13~18岁受访者，48.3%的19~24岁受访者，52.9%的25~29岁受访者）。当被问及是否愿意从事赌博相关工作，这一比例则更高（分别为68.5%、76.0%和67.6%）。[2] 显然，片面地集中于博彩业的发展着实让澳门政府忧心忡忡。最近有关澳门教育发展的一项研究结果显示，虽然许多拥有本地教育背景的人们发现自己在劳动市场中竞争力不足，但他们依然没有特定的学习或培训计划。[3] 这一社会现象更加强化了澳门的经济困境与"文化贫困"的联系。

为开发人力资本，澳门政府开始重视教育政策。澳门的教育发展除了满足地区性需求外，也正如国家主席胡锦涛和总理温家宝多次在公开场合强调的那样，这对于中国内地发展也至关重要。[4] 回归之后，澳门特区政府大力发展教育事业。殖民时期，澳门的教育发展以市场化为导向，直到2009年，在所有的幼儿园、小学和中学中，66间为私立学校，10间为公立学校。行政长官崔世安在2010年财政年度政府施政报告中指出，"社会发展与教育发展程度紧密相关，人才的培养和技术的开发亦紧紧依靠教育，社会的未来和经济的发展很大程度上取决于最终的'人力资本'积累"。[5] 因而他提出"教育兴澳"（boosting Macau through education）的口号，改革教育管理，推进跨境教育合作，增加教育投入。[6] 在过去数年中，澳门的教育发展令人瞩目，在财政支出方面，政府的教育开支从2003年的180万澳币增加到2008年的3.7亿澳币；在政策方面，政府在2005年决定将义务教育年限由10年延长至15年，免除各种学杂费。这些政策大大缓解了澳门市民的经济负担，尤其是在经济不景气的情况下，

---

[1] *Oriental Daily*: "Students' competition to be Casino Dealers has Driven the Wave of School Dropouts", 12th September, 2006.

[2] 澳门青年研究协会与中华学生联合总会，2007。

[3] Mok, Ka-Ho, and Ray Forrest, "Introduction: The Search for Good Governance in Asia", *Changing Governance and Public Policy in East Asia*, eds. by Mok, K. H., and R. Forrest (London: Routledge, 2009).

[4] *Macau Daily*, 21st December 2004, 29th December 2005, and 21st December 2009.

[5] Chui, Sai-On, *Policy Address for Fiscal Year 2010* (Macau: Macau SAR Government, 2010).

[6] Chui, Sai-On, *Policy Address for Fiscal Year 2010* (Macau: Macau SAR Government, 2010).

因而深受澳门市民欢迎。① 另外，由珠海市政府提供澳门大学新校区土地、促进跨境教育合作的方案也得到了大多数市民的支持。②

五 讨论与总结：社会福利模式不变的旋律

在金融危机的影响下，为国民尤其是贫穷人士建立社会安全网的呼声越来越高。金融危机发生以后，国际金融组织如国际货币基金组织（IMF）和世界银行也都在积极倡导这一议程，如 IMF③ 指出，经济不景气的情况下，加强社会安全网、保护穷人的努力就显得更为迫切。针对穷人的转移支付项目能够极大地刺激总需求，因为他们有更强烈的消费倾向。在制定消费政策时，应优先考虑扩大社会保障的投资，以保证联合国千禧年发展目标（Millennium Development Goal, MDG）的实现。因而，国家应加大健康、教育、供水和卫生、社会保障等保障与发展性项目的投入。世界银行敦促各国政府在危机中加强社会保障，为穷人提供更多的资源和支持。

世界银行发展研究小组（World Bank Development Research Group）的报告显示，目前世界上两种应对金融危机的社会保障策略为"利贫财政应对"（pro-poor fiscal response）和"促进社会保障计划"（better social program initiatives）。无论政府选择哪一种方式，在经济危机发生时都应当注意不要只关注短期目标而忽视长期发展，因为两者有时并非互补，亦不能同时实现。正如 Ravallion 所指出的，在追求二者平衡时应注意以下三种相互抵消（trade-offs）的情况：第一，公平和效率，倾向于贫穷人口的资源可能会抑制非贫穷人口的经济活动；第二，保险和效率，安全网也可

---

① Mok, Ka-Ho, and Ray Forrest, "Introduction: The Search for Good Governance in Asia", *Changing Governance and Public Policy in East Asia*, eds. by Mok, K. H. and R. Forrest (London: Routledge, 2009); 莫家豪、梁家权：《"教育与澳"的理想与现实》，载《澳门特区新貌：十年发展与变化》，香港中文大学香港亚太研究所，2011。

② Consultant Team, *Research of Social Development and Social Indicators in Macau*, The Government of the Macau SAR., 2010.

③ IMF, "The Implications of the Global Financial Crisis for Low-Income Countries", March 2009, http://www.imf.org/external/pubs/ft/books/2009/globalfin/globalfin.pdf, 2009.

能会引发风险经济行为；第三，代际时序（inter-temporal），当下的需求可能会牺牲未来的增长。① 在金融危机背景下，政府将大笔纳税人的钱投入只适用于非纳税人、结果不确定的方案，Ravallion 提醒，如果这些方案只是针对穷人就会损害政治支持，进而影响项目的可持续性。②

与其他亚洲国家或地区相同，如果香港和澳门特区政府要维持政治合法性，保持和提高人民的生活水平则至为重要。③ 在过去，东亚国家已经证明了"发展型国家"模式的成功，该模式纯粹以发展经济来赢得政治声望。④ 但是越来越多的国家认识到，当面临经济结构调整、区域性和全球性金融危机的影响时，如果无法有效处理国家社会、经济和政治转型过程中的危机状况，政府将很难继续维持同等水平的政治支持。

近年来，香港市民非常关心他们的生活水准，这也左右着他们对政府的支持率。多项大规模调查显示，经济和民生一直是香港市民最关心的问题。2010 年 6 月，香港大学组织了一次社会调查，结果显示香港居民最关心的问题依次为民生（53.8%）、经济（31.1%）和政治（11.9%）⑤，澳门亦如此。澳门特区政府可持续发展策略研究中心在 2009 年组织了一项社会调查，探讨澳门人民如何评价澳门发展，调查结果显示，"市民最关心的议题"位于前五位的分别为雇用（19.0%）、住房（18.8%）、经济发展（17.1%）、民生（12.4%）和社会福利（8.9%）。

---

① Ravallion, Martin, "Bailing out the World's Poorest, World Bank Research Development Group", World Bank Research Development Group, Policy Research Working Paper 4763, October, 2008.

② Ravallion, Martin, "Bailing out the World's Poorest, World Bank Research Development Group", World Bank Research Development Group, Policy Research Working Paper 4763, October, 2008.

③ Lai, Dicky Wai Leung, "Diffusion and Politics: Social Security Developments of Hong Kong and Macao in the Colonial Era", *Asian Journal of Social Policy* 1 (2005): 9 - 24; Lai, Wai Leung, "The regulatory role of social policy: Macao's social security development", *Journal of Contemporary Asia* 38 (2008): 373 - 394; Lai, Dicky, "The Political Economy of Social Security Development in Macao", *China Journal of Social Work* 3 (2010): 65 - 81.

④ Mok, Ka-Ho, and Ray Forrest: "Introduction: The Search for Good Governance in Asia", *Changing Governance and Public Policy in East Asia*, eds. by Mok, K. H., and R. Forrest (London: Routledge, 2009), 1 - 22.

⑤ 香港大学民意网站：《特首及问责司长民望数字》，http://www.hkupop.hku.hk，2008 年 12 月。

由于两地人民对于殖民体制有不同评价，这影响了他们对现政府的期望，因而香港和澳门的市民对于福利提供的公共需求也有所差异。一项回归之前所做的调查显示，68.6%的香港人表示一定程度上非常满意英国政府的殖民统治，只有7.2%的受访者表示不满。而澳门市民对于相同问题的答案分别为22.3%和36.4%。被问及"如何评价殖民体制对于社会发展所作出的功过"时，64.5%的香港人民认为殖民政府"功大于过"，只有2.9%的受访者认为"过大于功"，而澳门人民的回答则分别为19.8%和18.4%。[1] 对殖民政府的高度肯定无疑为香港特区政府如何继续保持取得的成就制造了压力。保持其政权合法性的动机以及近年逐渐增多的民主运动，都促使香港政府更努力地为人民负责。相反，鉴于葡萄牙殖民政府的平庸治理，回归之后的澳门政府显然更具有优势。这也从侧面解释了为何香港政府更加努力地解决上述在职贫穷和跨代贫穷问题。

虽然两地政府都试图采取新的措施去应对社会发展的挑战，但是这些政策在本质上仍是零散和碎片化的，而社会福利和社会发展的理念和方式并没有因此而改变。在香港，反对福利扩张的理由之一就是"价值增值度"（value of money），例如，随着针对穷人的社会保护机制不断增加，一些社会政策学者开始关注"窄税基和低税率"的福利体系财政的可持续性，担心"只有权利没有责任"的福利会无限提高人们的福利期望，而一旦这种期望无法达到，政府的合法性将受到威胁。[2] 近年来，开征商品及服务税（GST）的失败、将家计审查机制引入老龄津贴都清楚地显示政府"为福利清账"（squaring the welfare circle）的限制。

为回应不断增长的福利需求，香港社会福利咨询委员会（Social Welfare Advisory Committee of the Hong Kong Government）在2010年4月启动了香港社会福利长远规划二期咨询（Long-term Social Welfare Planning in Hong Kong），邀请社会各界对香港福利体系未来发展提出意见和建议。

---

[1] Chung, Ting-Yiu et al., "Comparison of Public Opinions of Hong Kong and Macau before the Handover", The Public Opinion Program of the University of Hong Kong, http://hkupop.hku.hk/chinese/macau/pdf/Macau_HO_1999.pdf.

[2] Wong, Chack Kie, "Squaring the Welfare Circle in Hong Kong: Lessons for Governance in Social Policy", *Asian Survey* 48 (2008), 323-342.

咨询文件首先指出近年来香港所面临的经济（如经济结构调整）、社会（如传统家庭危机）和技术（如"隐蔽青年"）挑战，并进一步提出有关财政可持续性和福利服务提供的议题。总的来说，咨询文件将"自力更生"的原则放在很重要的位置，提议社会投资应当帮助个人、家庭和社区建立应对挑战的能力；提倡"用者自负"原则，既保持福利体系的可持续性也体现共同责任。此外，咨询文件倡导政府、NGOs 和商界"多元合作伙伴关系"的概念，不仅要求企业实践社会责任提供福利服务，同时引入商业模式推广"社会企业"，即借营商业务来运营福利。

然而，由于未提及政府承担的责任，也没制定福利方向和议题，咨询文件招致社福界的诸多批评。[①] 香港社区组织协会（Society for Community Organization）认为咨询文件缺乏对税收结构、公共财政理念和人权的探讨。更具体来说，他们反对用者自负的原则，认为这会加剧弱势群体的弱势地位，并质疑"社会企业"在市场竞争下的发展前景。香港社会服务联会（Hong Kong Council of Social Service）的批评同样如此，他们指责咨询文件对税收结构、公共财政和社会保险"避而不谈"。总之，文件显示政府不愿意改变其"大市场，小政府"的社会福利理念。

在澳门，虽然有关在职贫穷和跨代贫穷的社会冲突已经开始浮现，但政府似乎没有要推行全面福利政策的计划。[②] 虽然 2008 年社会保障体系双轨制成功覆盖所有居民，但除此之外，澳门政府没有提及任何其他社会保障措施。例如，在 2010 年澳门政府施政报告中，政府只简单提到要"施行短期民生措施，应付后金融危机时代影响"。行政长官崔世安强调"政府需要清楚分析公共政策的施行如何平衡公民的权利和责任、长期积累和短期分享、以及市场主体间的关系"。[③] 从上述论调可见，澳门的福利体系在近期内不会有太大改变。

最近的相关研究也指出，尽管社会保障需求不断增长，但是澳门政府

[①]《社福规划，政府没承担》，《苹果日报》2010 年 5 月 23 日，http://www.orientaldaily.on.cc/cnt/news/20100523/00176_014.html。

[②] 邓玉华：《澳门社会保障事业》，载郝雨凡等主编《澳门经济社会发展报告（2008～2009）》，社会科学文献出版社，2009，第 171～188 页。

[③] Chui, Sai-On, *Policy Address for Fiscal Year 2010*（Macau: Macau SAR Government, 2010）.

仍无意改变其社会福利模式。虽然澳门政府在金融危机中不定时地发放礼券和现金以"取悦"居民，但似乎这些短期措施并不成功，社会不满仍然日益增加。例如，深受经济结构调整和金融危机影响，面对所得不均加剧、经济增长不稳等一系列社会问题，五一劳动节游行示威最终升级为社会动乱，可见澳门社会已经深深埋下了社会动荡的种子。[1] 经过对全球化批判性的反思，Standing认为一个高度不平等的资本主义世界正在酝酿一个缺乏社会保护的"危险阶层"（dangerous class），而这样的发展可能会给政治经济稳定带来潜在威胁。遵循这一逻辑，本章致力于探讨，在因应快速社会经济、政治和福利变迁之时，东亚福利国家的"调试"（adaption）能在多大程度上继续维持其福利体制，同样香港和澳门特区政府是否仍在维持其福利体制现状。

值得我们留意的是，近年来有关跨国研究突出了社会分配状况、政治制度和管治素质对人民主观评估福祉的影响。经济不平等愈高，民众主观福祉愈低，欧洲比美国更为显著。公平感愈高，主观福祉亦愈高，因为公平感反映了民众对自己是否得到公平和合理回报的判断[2]；此外，民主政治、善用政治权利和公民自由等指标均与人民主观福祉呈正相关关系。良好管治则能显著提升民众的主观福祉。如此看来，港澳两地人民生活在一个被认为不公平和发展失衡的环境中，甚至已经出现"仇富，敌富"等社会事件，政府必须在上述各方面进行改革以使民众主观福祉指数提升，否则将导致社会不稳定。[3]

本章检视了香港和澳门这两个特别行政区的福利政策和社会政策的转变，明确指出在全球经济一体化的背景下，两地为了应对经济社会急剧转型带来的社会发展问题所采取的一些措施和手法。在面对快速经济发展和同样快速的贫富分化状况下，香港和澳门以及中国内地的社会发展似

---

[1] Wong, Chack Kie, "Squaring the Welfare Circle in Hong Kong: Lessons for Governance in Social Policy", *Asian Survey* 48（2008）：323 – 342；Consultant Team, *Research of Social Development and Social Indicators in Macau*, The Government of the Macau SAR., 2010.

[2] Liao, P. S., Fu, Y. C and Yi, C. C., "Perceived Quality of Life in Taiwan and Hongkong: An Intra Culture Comparison", *Journal of Happiness Studies* 6（2005）：43 – 67.

[3] Ott, J. C, "Good Governance and Happiness in Nation: Technical Guality Precede Democracy and Quality Beats Size", *Journal of Happiness Studies* 11（2010）：353 – 368.

乎走到了一个十字路口，不少专家学者都倡导对现行社会政策和福利制度进行变革。但在变革主张中出现不少分歧，主要争论仍聚焦于政府和市场的二元争论。政府论者强调福利领域的过度市场化会导致贫富分化等种种社会问题，强调政府责任，强调恢复"政府主导"（bringing the state back in）。市场论者则认为目前经济及社会发展不平衡，是由市场化不够彻底以及行政管控的路径依赖造成的，因此现在的改革应该是以"市场主导"。

上述政府和市场之间的争论，把当前香港和澳门面对的社会问题的解决方案变得过分简单化，我们要问的是：福利及社会政策的提供是否只能在市场和政府之间选择？彭华民就曾指出，"当我们深入社会福利制度发展的历史脉络，解读社会政策理论家的思考时就会发现，按照国家和市场的作用关系来划分社会政策理论不能深入描述社会政策理论的本质"。① 这种"二元对立"的论述，在现今复杂的经济、政治及社会发展状况下是站不住脚的。

因此，我们应更加系统地分析市场与政府之间的角色，并引入社会上不同的参与者，尽量发挥不同社会组织的力量，以达致市场、政府及社会的有机结合，各尽所长，各司其职，各尽所能，各执其责。我们要在推行社会政策和福利措施时，分清市场、政府及社会应扮演什么样的角色。在以下不同治理（governance）活动中，弄清楚谁是最好的角色扮演者，做好具体分工，厘清三者之间的关系、角色和权责，将有助于推动福利政策：

（a）Provision（供经者角色）

（b）Financing（财政提供者角色）

（c）Regulation（规范操控角色）

我们在探索市场、政府及社会（民间）对上述不同领域的权责及角色分工时，不要误以为每个领域只由一个参与者单独担岗。面对全球化复杂多变的局面，在不同的社会发展阶段，社会需要结构必然不同，所以福利制度的具体内容也不同。这就需要厘清上述有关政府、市场及社会

---

① 彭华民：《社会福利与需要满足》，社会科学文献出版社，2008。

（民间）等不同参与者的角色和权责，以协同力量扩展社会福利事业和社会政策。这种关系重整就如罗斯所倡导的"福利三角"理论，又引证吉登斯近年倡导的"第三条道路"[①]，形成政府、商业部门、志愿组织、非正规部门共同提供社会福利的多元主义。

六 结语

我们在因应社会经济变迁和满足人们不断提升的福利期望之时，将香港和澳门的个案分析置于"生产型福利资本主义"可持续性和实施"利贫增长"的背景下去探讨，可以发现，香港和澳门特区政府现有的社会发展政策和福利策略无法满足日益复杂的和不断增长的社会福利需求，因而两个政府应当全面审视并妥善调整。两个政府并非由直选而来，其政治体制合法性的基础就在于，政府所实施的政策能否获得民众支持。可见，政权合法性的挑战不可避免。面对失业率的增加，收入不均的加剧和经济结构调整带来的种种社会和经济问题，再加上"公民社会的兴起"，特区政府最终都需要重新反思自身的政策和策略，通过社会发展政策和福利策略改革以维护政权体制。

[①] 吉登斯·安东尼：《第三条道路：社会民主主义的复兴》，北京大学出版社，2000；吉登斯·安东尼：《超越左与右：激进政治的未来》，社会科学文献出版社，2009。

第十二章 生产型福利资本主义还能持续吗？

——经济社会变迁与香港社会福利重构的研究

近些年，人们对东亚社会政策的研究兴趣与日俱增。这种兴趣的激增带来了对社会和个人服务的深入研究和比较研究。在后工业社会时期，经济转型和社会变革往往会带来重大的变化。社会日益全球化和复杂化，传统社会解体等变化都给某些社会群体（如失业人员、低技术工人、老人、抚养子女的单亲父母）带来了巨大困难。[①] 急剧的社会经济变化和人口结构的变动也会导致公共服务需求增长，但与此同时，满足这种日益增长需求的资源却是有限的。政府纷纷采取公共服务私有化和外包化，严格设定资格标准，启动私营社会服务（如卫生医疗服务）和退休保障计划等措施来限制社会服务的公共开支。但这些经济和社会改革可能使贫富差距进一步扩大，造成社会两极分化。

最近，一些学者提出有必要探讨东亚福利模式（一种在东亚既独特又具有相似性的社会福利模式）是否依然有效。但另一些学者则怀疑这种探讨的必要性。[②] 本章就是在这样的理论背景下，批判性地检视1997

[①] Holzmann R. and S. Jorgensen, "Social Risk Management: A New Conceptual Framework for Social Protection, and Beyond", *International Tax and Public Finance* 8 (2001): 529 – 556; Taylor-Gooby, P., *New Risks, New Welfare: The Transformation of the European Welfare State* (Oxford: Oxford University Press, 2004).

[②] Holliday, I., "East Asian Social Policy in the Wake of the Financial Crisis: Farewell to Productivism?", *Policy and Politics* 33 (2005): 145 – 162; Lee, E. W. Y., "The Renegotiation of the Social Pact in Hong Kong: Economic Globalisation, Socioeconomic （转下页注）

年亚洲金融危机背景下香港社会政策体制的变革和挑战,并特别探讨分析了目前香港政府采取的福利模式是否依然具有适用性,或是说"生产型福利资本主义"对于平衡香港经济增长和社会政策发展是否仍然有效。

一 从补缺型福利到生产型福利

香港社会政策的发展和滞后与英国殖民政府统治下社会、政治和经济力量的复杂及相互作用密不可分。[1] 当时的英国殖民政府奉行自由放任主义,采取积极不干预的原则。但是,奉行自由放任政策,并不意味着政府在社会和经济领域中不作为。在回归前,政府扮演市场推动者的角色,通过建设公共基础设施促进经济增长。[2] 为进一步促进经济繁荣和维护社会稳定,政府也提供了一些社会服务,以帮助那些在市场竞争中失利的群体减轻负担。但研究社会福利和社会政策的学者们认为,殖民时期政府发展社会福利的出发点很明显是促进殖民地经济的发展,而不是居民的社会福祉。事实上,在殖民时期,香港社会福利体系发展的一个最主要的后果就是推动了香港经济的发展。社会服务/社会福利的从属性角色跟政府与工商界的"社会福利只是经济发展的附属物"的理念是分不开的。虽然英国殖民政府在 20 世纪 80 年代和 90 年代开始在香港发展社会服务,社会政策或社会福利也得到相应的发展,但这很大程度上是有赖于香港经济的

(接上页注②) Change, and Local Politics", *Journal of Social Policy* 34 (2005): 293 – 310; Wilding, P., "Is the East Asian Welfare Model Still Productive?", *Journal of Asian Public Policy* 1 (2008): 18 – 31.

[1] Chow, N., "The Making of Social Policy in Hong Kong: Social Welfare Development in the 1980s and 1990s", *The East Asian Welfare Model: Welfare Orientalism and the State*, eds. by Goodman, R. et al. (London: Routledge, 1998), 159 – 174; Wilding, P., "Social Policy and Social Development in Hong Kong", *Asian Journal of Public Administration* 19 (1997): 244 – 275; Wilding, P., "Exploring the East Asian Welfare Model", *Public Administration and Policy* 9 (2000): 71 – 82.

[2] Mok, K. H., "Varieties of Regulatory Regimes in Asia: The Liberalization of Higher Education Market and Changing Governance in Hong Kong, Singapore and Malaysia", *Pacific Review* 21 (2008): 147 – 170.

增长。① 尽管政府强化了其在社会福利提供中的角色，但家庭、市场及志愿机构仍然是提供社会福利的主体，它们在满足居民个人福利需求方面依然起主要作用。出于对经济增长"滴漏效应"（trickle down effects）的相信或信仰，只有当传统组织（比如家庭）的福利服务不能满足居民的需求时，英国殖民政府才会向他们提供公共救助，只把公共救助作为居民最后的保障。

1997年，香港特别行政区成立，但香港政府并没更改社会福利的基本理念。根据基本法第107条，特区政府在拟定财政预算时，应力求收支平衡，避免赤字，并与本地生产总值（GDP）增长速度相称。② 近年来，虽然香港政府在社会福利方面的支出总额逐步增加，但是支出增长的幅度并不大（见表12-1）。从近年来香港社会福利系数一直维持在2.5%左

表12-1 香港近五年社会福利相关项目支出水平

财政年度	社会福利支出总额（百万港元）	年度变动率（%）	GDP（百万港元）	福利系数（%）	综援支出（百万港元）	公共福利金支出（百万港元）	伤残支出（百万港元）	高龄津贴（百万港元）
2005~2006	33262	-0.07	1382590	2.41	17766.2	5339	1633	3706
2006~2007	33540	0.84	1475357	2.27	17637.7	5516	1718	3799
2007~2008	34868	4.0	1615455	2.16	18044.6	6027	1924	4102
2008~2009	39248	12.56	1675315	2.34	18613.4	8796	2381	6415
2009~2010	40958	4.36	1632284	2.51	19028.2	8851	2531	6320
2010~2011	37577	-9.25	1742858	2.16	18493.3	9062.4	2613.4	6449.0

注：(1) 本表中的"社会福利"是香港特别行政区政府财政统计中支出组别划分中的"社会福利"概念。
(2) 表中"年度变动率"是指社会福利支出总额与上一年数据相比的增长情况。
(3) 表中"福利系数"是指社会福利支出总额占当年GDP的比例。
资料来源：香港特别行政区政府统计处《香港统计年刊》，政府印务局。

---

① McLaughlin, E., "Hong Kong: A Residual Welfare Regime", *Comparing Welfare States: Britain in International Context*, eds. by Cochrane, A. and J. Clarke (London: Sage Publications, 1993); Tang, K. L., Social Welfare Development in Asia (Boston: Kluwer Academic, 2000); Tang, K. L. and R. M. H. Ngan, "China: Social Security in the Context of Rapid Economic Growth", *Social Security, the Economy and Development*, eds. by Midgley, J. and K. L. Tang (New York: Palgrave Macmillan, 2008).
② Mok, K. H. and K. W. Lau, "Changing Government Role for Socio-economic Development in Hong Kong in the Twenty-first Century", *Policy Studies* 23 (2002): 107-124.

右可以看出，香港社会福利支出总额的小幅增加是 GDP 缓慢增长的结果。像其他东亚和东南亚国家或地区一样，香港政府领导人一直自豪地宣称，他们不需要"福利国家"。① 基于"小政府，大社会"的执政理念，特区政府坚持认为，政府的主要作用是促进经济增长，创造有利的经商环境。他们也坚信经济增长的"滴漏效应"。②

从概念化的角度去考察东亚社会福利发展模式或社会政策体系最早始于 Goodman 等人撰写的《东亚福利模式》（1998）一书。书中第一次对这些社会福利体系的共同特质进行了探讨。通过对比东亚地区的各种福利制度，作者对这种福利模式提出质疑。他们认为，"想在一个同质性的总体中去思考'东亚福利模式'，是一种误导"。③ 此后，探讨持续进行，其中一些学者认为"东亚福利模式"的概念有其作用④，而另一些学者却持相反看法⑤。为了回应对该模式的质疑，一些学者进行了一系列旨在确定经济快速增长下的东亚国家的社会政策体系相似性的研究，如 Jones 的"儒家主义"福利国家。⑥ 参考和借鉴了 Esping-Andersen 的《福利资本主义的三个世界》一书的理论，以及通过研究亚洲社会政策体系模型，Holliday 提出"生产型福利资本主义"的概念，并以此来定义东亚的社会

---

① Chow, W. S., "New Economy and New Social Policy in East and Southeast Asian Compact, Mature Economics: The Case of Hong Kong", *Social Policy and Administration* 37 (2003): 411-422.

② 曾荫权：《打好我的这份工》，香港特别行政区行政长官就职演说，2007。

③ Goodman, R. et al., *The East Asian Welfare Model: Welfare Orientalism and the State* (London: Routledge, 1998), 14.

④ Gough, I., "East Asia: The Limits of Productivist Regimes", *Wood Insecurity and Welfare Regimes in Asia, Africa and Latin America*, eds. by Gough, I. and G. (Cambridge: Cambridge University Press, 2004), 169-201; Holliday, I., "Productivist Welfare Capitalism: Social Policy in East Asia", *Political Studies* 4 (2000): 706-723; Holliday, I., "East Asian Social Policy in the Wake of the Financial Crisis: Farewell to Productivism?", *Policy and Politics* 1 (2005): 145-162; Holliday, I. and P. Wilding, "Welfare Capitalism in the Tiger Economics of East and Southeast Asia", *Welfare Capitalism in East Asia: Social Policy in the Tiger Economies*, eds. by Holiday, I. and P. Wilding (London: Palgrave Macmillan, 2003), 1-17.

⑤ Goodman, R. et al., *The East Asian Welfare Model: Welfare Orientalism and the State* (London: Routledge, 1998); Ramesh, M., *Social Policy in East and Southeast Asia* (London: Palgrave, 2004).

⑥ Jones, C., "The Pacific Challenge: Confucian Welfare States", *New Perspectives on the Welfare State in Europe* (London: Routledge, 1993), 198-220.

政策和社会福利。生产主义的核心理念是社会政策对经济增长起关键作用。Holliday 认为，生产型社会政策依附于政府的"专注于经济增长和法制政治"的思想。①

与 Holliday "给予社会政策某些自主权，从而使其成为塑造社会秩序的力量之一"的理念不同，生产主义体系不允许这种力量；相反，经济目标是最核心的，并为整个社会服务。福利国家部分地或全部地由它们的社会政策决定，这是它们文明的独特标志之一；而生产主义国家是由其经济政策决定的。对于它们来说，"其余部分是附属性的"。② Holliday 认为，生产主义并不一定意味着最简的社会政策。在生产型社会里，社会政策也起着重要作用，以保证为经济发展随时提供合适的劳动者，进而保障社会政治安全及劳动力市场的顺利运作。③ Gough 也同样认为，生产主义体制的重心在社会投资，而不是社会保障。④ Kwon 和 Holliday 更加明确地指出，"实际层面上的社会政策措施和手段可以形成不同的国家形式"。事实上，在这一核心问题上，生产主义也允许少许的自由和保守的变形，并认为这可以寻求独特的生产主义发展路径。其所坚持和强调的只是："经济增长是社会的总体目标和经济政策的首要重心。"⑤ 最近，Cheung 认为"东亚社会政策的实施已显示了其连续性和稳健性。"⑥ 在历史上，一些公共服务并不是因为任何根深蒂固的社会价值观念而被发展，而是作为社会发展议程和相关政治目标的有利补充。福利条款的引入大都并非出于福利

---

① Holliday, I., "East Asian Social Policy in the Wake of the Financial Crisis: Farewell to Productivism?", *Policy and Politics* 33 (2005): 148.
② Holliday, I., "East Asian Social Policy in the Wake of the Financial Crisis: Farewell to Productivism?", *Policy and Politics* 33 (2005): 148.
③ Holliday, I., "East Asian Social Policy in the Wake of the Financial Crisis: Farewell to Productivism?", *Policy and Politics* 33 (2005): 148.
④ Gough, I., "East Asia: The Limits of Productivist Regimes", *Insecurity and Welfare Regimes in Asia, Africa and Latin America*, eds. by Gough, I. and G. Wood (Cambridge: Cambridge University Press, 2004), 190.
⑤ Kwon, S. and I. Holliday, "The Korean Welfare State: A Paradox of Expansion in An Era of Globalization and Economic Crisis", *International Journal of Social Welfare* 16 (2007): 243.
⑥ Cheung, A. B. L., "Interpreting East Asian Social policy Development: Paradigm Shifts or Policy 'Steadiness'?", *Changing Governance and Public Policy in East Asia*, eds. by Mok, K. H. and R. Forrest (London: Routledge, 2009), 25.

意识形态的考虑，而是在社会发展规划下，财政和经济驱动的结果。这种情况下，经济放缓和衰退可能就会导致社会福利的临时调整，但这种调整依然是基于相同的逻辑。发展论仍是东亚公共政策的话语基础"。

与东亚其他新兴的工业经济体一样，香港已成为"生产型福利资本主义"的实践代表。历史也似乎表明在1997年亚洲金融危机前，"生产主义"在社会政策供给方面确实有效。然而，1997年后急剧的社会转型和经济重组对现行的"生产型福利资本主义"形成挑战。更重要的是，这些东亚国家也不可避免地受到日益增强的全球化的影响，特别是它们时刻处于专制主义和新殖民政府实施的新自由主义意识形态的阴影之下。[1]

香港亚太研究所于1997年以后对香港居民的社会福利需求和期望进行了调查。研究者将社会福利分解为五项指标：老人福利、公共房屋、公共医疗、综援及教育机会。调查结果显示，认为老人福利和公共房屋较不足[2]的受访者分别高达64.7%和62.1%，对公共住房福利的评价中，年龄小或年龄大、低学历、低收入及非专业的人群更倾向于感觉到不足；认为公共医疗和综援较不足够的受访者也达到44.5%和42.7%；而受访者对香港的教育机会总体上感到满意，表示较不足够的比例只有18.4%。调查说明，除了教育机会，香港政府提供老人福利、公共房屋、综援、公共医疗这四方面的福利均不能满足居民的福利需求和期望。[3]

社会福利的供给不足和分配不均影响到社会的凝聚力。因为社会的凝聚力取决于各种政策能否确保"群体内每一个人都能有获得平等的机会，去满足他们的基本需要，改善其自身，保护其法定权利，维护其社会尊严和信心"。[4]怎样在福利重构和经济发展中取得平衡，以加强社会中不同

---

[1] Walker, A. and C. K. Wong, *East Asian Welfare Regimes in Transition* (Bristol: Policy Press, 2005), 219.

[2] "较不足够"的比例数值是调查中"非常不足够"和"不足够"这两个选项数值的相加值，下同。

[3] 王卓祺、王家英：《香港社会福利状况评估：自求多福心态面临挑战》，香港中文大学，1998。

[4] Council of Europe, "Promoting the Policy Debate on Social Cohesion from a Comparative Perspective", *Trends in Social Cohesion*, No.1 (Germany: Council of Europe, 2001), 5.

个人及组织的凝聚力,如社会的稳定团结,贫富差距缩小,社区或家庭的信任与合作,这是一个两难的问题。① 就在这样的理论框架下,本章主要探讨香港社会福利如何重构以回应 1997 年亚洲金融危机及日益加剧的经济全球化带来的影响。

二 香港社会经济的变迁及其影响

(一) 就业保障缺失

经过 30 年的经济持续快速增长后,在 20 世纪 90 年代末,香港经济开始遇到困难。一方面是受亚洲金融危机的影响,另一方面则是经济转变及面对内地城市及周边地区激烈竞争的结果。始于 1997 年的经济衰退造成了失业人员、在职贫穷者、低收入家庭数量的增加,香港的收入差距也逐渐拉大。此外,家庭规模的缩小以及核心家庭、离异家庭、分居家庭数量的增加,这些都削弱了家庭通过经济和相互支持去照顾家庭成员的能力。

在过去的 10 年左右,香港经济已发展成为一种严重依赖服务业的经济。20 世纪 70 年代末以来,香港的制造业已开始失去竞争力,特别是大部分驻港企业转移至中国内地运营。② 根据《香港统计年刊》的数据,香港从事制造业的人数已大幅下降,从 1991 年的 629170 人下降到 2007 年的 156035 人。而从事金融、保险、地产及商用服务业的人数却稳步增长,

---

① Chan, J. et al., "Reconsidering Social Cohesion: Developing a Definition and Analytical Framework for Empirical Research", *Social Indicators Research* 75 (2006): 273 – 302; Colletta, N. J. et al., "Social Cohesion in Southeast Asia: From Economic Miracle to Social Crisis", *Social Cohesion and Conflict Prevention in Asia: Managing Diversity through Development*, eds. by Colletta, N. J. et al. (Washington, D. C.: The World Bank, 2001); Forrest, R. and A. Kearns, "Social Cohesion, Social Capital and the Neighbourhood", *Urban Studies* 38 (2001): 2125 – 2143.

② 香港制造业的衰落可以归因于中国内地 1979 年以后的经济体制改革。内地经济体制改革为外国投资者提供了大量的劳动力和办厂场所。低廉的生产成本使很多香港的投资者将工厂搬迁到内地。此外,开放政策实施后,从内地到香港的游客日益增多,这在客观上促进了香港服务业的发展。

从1991年的295866人上升到2007年的517277人。此外，制造业占国内生产总值的比重也显著下降，从1991年的21.8%下降至1996年的14.9%，到2009年更是降至1.8%。然而，第三产业对国内生产总值的贡献却在稳步增长，从1991年的72.3%上升至1996年的80.7%再到2009年的92.6%。鉴于这种趋势，"去工业化"和"再商品化"的双重进程已在香港经济中逐步形成，其特点是"持续从工业中撤离，同时扩展第三产业"。① 因此，随着金融服务、法律服务、会计和审计服务的发展，专业人员和经营管理人员的数量在增长。而传统制造业衰退，并导致了低技术、低薪、非全职工作人员数量的增长。②

香港除了20世纪90年代中期面临急剧经济转型外，1997年10月的亚洲金融风暴也严重地阻碍了其经济高速增长。香港受到经济危机的严重影响，国内生产总值增长率从1991年的14.8%下降至1998年的-4.8%，而人均国内生产总值增长率从13.8%下降至-5.8%。毫无疑问，经济衰退致使公司纷纷倒闭，并带来了高失业率，香港的失业率从1991年的1.8%显著地上升到1998年的4.7%。同时，在领取综援（CSSA）③的群体中，失业人员所占的比例也从1994年开始明显扩大。正如Islam和Chowdhury所言，"金融危机从两个方面对低收入家庭产生不利影响：物价上升导致其实际收入和消费减少，以及失业"。④

---

① Ng, S. H. and C. Y. W. Poon, "Behind Business Restructuring: Hong Kong's Restructuring Economy and Society", *Business Restructuring in Hong Kong: Strengths and Limits of Post-industrial Capitalism*, eds. by Ng, S. H. and C. Y. W. Poon (New York: Oxford University Press, 2004), 20.

② Chan, R. K. H., "Community Economic Development: Applications and Limitations in Hong Kong", *International Social Work* 49 (2006): 483 – 493; Ng, S. H. and C. Y. W. Poon, "Behind Business Restructuring: Hong Kong's Restructuring Economy and Society", *Business Restructuring in Hong Kong: Strengths and Limits of Post-industrial Capitalism*, eds. by Ng, S. H. and C. Y. W. Poon (New York: Oxford University Press, 2004); Ngan, R., "Economic Crisis and Social Development in Hong Kong Since 1997", *The Journal of Comparative Asian Development* 1 (2002): 263 – 283.

③ 综合社会保障援助计划（CSSA），是通过家计审查，为那些经济不能自给的人群提供一个安全保障。这项计划的目的是提高这些人群或家庭的收入，使其达到一定水平，进而满足其基本需求。

④ Islam, I. and A. Chowdhury, *The Political Economy of East Asia: Post-crisis Debates* (New York: Oxford University Press, 2000), 200.

更严重的是，非典型肺炎（SARS）的蔓延进一步阻碍了香港与亚洲其他国家或地区的经济发展，其国内生产总值增长率从2001年的-1.2%下降至2003年的-3.4%。为增强竞争力，提高生产效率，公司通过削减员工数量和慎重录用新员工来压缩用工规模。公司的这些行为进一步提高了香港的失业率，使其在2003年达到了7.9%。《综合住户统计调查季度报告》的数据显示，绝大多数失业人员都是年轻人或40岁以上人士。失业青年的典型特征是低学历，没有太多工作经验。而那些40岁以上的失业人士也大都是无技术或半技术的低学历工人。毫无疑问，一旦下岗或失业，他们就很难再找到另一份工作。根据《香港统计年刊》的数据，在经济衰退中，"建筑""制造"及"批发、零售、进出贸易，饮食及酒店业"等行业的工人更容易失业。

表 12-2 香港低收入家庭

单位：%

	1996年	1997年	1998年	1999年	2000年	2001年	2002年	2003年	2004年	2005年
0~14岁儿童群体在低收入家庭的比例	22.8	23.7	26.2	22.9	25.9	25.4	25.5	24.4	24.3	25.0
15~25岁年轻群体在低收入家庭的比例	11.5	12.3	15.0	15.5	17.2	16.4	17.4	17.3	17.4	18.1
成人群体在低收入家庭的比例	11.3	11.7	13.5	12.9	13.5	13.3	13.4	13.3	12.9	13.1
65岁以上群体在低收入家庭的比例	26.9	28.0	34.2	33.9	34.5	33.7	32.6	30.4	30.4	31.5
低收入家庭的比例	15.0	15.6	18.1	17.2	18.3	18.0	18.0	17.5	17.2	17.7

注：低收入家庭是指家庭月收入少于或等于相似规模家庭的收入中位数的一半的那些家庭。
资料来源：香港社会服务联会。

（二）在职贫穷加剧

我们看到，有工作的在职人员也遭遇薪水下降或工作时间延长等问题，尤其是那些低技术和低学历的人员。那些低学历和低工作技能的下岗工人只能找到一些兼职或临时的低薪工作，长期收入微薄。① 《在职贫穷报告》再次表明，由于大量低薪工作的存在，依附于劳动力市场的福利体系并不能确保人们脱离贫困。2005年第二季度，香港有74100人月收入低于5000港币（641美元②），而在1998年仅为37900人。在同期，月收入低于3000港币（385美元）的人数从17000人增加至39100人。③ 在2005年，香港社会服务联会估计有17.7%的低收入家庭每月家庭收入少于或等于相似规模家庭的收入中位数的一半，在1996年这一比例是15.0%，在2001年则是18%（见表12-2）。根据《香港统计年刊》，20世纪90年代中期以来，接受综援的单亲家庭中，低收入及失业人群的比例持续上升。在1998年和2003年，这三类受助人群的数量大幅上升。接受综援的家庭的比例从1991年的4.6%增至1997年的10.2%，在2009年更上升至12.5%（见表12-3）。这些数据清楚地显示低技术、低学历的工人在1997年后香港经济转型和经济衰退过程中所遭受到的影响。令人担心的是，由于经济全球化的影响，专业人员的需求日益增加，而低技术、低学历的人群被边缘化，贫富差距进一步扩大。④ 即使近年香港经济有所复苏，但劳动力市场能提供的工种仍不能完善地解决低收入及低学历阶层的就业问题。最近几年来香港的就业不足率和失业率虽然有些波动，但总体来讲目前仍分别维持在2.5%和5%左右（见表12-4）。

---

① 香港立法会的研究有关灭贫事宜小组委员会：《有关在职贫穷的报告》，立法会CB（2）1002/05-06号文件，2006；Chan, R. K. H., "Community Economic Development: Applications and Limitations in Hong Kong", *International Social Work* 49（2006）: 483-493; Ng, S. H. and C. Y. W. Poon, "Behind Business Restructuring: Hong Kong's Restructuring Economy and Society", *Business Restructuring in Hong Kong: Strengths and Limits of Post-industrial Capitalism*, eds. by Ng, S. H. and C. Y. W. Poon（New York: Oxford University Press, 2004）; Ngan, R., "Economic Crisis and Social Development in Hong Kong Since 1997", *The Journal of Comparative Asian Development* 1（2002）: 263-283.
② 1美元约等于7.8港币。
③ 香港立法会的研究有关灭贫事宜小组委员会：《有关在职贫穷的报告》，立法会CB（2）1002/05-06号文件，2006。
④ World Bank, *East Asia and Pacific Update: Ten Years After the Crisis*（Washington, D. C.: The World Bank, 2007）.

表12-3 接受综合社会保障援助的家庭

年份	综援个案(户)	总家庭数(户)	接受综援的家庭比例(%)
1991	72969	1582200	4.60
1997	195645	1922800	10.20
2005	297434	2278600	13.10
2006	294204	2220900	13.20
2007	285773	2247100	12.70
2008	289469	2277400	12.70
2009	287822	2311600	12.50

资料来源：香港特别行政区政府统计处《香港统计年刊》，政府印务局。

表12-4 香港近五年的失业率和就业不足率

单位：%

	2005年	2006年	2007年	2008年	2009年	2010年
失业率	5.6	4.8	4.0	3.6	5.4	4.4
就业不足率	2.7	2.4	2.2	1.9	2.3	2.0

资料来源：香港特别行政区政府统计处《香港统计年刊》，政府印务局。

（三）老年人护理需求增长

除了经济转型、亚洲金融危机以及非典型肺炎的影响外，社会和人口的变化也显著地改变了香港的社会结构和市民的社会经济生活。随着生育率降低和人均寿命的增加，香港已面临人口老龄化问题。官方统计数字显示，香港老年人（60岁及以上）的比例预计将从2006年中期的12%增加至2036年中期的26%。同时，0~14岁人口比例也将减少，预计将从2006年中期的14%减至2036年中期的12%。[①] 这意味着在未来能供养父母的年轻人越来越少。图12-1清楚地显示了香港与邻近地区相比，老年人口的增加将不可避免地造成额外的福利负担。而图12-2则显示老年人口增加将造成香港社会长远倚赖人口数量的增长。

---

① 香港特别行政区政府统计处：《香港人口推算2007~2036》，政府印务局，2007。

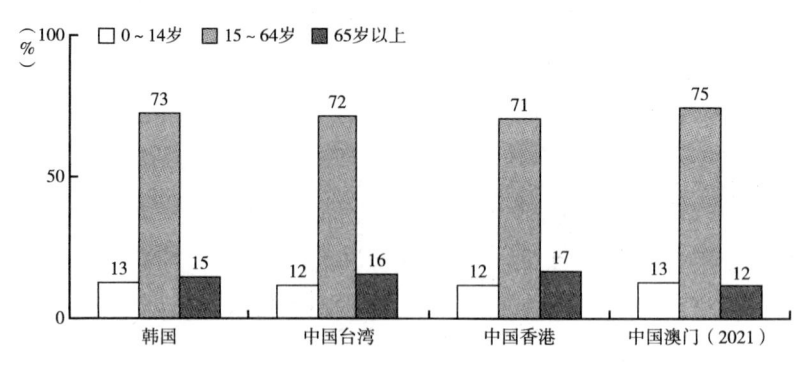

图 12-1　2019 年东亚四地老龄人口预测

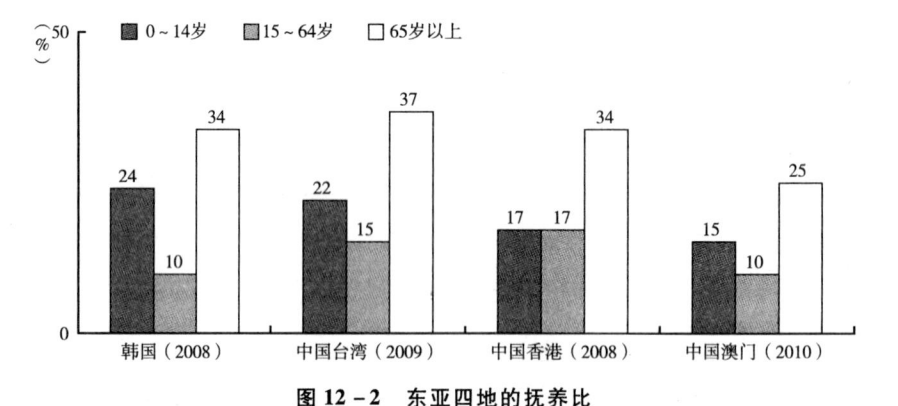

图 12-2　东亚四地的抚养比

数据来源：DGBAS, R. O. C., *Yearbook 2009*, 2009; Statistics and Census Service, Macao SAR Government, *Population Estimate of Macao*, 2010; World Bank, *World Development Indicators 2010*, 2010。

由香港教育学院文理学院、教院学生会、青年智库 Roundtable Community 和圆思顾问公司联合进行的一项关于香港青年供养父母的调查结果显示，虽然几乎所有的受访青年都认同"子女应该供养父母"（98.2%），但只有 45.7% 的受访青年"现时有供养父母"，而在未供养父母的原因中，"没有收入/仍在读书"（39.7%）和"收入有限"（14.5%）分别居于前两位。在有供养父母的青年当中，近六成（60.4%）表示他们平均每月会花 3000 港币或以上供养父母，并且有大约一半的受访青年表示供养父母有较大的压力。① 显然，虽然香港年轻人

---

① 香港教育学院文理学院：《香港青年供养父母的情况调查》，http://www.hkied.edu.hk/web/news.php? id = 20110315, 2011。

有供养父母尽孝道的意愿，但由于通胀升温、经济发展前景不稳定、年轻人发展前途和稳定收入不可预知等因素的影响，年轻人持续供养父母的能力受到很大限制，期待年轻人继续维持供养父母或许变得不符合实际。此外，老年人口的增长要求更多的社会医疗保健服务。而且，离婚和分居家庭数量的不断攀升，以及小家庭和核心家庭趋势的不断加强，无疑削弱了家庭履行尽孝义务的能力，增加了对养老服务体系的需求。

香港以前还从未对老年人施行全面退休保障计划。虽然从 2000 年开始香港实施了强制性公积金计划，但对那些已经退休或即将退休的人来说，他们享受不到该计划的任何好处。这就能解释为什么香港大约有 1/365 岁及以上的老年人属于低收入住户（见表 12－2）。《香港统计年刊》的数据表明，庞大的老年综援群体面临经济困难，他们急需政府的支持和援助。最近一个对捡破烂老人的需求的研究表明，一些低收入家庭的老年人（60 岁及以上）必须依靠捡拾报纸、纸箱和饮料罐等来补充家庭收入。研究还表明，一些女性年轻时把精力和时间花在照顾家庭成员上，她们担任家庭主妇且未正式就业，但年老后她们既不能得到足够的家庭经济支持，也没得到相关的职业退休保障。[1] 女性更容易受到贫困的威胁，因为她们更长寿，但却得不到任何免费救助及与就业挂钩的退休保障计划保护。[2] 老龄人口的不断增加导致对医疗服务的需求加大，也加重了综援对象以外的老人的经济负担。

（四）儿童贫困令人担忧

家庭结构的改变也弱化了传统的大家庭所承载的"抚养"功能。从 20 世纪 90 年代开始，香港的离婚率就不断上升，1997 年以后离婚率上升的速度更快。[3] 此外，在接受综援的群体中，需抚养子女的单亲家庭比例

---

[1] 香港社会服务联会：《香港拾荒长者研究》，http：//www.hkcss.org.hk/pra/Press/scavenger_PressConf_ 070305（10am）.ppt，2007。

[2] Tang K. L., "Policy Deficiencies and Hong Kong's Mandatory Provident Fund：Security for Retirement or Road Map to Disaster?", *Journal of Societal and Social Policy* 4（2005）：19－36.

[3] 自 1997 年以来，以下几个主要因素使香港离婚率明显上升：首先，香港回归以及 1989 年政治风波所带来的政治不确定性促进香港中产阶级掀起一场大规模的移民运动，许多夫妇不得不在香港和其他国家（如加拿大和美国）之间长期分隔两地，这弱化了（转下页注）

从1991年的5.8%上升到2005年的13.3%。此类单亲家庭，无论是单亲母亲还是单亲父亲，都因抚养责任而较难获得全职的工作，由此更容易遭受经济困难。自20世纪90年代中叶以来，香港至少有1/5的14岁以下儿童生活在低收入家庭中（见表12-2）。低收入家庭儿童不仅被剥夺了经济权利，而且在基本的社会服务及社会活动中也受到排斥。①香港儿童的贫困问题引发了越来越多的社会关注。低收入家庭的儿童被剥夺了成长和个人发展中本应享有的诸如使用信息技术（IT）、使用丰富的互联网资源、参加课外活动和接受付费培训等一系列平等的社会权利。② 研究减贫事宜小组委员会也意识到低收入家庭儿童受到的负面影响，并强调，"由于无法支付这些既定的费用，贫困工薪家庭将无法参加社会活动，接受培训，或参加一些自我强化的项目。这些家庭的子女同样也将无法参加一些需要付费的学校课外活动。长此以往，这些家庭将被主流社会边缘化，失去提升职业技能和更多提高生活水平的机会。社会的边缘化将导致此类家庭及其子女变得愈加难以摆脱世代贫困的命运"。③

从前文的描述我们可以看出，巨大的经济衰退和社会转型使香港社会承受了负面的经济和社会影响；并且，近期的经济复苏并未能给各行各业的人们带来生活水准或生活条件的改善，而近年来的经济转型还严重加剧了香港社会收入差距的扩大。一小部分人受到了经济复苏带来的惠泽，而大多数低收入家庭仍然继续在低保线上挣扎。正如世界银行所言，"不断增强的全球一体化趋势提高了对熟练劳工的需求，特别是在外商直接投资

（接上页注③）家庭关系。其次，跨越香港和大陆两地的婚姻数量持续增长，与此同时，"每日允许150名居民单次往返"的政策强化了具有不同生活习惯和期望值的夫妇间的关系。最后，由经济转型所引发的经济困难（如大量的失业者和低收入者涌现）也是造成家庭关系破裂的重要因素。

① Midgley, J. and K. L. Tang, "Social Policy, Economic Growth and Developmental Welfare", *International Journal of Social Welfare* 10 (2001): 244 - 252; Pantazis, C., D. Gordon and R. Levitas, *Poverty and Social Exclusion in Britain: The Millennium Survey* (Bristol: Policy Press, 2006).
② 《香港经济日报》2007年6月19日。
③ 香港立法会的研究有关灭贫事宜小组委员会：《有关在职贫穷的报告》，立法会CB（2）1002/05 - 06号文件，2006。

于技术密集型产业，并引进新的科学技术的时候。熟练劳工的相对缺乏也使得其薪酬待遇将得到提高"。[1]

不同收入群体间的基尼系数和收入分布显示目前香港的贫富差距正日益扩大。如表 12-5 所示，1986 年的基尼系数为 0.453，而到 1996 年提升到了 0.518，而且这种趋势还在日益恶化：2006 年基尼系数已经上升到了 0.533。1986 年，最低收入家庭中的 20% 的家庭，其收入只是所有家庭总收入的 5.0%，而在 2006 年则更是降到了 2.9%。与此同时，最高收入家庭中的 20% 的家庭，其收入从占所有家庭总收入的 50.7% 上升到了 57.0%。香港是"亚洲四小龙"（中国香港，韩国，新加坡和中国台湾）中收入差距最大的地区，甚至比中国大陆还要严重。[2]

表 12-5 十分组下的香港家庭月收入的分布及基尼系数

单位：%

十分组别	1981	1986	1991	1996	2001	2006	2011
第一等分组（最低）	1.4	1.6	1.3	1.1	0.9	0.8	0.6
第二等分组	3.2	3.4	3.0	2.6	2.3	2.1	2.0
第三等分组	4.4	4.4	4.0	3.6	3.4	3.2	3.1
第四等分组	5.4	5.4	5.0	4.6	4.4	4.3	4.3
第五等分组	6.5	6.4	6.1	5.7	5.6	5.5	5.6
第六等分组	7.8	7.6	7.4	7.0	7.0	7.0	7.0
第七等分组	9.4	9.1	9.0	8.5	8.8	8.8	8.9
第八等分组	11.5	11.4	11.4	10.6	11.1	11.3	11.5
第九等分组	15.2	15.2	15.5	14.5	15.3	15.6	16.1
第十等分组（最高）	35.2	35.5	37.3	41.8	41.2	41.4	41.0
基尼系数	0.451	0.453	0.476	0.518	0.525	0.533	0.475

资料来源：香港特区政府统计处《人口普查报告》，各刊，政府印务局。

综援对象的消费结构也反映了社会底层群体的贫困状况。恩格尔系数显示综援对象的生活水平为贫困。[3] 消费者价格指数显示，香港普通家庭

---

[1] World Bank, East Asia and Pacific Region, *East Asia and Pacific Update: Ten Years After the Crisis* (Washington, D.C.: The World Bank, 2007), 33.
[2] 香港社会服务联会：《政策简报》，香港社会服务联会，2007，第 14 页。
[3] 恩格尔系数的基本含义是当家庭收入升高时，家庭对食物的需求将相对降低。居民在食物消费的支出比例越大，则总体生活水平越低。

的食物消费占家庭总消费的比例从1994年5月的37.3%下降到2004年5月的26.9%。该变化说明了普通家庭的生活水平有了本质上的提高。然而与之形成鲜明对比的是，2004年5月，综援对象家庭的食物支出占了家庭消费支出的55.3%。① 发达国家贫困家庭的一般比例约为30%。② 综援对象的生活水准仍滞后于普通家庭。显然，对这些仍然挣扎在贫困线上的低收入家庭来说，最近的经济复苏并没有给他们带来生活水平上的总体提高。收入分配不均使他们感到不公平。低收入群体中日益激发的不满情绪反映了"政府和公民的认知差距日益扩大"，而这种认知差距扩大化将威胁社会和政治稳定。③

三 政策应对与福利重构

面对经济全球化和社会经济结构的转变，香港政府一如既往地贯彻着"小政府，大社会"的理念。为了控制公共开支，香港政府相继出台了诸如推行私有化、公共服务外包等一系列措施。Lee认为，经济全球化和社会经济结构转型中的福利重构"主要以财政状况为导向，并且导致了剩余型福利国家的精兵简政"，"而这一重构是以周期性的财政政策为支撑的，并且该国社会支出水平与国家财政收入水平紧密相关"。④ Cheung进一步指出，"政策变化并未真正偏离原来的政策轨道，本质上仍然是生产主

---

① 香港特别行政区政府统计处：《一九九四至一九九五年住户开支统计调查及重订消费物价指数基期》，政府印务局，1996；香港特别行政区政府统计处：《一九九九至二零零零年住户开支统计调查及重订消费物价指数基期》，政府印务局，2001；香港特别行政区政府统计处：《统计月刊：专题文章——社会保障援助物价指数》，政府印务局，2006；香港特别行政区政府统计处：《二零零四至二零零五年住户开支统计调查及重订消费物价指数基期》，政府印务局，2006。

② MacPherson, S., *Report on the Adequacy of Public Assistance Rates in Hong Kong*, Hong Kong: Department of Public and Social Administration (Hong Kong: City Polytechnic of Hong Kong, 1994).

③ Cheung, A. B. L., "Hong Kong's Post-1997 Institutional Crisis: Problems of Governance and Institutional Incompatibility", *Journal of East Asian Studies* 5 (2005): 135; Lui, T. L. and S. W. K. Chiu, "Governance Crisis in Post-1997 Hong Kong: A Political Economy Perspective", *The China Review* 7 (2007): 1-34.

④ Lee, E. W. Y., "Welfare Restructuring in Asian Newly Industrialised Countries: A Comparison of Hong Kong and Singapore", *Policy & Politics* 34 (2006): 461.

义，仍然遵从着东亚国家的发展主义模式"。① 这种变化仅仅出现在福利的提供或管理方面，比如政府部门间分担责任，市场和志愿组织参与，私有化和服务提供的外包等。② 为了应对全球化及后工业社会背景下的社会经济转型所带来的负面效应，各种福利机构纷纷采取了各种政策或措施。本章以下几节将对这些政策措施进行检视，并探讨这些政策措施的困境与局限。

（一）对失业和在职贫困的政策应对

不断增长的综援对象数目把香港政府置于沉重的财政负担之上，并且给整个社会福利改革制造了极大压力。对于失业群体的救助，当前社会福利改革的方向是改变原先被动支付保费的形式，建立一个能够激发个体责任、促进失业者再就业的积极的体系。最早的工作福利方案形成于1999年，③ 它的适用范围是综援对象，后来逐步扩大到其他与综援对象状况相当的人群。④ 工作福利方案能够激励综援失业者，使他们不断提高自身以实现再就业。工作福利方案的有效性取决于政府能否合理应对这些关键问题：如何执行（比如，创造工作机会，提高劳动者工作技能和为其就业提供支持性服务），如何界定工作的意义以及如何制定工资支付标准。⑤

---

① Cheung, A. B. L., "Interpreting East Asian Social Policy Development: Paradigm Shifts or Policy 'Steadiness'?", *Changing Governance and Public Policy in East Asia*, eds. by Mok, K. H. and R. Forrest (London: Routledge, 2009), 39.

② Cheung, A. B. L., "Interpreting East Asian Social Policy Development: Paradigm Shifts or Policy 'Steadiness'?", *Changing Governance and Public Policy in East Asia*, eds. by Mok, K. H. and R. Forrest (London: Routledge, 2009), 25 – 48; Lee, E. W. Y., "Nonprofit Development in Hong Kong: The Case of a Statist-corporatist Regime", *Voluntas: International Journal of Voluntary and Nonprofit Organizations* 16 (2005): 51 – 68; Lee, E. W. Y., "The Renegotiation of the Social Pact in Hong Kong: Economic Globalisation, Socioeconomic Change, and Local Politics", *Journal of Social Policy* 34 (2005): 293 – 310; Lee, E. W. Y., "Welfare Restructuring in Asian Newly Industrialised Countries: A Comparison of Hong Kong and Singapore", *Policy & Politics* 34 (2006): 453 – 471.

③ 自力更生援助（SFS）计划由三部分组成：积极就业援助（AEA）计划，社区工作（CW）计划和豁免计算入息（Des）。

④ 2003年，自力更生援助（SFS）计划转变为委托非政府组织去发动集中就业援助工程（IEAPs）。

⑤ Gilbert, N., "Protection to Activation: The Apotheosis of Work", *Welfare to Work in Practice: Social Security and Participation in Economic and Social Life*, ed. by Saunders, P. (Aldershot: Ashgate, 2005), 9 – 22; Pantazis, C., D. Gordon and R. Levitas, *Poverty and Social Exclusion in Britain: The Millennium Survey* (Bristol: Policy Press, 2006).

但对这些工作福利方案的评估显示,该方案仅仅是把一些参与者的身份由原来的综援"低收入者"转变为非综援人士而已,即并不能使他们彻底摆脱贫困。[1] 这些评估揭示了工作福利方案需要解决几个核心议题:如何增强低技能、低学历的无业群体的就业能力和竞争力,如何创造更多的就业机会,如何减少贫困工人的数量,以及如何确保支持性服务的可及性。换言之,必须综合运用各种不同的政策策略,使人们重返岗位(如培训,再培训和提供更有效的支持服务),使工作贫困问题得到正视(如收入保护政策)。

创造工作岗位对解决低技能者的失业问题至关重要。有人提议,政府应发展双重经济:除了发展高附加值的经济,还应致力于发展劳动密集型产业,为低技能低资质的劳动者创造更多的工作岗位。例如,政府可以通过税收鼓励政策,支持旅游业和循环工业发展,支持社会和个人服务,以及那些新迁入的制造业。支持社区经济发展(CED)项目和社会企业(SEs)的发展是解决由于失业、权力剥落感而产生的问题的有效途径。然而,不管是支持社区经济发展项目还是以非政府组织(NGOs)为主的社会企业,其发展都遭受到了各种限制,如缺乏经营实业的管理技能,银行贷款难,难以在社会目标和既得经济利益间进行平衡等。[2] 与此同时,对低学历和无职业资质的弱势群体而言,以市场为导向的工作培训或在职培训的重要性是显而易见的。[3] 本地家务助理计划(Local Domestic Helper Scheme)和个人护理工再培训(Personal Care Worker Retraining)是两种最为典型的培训项目,它们既能满足日益增长的社区服务需求,又能为低技能的劳动者创造工作机会。

此外,低薪工作带来的大量问题也值得关注。过去,人们相信"人人都有机会通过天赋和后天努力取得成功,或者至少能使目前的生活变得

---

[1] 香港立法会综合社会保障援助计划审议小组委员会:《关于综援对象及临界对象强化就业援助项目评估报告的讨论》[CB(2)2028/04-05(01)],2005。

[2] Chan, R. K. H., "Community Economic Development: Applications and Limitations in Hong Kong", *International Social Work* 49 (2006): 491;《香港经济日报》2007年2月10日、2007年2月21日。

[3] 香港特别行政区扶贫委员会:《扶贫委员会报告》,香港特别行政区,2007。

更好"。① 但是，在经济全球化和社会经济结构变化的形势下，低技能和低学历群体长期陷于失业或低收入的窘境。因此，制定出能使"生产资源和生活机会'公民最大化'"（"'maximize citizens' productive resources and life chances'"）的政策是至关重要的。② 为了保障普通岗位的薪酬标准，香港特别行政区政府于2006年发动了清洁工人和安保工作者的薪酬保障运动。但该运动属于自发性的运动，没有得到法律支持。在香港这样一个世界上"市场自由程度"最高的地区之一，想要通过"有形的手"来干预劳动力市场，其困难是显而易见的。然而，在众多民众和劳工团体的呼吁和抗争下，香港立法会于2010年7月17日通过了《最低工资条例》，并于2011年5日就《最低工资条例》附属法例进行了讨论，将香港的法定最低工资标准定为时薪28港币，《条例》将从2011年5月1日开始实施。但是，最低工资标准的设立，并不一定就能完全保护到低薪的劳动者。对于香港普通居民尤其是从事低薪工作的居民来说，最低工资是一把双刃剑。"临时最低工资委员会"在最低工资标准出台前所进行的压力测试表明，28港币的最低工资标准实施后，将有近1700家公司（占香港公司总数约1%）"由盈转亏"，估计7万名员工因此受影响；2011年被裁减的雇员数可能达到4.5万人，香港整体失业率将上升近1.2%，另外会有20万名员工被削减工时，而老人、残疾人和以低技能和低学历为特征的低薪劳动者将会成为第一批牺牲品。概括来说，最低工资势在必行，但最低工资远远不够。要切实解决低薪工作或在职贫困的问题，还必须加强其他相配套的福利保障措施。

（二）对贫困儿童和老人的政策措施

为了避免儿童陷入贫困的循环圈中，政府不仅应该保障所有适龄儿童学有所教，而且应为学校和少儿中心拨出足够的资助款项，使它们能改善服务设施，使它们能相互协助和合作以便组织合适的课余学习和兴趣活

---

① Lee, E. W. Y., "The Renegotiation of the Social Pact in Hong Kong: Economic Globalisation, Socioeconomic Change, and Local Politics", *Journal of Social Policy* 34 (2005): 297.
② Esping-Andersen, G., "A Welfare State for the Twenty-first century", *The Welfare State Reader*, eds. by Pierson, C. and F. G. Castles (Cambridge: Polity, 2006), 434–450.

动。这些政策措施将为儿童提供更多的学习机会，提升他们的人际沟通能力，从而提升未来劳动力质量——这也是对政府而言最重要的一点。[1] 亚洲开发银行也指出，人力资本开发对抗击贫困发挥了至关重要的作用，因为"失去这种途径，贫困家庭及其子女将丧失改善他们经济地位的机会，甚至会丧失投身于社会活动的机会。保障教育的相关性、数量和质量，进而有效提高劳动力在工作和社会中的参与度，这也是十分必要的"。[2]

最近，香港政府启动了儿童发展基金（CDF）计划，这项计划旨在为综援或低收入家庭的10～16岁儿童提供更多的个人发展机会。儿童发展基金由三部分构成，包括个人发展计划，师友计划和目标储蓄，并且涉及政府、商业部门和非政府组织的三重伙伴关系。这种多方模式显然是意识到了在经济全球化和社会转型的背景下，不同机构单独行事时会遇到各种困难和限制，并试图通过整合来自不同部门的资源，促进弱势家庭中子女的个人发展。

之前已经提到，随着老年人口数量的剧增，社会照料需求、医疗护理需求以及相应的财政支出都在增加。社会经济转型已经削弱了家庭的照料和支持能力。香港社会目前支撑养老体系的三大支柱分别是综援与老龄津贴、强制性公积金计划以及个人储蓄。但是，目前香港无业的家庭主妇和失业人群无法从现行的强制性公积金（MPF）系统中受益，因为该系统是以雇佣关系为基础，是为那些低收入的工作者提供最基本的保障。[3] 而且，现行的社会福利政策阻碍了弱势群体以接收现金的方式得到救助，这使得他们难以及时改善处境和更好地融入社会。老年人目前主要依靠公共卫生医疗服务，对于那些非综援救助对象的老年人群体来说，倘若他们长期患

---

[1] Cheng, T., "How is 'Welfare-to-work' Shaped by Contingencies of Economy, Welfare Policy and Human Capital?", *International Journal of Social Welfare* 16 (2007): 212 – 219; Esping-Andersen, G., "A Welfare State for the Twenty-first century", *The Welfare State Reader*, eds. by Pierson, C. and F. G. Castles (Cambridge: Polity, 2006), 434 – 454; Giddens, A., "Positive Welfare", *The Welfare State Reader*, eds. by Pierson, C. and F. G. Castles (Cambridge: Polity, 2006), 478 – 488.

[2] Asian Development Bank, "Governance in Asia: From Crisis to Opportunity", http://www.adb.org/Documents/Reports/Governance/default.asp? p = gvrnance, 1998.

[3] Chan, R. K. H., "The Sustainability of Asian Welfare Systems After the Financial Crisis: Reflections on the Case of Hong Kong", *Asian Journal of Social Science* 31 (2003): 172 – 197.

病或者身体孱弱,其经济负担是很重的。一些人建议政府应该允许老年人和他们的家人住在一起,不过在这种情况下,如果他们向综援申请救助,他们将只能得到最基本的资助,或者他们不能再接受子女的资助。他们还提议,政府应重新考虑建立退休金计划以便满足现有老人的基本需求。强制性公积金计划要经过若干年后才有实际意义上的福利可言,而这不该成为政府现时无作为的借口。①

在本部分中,我们讨论并指出了社会弱势群体和低收入者并未能享有香港经济复苏的成果。目前,香港已经不能再保证快速的经济增长,不再有充满活力的年轻化的人口结构,也不再有迫切要求社会福利改革的社会和政治力量,急剧的社会转型和经济重组不得不让我们重新思考香港的社会福利是否应该继续坚持目前的"生产主义"的路径。正如 Lee 所言,"再商品化和成本控制成为重组社会方案的主要途径,并且被认为是指引香港回到'小政府,大市场'这一'正确'轨道上的有效途径。福利方案的重构完全是基于财政考量并由财政驱动的,而其政策影响——社会正义,则被忽视了"。②

四 生产型福利资本主义的持续性与挑战

生产主义世界把经济增长当成制定社会和经济政策的首要目标。③由于乐观地相信经济能保持高增长率,劳动力市场能保持充盈状态,年轻人口数量是充足的,以及要求福利改革的社会政治压力不大,大多数东亚国家在危机前都对社会福利和社会政策维持着较低的财政投入。然而事实上,经济高速甚至是爆发式增长的年代已经一去不复返了。亚洲金融危机对亚洲国家现已建立起来的福利制度形成了挑战。④

---

① 《香港经济日报》2007 年 3 月 6 日。
② Lee, E. W. Y., "The Renegotiation of the Social Pact in Hong Kong: Economic Globalisation, Socioeconomic Change, and Local Politics", *Journal of Social Policy* 34 (2005): 303.
③ Holliday, I., "Productivist Welfare Capitalism: Social Policy in East Asia", *Political Studies* 48 (2000): 708.
④ Croissant, A., "Changing Welfare Regimes in East and Southeast Asia: Crisis, Change and Challenge", *Social Policy and Administration* 38 (2004): 504 – 524.

危机过后，大多数国家都经历了经济重组的过程，并且要面对经济增长减缓、失业率升高和部分人口长期失业等问题。老龄人口增加，自然出生率降低，城市化进程加快，后物质主义兴起，个人主义思想盛行，单代及单人家庭涌现和离婚率攀升，这些情况不可避免地削弱了亚洲国家以家庭主义为基础的福利政策的稳定性和完整性。[1] 此外，亚洲国家民主化的兴起促进了一种新的国家—公民关系的生成，为公民提出更多的福利要求和政府完善福利服务提供了一个巨大的机会（例如，中国台湾、韩国和泰国的福利改革成功就与这些地区和国家民主运动的兴起密切相关）。[2] 总之，上文所述的社会经济和政治变化不可避免地会对生产主义福利制度形成挑战。

大量的实证和比较研究表明，社会经济和人口的变化增加了某些社会群体陷入贫困的风险，这些社会群体包括失业者（如低技能、低学历的年轻人，非熟练工人），贫困工人，有未成年子女的单亲家庭以及老年人。2011年2月下旬，香港特别行政区政府公布了2011～2012年度财政预算案，在这份预算案里，用于社会福利的财政预算达到422亿港币，比2010～2011年度的修订预算增加11%。其中最引人注目的一项措施就是向每个就职人员强积金户口注入6000港币。这项财政预算案一经出台就遭到强烈的反对。中产阶级认为他们处于社会的夹心层，未得到政府的任何帮助；很多普通居民认为向强积金户口注资的措施"远水救不了近火"。迫于社会的强大压力，特区政府对预算案进行了修订，将注资强积金户口改为向18岁或以上香港永久居民派发现金6000港币。这在香港还尚属第一次，因为香港政府向来不情愿直接向居民支付现金。虽然2011～2012年度财政预算案加大了社会福利的投入，但这并不能表示香港福利政策已经发生改

---

[1] Asher, M. G., "Social Security Systems in Southeast Asia", *International Review of Social Security* 44 (2002): 86 - 98.

[2] Warr, P. G., "Is Growth Good for the Poor? Thailand's Boom and Bust", *International Journal of Social Economics* 27 (2000): 862 - 877; Wong, J., "Democracy, Development and Health in Taiwan", *Transforming the Developmental State in East Asia*, ed. by Kwon, H. J. (London: Palgrave, 2005), 50 - 72; Yang, J. J., "Democratic Governance and Bureaucratic Policies: A Case Study of Pension Reform in Korea", *Policy and Politics* 32 (2004): 193 - 206.

变，而仍然可以认为这些财政措施是与香港政府的福利基本理念一致的：福利措施偏重于临时性和阶段性，香港政府并没有长期的福利发展规划；以"18周岁及以上的香港永久性居民"身份作为界定标准，统一发放相等数额度的现金，没有照顾上面所提及的失业者、贫困工人、有未成年子女的单亲家庭以及老年人等群体，对于他们来说，政府提供的社会福利依然是十分有限的，福利并没有很好地帮助到最需要帮助的人。

在《东亚和太平洋国家实录：危机后的十年》一书中，世界银行称，金融危机过后的十年，东亚面临着三大挑战：如何使经济保持持续增长，如何应对日益明显的社会不平等，以及如何克服经济财政的脆弱性。[1] Kwon[2]和Wilding[3]也认为，全球化严重削弱了生产主义赖以依附的发展型国家。民主、竞争政治及日益壮大的公民社会和福利联盟仍将是福利发展的强劲动力。[4] 经济两极分化的现象不仅在香港地区频繁发生，而且在东亚其他国家和地区也频繁发生，它不仅威胁重要服务投放的普遍性和广泛性，同时也给防范社会分化、促进社会凝聚的政策的制定和执行带来很大压力。[5] 最近，亚洲开发银行发表了一篇名为《增长、不平等和贫困相互关系：亚洲经验》的研究报告，为"利贫增长"（a pro-poor growth）方式进行辩护。"利贫增长"是一种能使贫困者受益更多的发展方式。作者指出，来自17个亚洲国家的比较研究显示，高速增长的经济使这些国家的贫富差距越拉越大。经济的高速增长并非有助于减缓贫困。由于经济增

---

[1] World Bank, East Asia and Pacific Region, *East Asia and Pacific Update: Ten Years After the Crisis* (Washington, D.C.: The World Bank, 2007), 26.

[2] Kwon, H. J., "Reform of the Developmental Welfare State in Korea: Advocacy Coalitions and Health Politics", *Transforming the Developmental State in East Asia*, ed. by Kwon, H. J. (London: Palgrave, 2005), 27–49.

[3] Wilding, P., "Is the East Asian Welfare Model Still Productive?", *Journal of Asian Public Policy* 1 (2008): 18–31.

[4] Lee, E. W. Y., "The Renegotiation of the Social Pact in Hong Kong: Economic Globalisation, Socioeconomic Change, and Local Politics", *Journal of Social Policy* 34 (2005): 293–310; Wong, J., "Democracy, Development and Health in Taiwan", *Transforming the Developmental State in East Asia*, ed. by Kwon, H. J. (London: Palgrave, 2005), 50–72.

[5] Wilding, P., "Is the East Asian Welfare Model Still Productive?", *Journal of Asian Public Policy* 1 (2008): 18–31.

长带来的滴漏效应不再具有可持续性,因此经济增长对于减缓贫困的作用也不如人们预期的那样大。而 Son 对"利贫增长"的定义是,"当经济出现负增长时,如果穷人的损失比例小于其他群体,那么该增长就是'利贫'的"。① 类似的,中国以胡锦涛和温家宝为核心的领导层也意识到了 GDP 主义(高经济增长)的问题,因此他们为妥善解决经济快速发展带来的社会不公正问题提出了建设和谐社会的口号。② 与此同时,在急剧变迁的世界中,中国香港、中国台湾、韩国、泰国及亚洲其他国家和地区的研究也都开始关注"生产型福利资本主义"的可持续性问题。③ 从这个意义上讲,为了促进社会稳定和平衡社会发展,批判性地重新审视"生产主义"的理念是十分必要的。④

---

① Son, H. H., "Interrelationship between Growth, Inequality, and Poverty: The Asian Experience", ERD Working Paper Series, Manila, Asian Development Bank, 2007.
② Mok, K. H. and W. Lo, "Embracing the Market: The Impacts of Neo-liberalism on China's Higher Education", *Journal for Critical Education Policy Studies* 5 (2007), Retrieved on http://www.jceps.com/? page ID = article and article ID = 93; Ngok, K. L., "Redefining Development in China: Towards a New Policy Paradigm for the New Century?", *Changing Governance and Public Policy in East Asia*, eds. by Mok, K. H. and R. Forrest (London: Routledge, 2009), 49 – 66.
③ Chan, R. K. H., "The Sustainability of Asian Welfare Systems After the Financial Crisis: Reflections on the Case of Hong Kong", *Asian Journal of Social Science* 31 (2003): 172 – 197; Chow, W. S., "New Economy and New Social Policy in East and Southeast Asian Compact, Mature Economics: The Case of Hong Kong", *Social Policy and Administration* 37 (2003): 411 – 422; Croissant, A., "Changing Welfare Regimes in East and Southeast Asia: Crisis, Change and Challenge", *Social Policy and Administration* 38 (2004): 504 – 524; Holliday, I. and P. Wilding, "Welfare Capitalism in the Tiger Economics of East and Southeast Asia", *Welfare Capitalism in East Asia: Social Policy in the Tiger Economies*, eds. by Holiday, I. and P. Wilding (London: Palgrave Macmillan, 2003), 1 – 17; Ku, Y. W., "Towards a Taiwanese Welfare State: Demographic Change, Politics, and Social Policy", *Discovering the Welfare State in East Asia*, ed. by Aspalter, C. (Westport, C. T.: Praeger, 2002), 143 – 168; Kwon, S. and I. Holliday, "The Korean Welfare State: A Paradox of Expansion in An Era of Globalization and Economic Crisis", *International Journal of Social Welfare* 16 (2007): 242 – 248; Kwon, S., "Future of Long-term Care Financing for the Elderly in Korea", *Journal of Aging and Social Policy* 20 (2008): 119 – 136.
④ Chan, R. K. H., "The Sustainability of Asian Welfare Systems After the Financial Crisis: Reflections on the Case of Hong Kong", *Asian Journal of Social Science* 31 (2003): 172 – 197; Chan, R. K. H., "Risk and Its Management in Post-financial Crisis Hong Kong", *Social Policy and Administration* 40 (2006): 215 – 229; Kwon, S., "Future of Long-term Care Financing for the Elderly in Korea", *Journal of Aging and Social Policy* 20 (2008): 119 – 136.

五 结论

近年来,经济、社会和人口结构的急剧变化,从根本上对香港现有的福利制度形成挑战。和其他东亚经济体一样,香港同样受到亚洲金融危机的冲击,现今要维持经济平稳增长和保持较低的失业率已经不大可能。社会转型,尤其是人口结构的变化,会对福利制度形成更多的压力。在过去,香港只建立了一个非常有限的社会保障系统。然而,收入差距扩大及其进一步恶化的情况已经影响到了人们生活水平的提高和经济繁荣。[1] 这种扭曲的发展模式使社会中不公平的情绪在逐渐累加,不仅威胁到社会的安定和政治的稳定,也影响了机会的平等性,阻碍了社会流动。这种情况引起了世界银行的注意。在2007年的报告中,世界银行就关注了东亚贫富差距日益扩大而带来的消极影响。"关注区域内贫富差距过快拉大是很有必要的。如今的不平等很可能通过代际传递发展成为世世代代的不平等。越来越多的证据表明,这种不平等也许会妨碍生产投资的增长:不能使用信贷的穷人可能无法掌握和利用那些对社会有益的投资机会。贫富差距过大甚至会引起政治上的不稳定和社会的动荡。"[2]

为创建和谐社会,香港特别行政区政府必须采取恰当措施解决贫富差距过大和社会不平等的问题。最重要的是,政府必须重新审视"生产主义"这一路径是否依然富有成效,在社会、经济和政治迅速变化的背景下,其是否依然能够满足各种复杂的社会需要。

---

[1] Midgley 把这一现象定义为"扭曲的发展",他指出,"对如今世界上大多数国家来说,真正的问题不在于经济是否增长,而在于经济的发展没有使全社会人们的福利都得到改善",参见 Midgley, J., *Social Development: The Developmental Perspective in Social Welfare* (Thousand Oaks, CA: Sage Publications, 1995), 73-74.

[2] World Bank, East Asia and Pacific Region, *East Asia and Pacific Update: Ten Years After the Crisis* (Washington, D.C.: The World Bank, 2007), 33.

第十三章　香港与内地的社会政策和社会服务：融合与启示

近年来，中国经济发展迅速，人民生活水平普遍上升，但在经济发展的同时，改善社会建设的诉求也在增加。内地居民越来越意识到，经济发展不一定完全等同于生活质素的提升，因为后者除了需要一定的物质基础，也依靠各方面良好的社会管理系统的支撑，这包括交通运输、食品安全、劳工保障、文化培育、环境保育、社会福利、社会服务（主要是教育和医疗）等配套。在相对发达和开放的珠江三角洲地区（以下简称"珠三角"），社会建设在近年来成为各地方政府的施政重点。邻近的香港和澳门往往成为它们的参考对象。

自香港、澳门回归以来，两地和珠三角（或合称"泛珠三角"）的交流虽日趋频繁，但初期鲜有系统的跨境官式合作。不过，2009年初，在国家发展和改革委员会发布《珠江三角洲地区改革发展规划纲要（2008～2020年）》（以下简称《纲要》）之后，香港、澳门和内地地方政府就陆续推出一系列在《纲要》框架底下的泛珠三角建设蓝图，包括《粤港合作框架协议》《共建优质生活圈专项规划》和《环珠江口宜居湾建设重点行动计划》等，旨在加速泛珠三角的经济和社会融合。经贸发展和产业合作是融合的主轴，但当中不乏关于跨境社会政策和社会服务的讨论，毕竟三地融合不只是资本、知识和技术的流动，也牵涉人口的迁移。由于在社会政策和社会服务融合方面，不管在未来的发展蓝图中，抑或根据过往实际经验，都是以香港和珠三角的合作为主，澳门的角色重要性稍逊,故本章只讨论香港和珠三角的互动。首先,本章会阐述香港和珠三角(尤其是广州和深圳)融合社会政策和社会服务的背景与原因。之后,会讨论珠三角如何借鉴和吸纳香港社会管理的经验,接着会探究香港如何处理北上港人的社会政策和社会服务问题。最后,本章会提出内地、香港融合社会政策和社会服务的趋势。

一 社会政策与社会服务融合的背景及必要性

香港和珠三角希望在社会政策和社会服务方面,增加交流和融合,是有各自的政策需要的。从香港的角度出发,回归以来,许多港人北上求学、工作、结婚生育和退休养老。这些在内地间歇或长期居住的港人,脱离了香港社会保障体制的支持,但因不是内地的注册居民,也得不到内地的社会福利和服务。香港政府如何协助这群港人解决生活所需,是迫切要解决的问题。香港政府一方面要探讨在财政和操作上提供合适可行的跨境社会服务,另一方面又要和内地相关政府部门磋商跨境社会服务的衔接和落实。在民间组织方面,也要调动资源服务北上港人。总言之,这对社会规划一直是以本地需求为基础的香港,无疑是一大挑战。

而对内地而言,社会一直缺乏足够的社会服务,历年来香港不少民间组织都十分主动北上提供不同服务。一些大型慈善机构如东华三院和博爱医院十分积极地到内地拓展社会福利工作,并经常和内地政府官员会面,了解当地最新的社会福利发展动向。宣明会则推行"宣明中国之友"计划,在内地推动教育及人才培训、孤儿及特殊儿童服务、医疗保健和城乡生活改善等工作。2011 年,该计划在中国内地 15 个省、市及自治区,推行了超过 70 项扶贫发展项目。[①] 另外,香港红十字会作为中国红十字会总会的分会,也经常和总会及其他地方分会合作。2007 年,香港红十字会与中国红十字会总会签署了《三年合作计划备忘录》,协助后者推动内

---

① 香港世界宣明会:《宣明中国之友 2011 年度工作报告》,http://www.worldvision.org.hk/images/AboutUs/download/CPAR2011.pdf,2011,第 3 页。

地农村备灾工作、培训卫生救护知识和发展志愿服务。香港红十字会也为内地红十字会的志愿人员提供培训支持，包括协助编辑培训教材和志愿人员管理手册、资助伙伴红十字会推行志愿人员培训课程和保送培训导师到香港培训及交流。例如，在筹备2008年北京奥运会期间，香港红十字会曾协助中国红十字会总会和北京市红十字会，为多个省市培训近300名急救导师，并合编了《2008年北京奥运版急救手册》。[1]

回归以后，香港民间组织到内地参加研讨、交流、探访和培训活动已成为常态，两地民间组织的工作关系更制度化。例如，2011年6月，香港社会工作人员协会在广东南海和广东省社会工作师联合会等组织合办了首届珠三角社工大聚会。[2] 香港社会福利署还设立"社会工作训练基金"旨在赞助民间团体开办内地交流团。近年来，内地在和香港进行社会政策与社会服务融合的过程中，多了"政策学习或转移"（policy learning or transfer）的考虑。自2002年以来，中国政府不断提出新的发展口号（如"和谐社会""以民为本""科学发展观"等），希望在经济发展的同时，改善民生，提升人民生活水平。2006年公布的《国务院关于加强和改进小区服务工作的意见》和"十一五规划"以及2011年发布的"十二五规划"都强调经济发展和社会建设要平衡发展。以"十二五规划"为例，其除了强调进行新农村建设，更提出要加强和创新社会管理。当中提到要促进社会组织发展："改进社会组织管理，建立健全统一登记、各司其职、协调配合、分级负责、依法监管的社会组织管理体制。重点培育、优先发展经济类、公益慈善类、民办非企业单位和城乡小区社会组织。推动行业协会、商会改革和发展，强化行业自律，发挥沟通企业与政府的作用。完善扶持政策，推动政府部门向社会组织转移职能，向社会组织开放更多的公共资源和领域，扩大税收优惠种类和范围。"香港先进、多元和具活力的民间社会可以成为珠三角的学习对象。中央政府驻港官员和香港政府官员都认为，香港除了往内地拓展服务业市场、把香港的国际联系及专业服务引入内地外，还可向内地输出社会管理的经验。现时内地的医疗

---

[1] 香港红十字会：《红十字通讯》2008年第48期。
[2] 香港社会工作人员协会：《首届珠三角社工大会》，《社协通讯电子版》2011年第三十五期，http://www.hkswa.org.hk/chi/node/447。

和社会服务主要是由政府和私人市场提供，缺乏民间组织的参与。香港非政府组织提供社会服务的模式，可让内地借镜。[①]

新论坛对香港市民就"十二五"规划进行了调查。当被问及"你认为中央政府的'十二五'规划对香港经济发展影响大不大？"这一问题时，较多的受访者选择"有好大影响"（占 28.4%）和"有些影响"（占 40.6）。而当被问及"你认为香港的经济是不是越来越依赖内地？"时，较多的受访者选择"很依赖内地"（占 34.5%）和"依赖内地"（占 48.1%）。[②]

因此，在"十二五"规划公布后，香港不可能游离于国家发展大局之外孤立地谋求自身发展。港粤与内地不同城市加强协同效应，互相依存将是未来发展的趋势。如何利用国家发展机遇，尽量展示和发挥香港独特的作用，以使香港与内地共同发展，达致双赢乃香港未来发展的重点方向。

二 珠三角社会管理的"先行先试"

近年，广东省提倡"幸福广东"的愿景，宣告广东要告别纯粹以经济发展为衡量成功唯一标准的时代，而进入以人民的整体幸福水平和生活质素为依归的发展阶段。当然，经济发展依然重要，但让更广大的民众分享到发展成果也同样重要。因此，广东提出，到"十二五规划"完结时（2015 年），珠三角各市的最低工资标准要达到当地平均工资的 40% 以上。除工资保障之外，广东计划促进社会福利由"补缺"（remedial/residual）模式适度转为"普及"（universal）模式。[③] 2012 年 2 月，广东省统计局发布了《2010 年建设幸福广东综合评价报告》，该《报告》评定出了广东全省 21 个地级市建设幸福广东水平指数、发展指数和综合指

[①] 《"十二五"规划与香港发展——在十一届全国人大四次会议香港代表团讨论时的发言》，《文汇报》2011 年 3 月 8 日，第 A14 页。

[②] 新论坛：《市民对"十二五规划"意见调查结果》，http://www.ncforum.org.hk/news_image/20110419.pdf，2011。

[③] 《地方纲要关注民生指标，百姓收入增幅超 GDP》，《文汇报》2011 年 3 月 1 日。

数。局长幸晓维表示，该指数"总的来说不以 GDP 论英雄"，还包括和民生福祉相关的一共十类指标（就业和收入、教育和文化、医疗卫生和健康、社会保障、消费和住房、公用设施、社会安全、社会服务、权益保障和人居环境）。[1] 不过，调查发现，与其他指标相比，珠三角与粤东西北地区均在社会服务指标方面，表现欠佳，有待改进。[2]

珠三角一直是中国改革开放的"火车头"。20 世纪 90 年代初，珠三角引领全国经济改革。如今，广东提倡社会管理创新，有内地学者认为，这是延续了二十多年前"南方谈话"所强调的敢闯敢试精神。[3] 珠三角在尝试改善社会管理体制，两大主要创新领域是培训专业社工队伍和加强政府与民间组织的协作。

培育社工团队

2008 年，民政部向各省市民政厅局发出《关于加强社会工作队伍建设的通知》，要求地方政府建设社工职业化制度。2010 年，国务院推出《国家中长期人才发展规划纲要（2010～2020 年）》，重申培养社会人才队伍的重要性："适应构建社会主义和谐社会的需要，以人才培养和岗位开发为基础，以中高级社会工作人才为重点，培养造就一支职业化、专业化的社会工作人才队伍。到 2015 年，社会工作人才总量达到 200 万人。到 2020 年，社会工作人才总量达到 300 万人。"

在广东省内，广州和深圳是社会建设创新的"先行先试"者，也最先和香港有系统和成规模的交流合作。为解决社工荒问题，广州在 2009 年开始社工人才队伍建设，出台了《关于学习借鉴香港先进经验推进社会管理改革先行先试的意见》，该《意见》指出，要在社会保障、社会服务和小区管理方面，学习香港经验，包括社会福利、社会救助、小区建设、小区矫正、养老服务、残疾人服务、政府购买服务、发展社会组织，以及社工和志愿者队伍建设。[4]

---

[1] 《粤首个幸福指数，不以 GDP 论英雄》，《文汇报》2012 年 2 月 14 日。
[2] 《粤统计局回应幸福"指标"排名》，《文汇报》2012 年 2 月 15 日，http://news.wenweipo.com/2012/02/15/IN1202150071.htm。
[3] 《粤改革社会管理，冀作全国"试验田"》，《文汇报》2012 年 2 月 21 日。
[4] 《学习香港，广州社会管理力拔头筹》，《文汇报》2009 年 11 月 2 日。

深圳市则在2007年草拟了《关于加强社会工作人才队伍建设推进社会工作发展的意见》及七个配套文件（一般称为"1+7"文件）。同年，香港基督教服务处开始在深圳进行社工督导，督导内容以"提供实务建议""对准员工给予情绪支持"和"反思理论与实务的结合"为主。① 香港的社会服务发展研究中心也推出"深圳计划"，和当地的专业社工组织合作，并招揽香港多个社福机构派出的资深社工北上提供专业培训服务。在此基础上，该组织还推出了"盐田计划""东莞计划"和"广州计划"。据统计，在2008年、2009年和2010年，深圳市政府分别投放大约700万元、1000万元和900万元，来聘请资深的香港社工督导。② 在成果方面，"截至2010年11月，香港督导共为深圳社工提供了近2万次个人督导，7000多次小组督导，500多次专业培训，组织社工赴港参观学习1000多小时，开展各类社工交流活动近百次，直接培养指导深圳的初级督导、见习督导、督导助理等各层级本土督导人才220多人"③。

现时，在广东省工作的港人社工主要是受聘为社工机构和民间组织的社工督导。截至2011年10月，广东省的社工机构总共聘请了130多名香港社工督导，协助当地组织培训社工和监督与评估组织运作。不过，如果香港社工希望当前线社工，需要考获内地社工资格。2012年3月，广东省政府在全省社会工作会议上，表示将会率先承认港澳两地的社工专业资格，最终达至粤港澳三地的社工专业资格能够互认。一些广东省社福界人士认为，香港社工的专业水平无须质疑，当地政府可考虑以国情培训（让他们熟悉内地的福利政策以及行政程序等等）来代替专业认证。当地的社工行会已打算筹办这些培训班。④ 这可见，未来的社会服务培训，也许不会像以往单独由香港输出先进经验，而是会更加双向地交流，相互补足。

除了两地社福组织之间的交流，不可忽略的是，香港的学术机构也一直参与内地社工培训。它们的贡献在于提供理论和实践的课程。例如，香

---

① 香港基督教服务处：《深圳市社会工作专业督导计划评估研究报告》，2009，第12页。
② 《国情培训代考试，广东抢纳港社工》，《文汇报》2012年3月25日。
③ 《91港社工机构获深颁贡献奖》，《文汇报》2011年10月22日。
④ 《国情培训代考试，广东抢纳港社工》，《文汇报》2012年3月25日。

港中文大学社会工作系的硕士及博士课程,都着意吸引内地社工来港就读。2011年,该系有600多名研究生,当中近半数是内地学生。① 至于理大应用社会科学系,自2000年起,便和北京大学社会学系合办了社会工作文学硕士(中国)课程,该课程还为学生提供在内地和香港两地进行实习的机会。此外,两者更在北大创办了中国社会工作研究中心,研究社企、内地流动人口和家庭等议题。中心还编辑出版学术期刊《中国社会工作期刊》。理大社会学系本身和内地政府部门亦有合作。2007年,该系和民政部培训中心达成协议,协助后者在未来五年培训社工人才,推出了针对政府管理人员的"高级行政官员研习班"和为前线社工而设的"培训者的培训项目",后者寄望培训一群核心的社工,让他们作为后人的导师。

扶植民间组织发展

广东省进行社会建设的另一个重要内容,是借助民间力量提升社会服务质素。在香港,政府会拨款予社福机构,由它们设计和提供市民需要的社会服务。珠三角许多地方的社会服务都朝这种模式发展,称之为"购买服务"(上述提到,广州和深圳聘请香港社工督导,也算是"购买服务")。《纲要》提到,珠三角未来会"采取政府直接提供、政府委托社会组织提供和政府购买等方式,形成多元化的公共服务供给模式。鼓励社会组织和企业参与提供公共服务,提高公共服务的能力和效率。积极培育志愿服务队伍"。以广州为例,自2008年,当地政府开始尝试"购买服务"。2009年,广州选取了20条街道成立家庭综合服务中心试点,当中9条街道是"购买服务"模式的试点,及后计划将服务中心扩至全市130条街道。2011年,广州投放了8000万元用作"购买服务"。②

深圳方面,也着力在社会管理上,加强和民间社会合作。有参与深圳行政体制改革的内地学者认为,香港"小政府、大社会"的运作模式值得深圳参考。③ 2010年,深圳提出了要将80%的政府事务性管理和服务职能转交给社会组织承接。市民政部门更会投入3500万元成立竞标政府

---

① 《香港中文大学社会工作学系,助在职社工提升专业水平》,《明报》2011年12月14日。
② 岳经纶:《社会服务"外购"减成本升质量》,《文汇报》2012年2月20日。
③ 《深行政体制改革,欲借镜港经验》,《文汇报》2009年7月20日。

公共服务的机构。此外，为免阻碍社会组织蓬勃生长，深圳也计划降低它们的注册门槛，容许工商经济类、社会服务类和公益慈善类的社会组织直接向民政部门登记注册，不用像以前一样要找一个主管单位。①

有内地社福学者认为，"购买服务"模式可取，因为"政府出资提供社会服务，是政府履行职责的方法，可以提供充足的资源以满足社会需求，保证社会服务的公平提供。由NGO负责具体的服务提供，将有利于引入竞争机制和市场机制，提高社会服务的效率和质量"。另外，"购买服务"的好处，也在于社工组织的服务往往会比政府服务更能因时、因地制宜，切合居民所需。② 2011年7月，广东省政府通过了《广东加强社会建设的决定》，《决定》指出要持续扶植社会组织发展。广东省委副书记、广东省社会工作委员会主任朱明国表示："今后政府将购买社会服务，实行权力让步，逐步分解和转移到社会组织中去，放低登记门槛，鼓励社会组织自己管理、自己监督、自己成长，政府给予扶持。"③

引进香港专业服务

香港除了对内地输出"香港模式"和社工经验外，近年也直接到内地参与提供社会服务，当然主要集中在珠三角地区。2003年，香港和商务部签订《内地与香港关于建立更紧密经贸关系的安排》（Closer Economic Partnership Arrangements，下简称CEPA），促进内地、香港两地贸易、投资和专业服务的协作，间接亦吸引香港专业人才北上创业和就职。之后每年，双方会签订一份补充协议，不断将合作范围扩大。最初几年的补充协议主要是一些便利贸易、商务、中小企业合作、知识产权等的措施，但最近几年焦点都放在医疗和社会服务方面。在医疗服务方面，两地在2008年签订了《CEPA补充协议五》，允许香港医疗服务提供商在广东省以独资形式设立门诊部，及后在2010年容许在广东省以及在上海市、重庆市、福建省、海南省以独资形式设立医院，接着在2011年扩大范围到内地所有直辖市及省会城市。

除了引进医疗机构，CEPA也促进香港医疗人才北上。根据在2010年签订的《CEPA补充协议七》，内地政府同意让12类香港法定注册医疗卫生

---

① 《深借重民间力量，立例创先河》，《文汇报》2012年2月21日，第A05页。
② 岳经纶：《社会服务"外购"减成本升质量》，《文汇报》2012年2月20日。
③ 《粤出新政谷社会建设，业界称社工荒或成瓶颈》，《香港商报》2011年7月15日。

专业人员（西医、中医、牙医、药剂师、护士、助产士、医务化验师、职业治疗师、视光师、放射技师、物理治疗师和脊医）受聘于内地机构，为期3年，之后可重新办理申请。自 CEPA 容许香港医疗机构和人才进驻内地后，香港一些资深和具名气的医生皆借此北上创业，计划投资数千万港元在内地开设专科医院，不少人选择深圳为跳板，打算之后往北京和上海拓展业务。① 同时，香港一些大学北上开诊，也促进医疗人才流向内地。②

在社会服务方面，自2007年起，内地透过 CEPA 逐渐引进香港服务提供商开办医疗机构、养老机构和残疾人福利机构，同样是以广东省作试点，及后扩展至全国（见表13-1、表13-2）。

表13-1 CEPA 有关医疗服务的补充协议内容

《CEPA 补充协议五》(2008年)	1. 允许香港服务提供商在广东省以独资形式设立门诊部。 2. 对香港服务提供商在广东省设立的合资、合作门诊部的内地与香港双方投资比例不作限制。 3. 对香港服务提供商在广东省设立的独资、合资或合作门诊部的投资总额不作要求。 4. 香港服务提供商在广东省设立的独资、合资或合作门诊部的立项审批工作交由广东省省级卫生行政部门负责。 5. 允许符合条件的香港永久性居民中的中国公民通过认定方式申请获得内地医师资格证书。
《CEPA 补充协议七》(2010年)	1. 允许香港服务提供商在上海市、重庆市、广东省、福建省、海南省以独资形式设立医院。 2. 对香港服务提供商在广东省设立合资、合作医院的投资总额不作要求。 3. 对香港服务提供商在上海市、重庆市、广东省、福建省、海南省设立的合资、合作医院的内地与香港双方的投资比例不作限制。 4. 允许香港法定注册医疗卫生专业人员来内地短期执业。短期执业的最长时间为三年，期满需要延期的，可以重新办理短期执业。 5. 香港服务提供商在广东省设立的合资、合作医疗机构的立项审批工作交由广东省省级卫生行政部门负责。 6. 允许香港服务提供商在广东省设立独资、合资、合作疗养院，提供医疗服务。
《CEPA 补充协议八》(2011年)	1. 在上海市、重庆市、广东省、福建省、海南省基础上，允许香港服务提供商在内地所有直辖市及省会城市以独资形式设立医院。

资料来源：香港特别行政区工业贸易署。

---

① 《辞中大系主任寻 CEPA 商机，林顺潮北上创眼科王国》，《明报》2011年10月18日。
② 《港大深圳医院，抢港急症人才》，《香港经济日报》2012年6月2日。

表 13-2　CEPA 有关社会服务的补充协议内容

《CEPA 补充协议四》(2007 年)	1. 在广东省试点,允许香港服务提供商以独资民办非企业单位形式举办养老机构,提供养老服务。
《CEPA 补充协议五》(2008 年)	1. 在广东省试点,允许香港服务提供商以独资民办非企业单位形式举办残疾人福利机构。
《CEPA 补充协议七》(2010 年)	1. 允许香港服务提供商以独资民办非企业单位形式在内地举办养老机构,提供养老服务。 2. 允许香港服务提供商以独资民办非企业单位形式在内地举办残疾人福利机构。

资料来源:香港特别行政区工业贸易署。

此外,高等教育也是泛珠三角在社会政策上协作的重点。正如《纲要》提到的,要"支持港澳名牌高校在珠江三角洲地区合作举办高等教育机构,放宽与境外机构合作办学权限,鼓励开展全方位、宽领域、多形式的智力引进和人才培养合作,优化人才培养结构。加大对国家重点建设大学支持力度,到 2020 年,重点引进 3~5 所国外知名大学到广州、深圳、珠海等城市合作举办高等教育机构,建成 1~2 所国内一流、国际先进的高水平大学"。澳门就率先和珠海横琴合作发展教育基地,澳门大学已进驻当地建立了新校园区。香港也不例外,不少大学都以不同模式到珠三角办学。例如,香港大学和香港中文大学都乘地利之便,到深圳分别开设新学院区和成立分校,后者将在 2013 年招生,首期招收 7000 人,最终目标是 1.1 万人。深港两地也已划定发展落马洲河套地区成为高等教育、科研和创业工业基地,希望将珠三角发展为全国人才培育基地。除深圳以外,香港科技大学在南沙成立了研究院,发展科研基地。香港浸会大学则在珠海和北京师范大学成立联合国际学院,向当地输出香港模式的课程设计和质量保证体系。

三　跨境港人的社会政策和服务

诚然,上述提到的由港人专才在内地提供的医疗和社会服务不只是服务内地居民,某程度上也考虑到跨境港人的社会服务需要。香港的不同社群有不同的北上原因：中年主妇因内地货品价格相对低而北上购物，劳动人口因内地经济发展蓬勃北上发展事业，置业者因内地居住环境较好而跨境投资住房，而长者会因内地物价低并渴望和内地家人团聚而迁居。[1] 当中，最需要社会政策和服务支持的当然是在内地长期定居人士。根据香港政府统计，过去十年，北上居住的港人数目持续增加，在2001年，约有4万名18岁及以上的港人在内地居住，到2007年底至2008年初，数目上升至约15万人（见表13-3）。他们主要是基于工作需要或考虑到内地居住环境较佳而迁往内地（见表13-4）。广东省是主要定居地点，尤其是广州和深圳（见表13-5）。

表13-3 在中国内地居住的18岁及以上的港人数目

统计期间	人数（千人）	占全港所有18岁及以上人士的比例（%）
2001年4月至6月	41.3	0.8
2003年5月至8月	61.8	1.1
2005年5月至7月	91.8	1.7
2007年12月至2008年3月	155.4	2.8

资料来源：香港特别行政区政府统计处《主题性住户统计调查第三十八号报告书——香港居民在内地居住的情况及意向》，2009，第9页。

表13-4 港人（18岁及以上）在中国内地居住的原因分类

在中国内地居住的原因	2005年5月至7月 人数（千人）	2005年5月至7月 比例（%）	2007年12月至2008年3月 人数（千人）	2007年12月至2008年3月 比例（%）
工作需要	65.4	71.3	70.6	45.4
内地居住环境较佳	5.3	5.8	35.1	22.6
在内地有亲戚（不包括配偶/子女）	6.6	7.2	19.2	12.4
内地生活费较低	6.4	7.0	15.0	9.7
读书	2.3	2.5	6.9	4.4
与在内地的配偶/子女团聚	7.8	8.4	5.2	3.4
其他	8.0	8.7	4.1	2.7
合计	91.8		155.4	

资料来源：香港特别行政区政府统计处《主题性住户统计调查第三十八号报告书——香港居民在内地居住的情况及意向》，2009，第25页。

注：可选择多项答案。

[1] Lin, G. C. S., and Tse, P. H. M., "Flexible Sojourning in the Era of Globalization: Cross-border Population Mobility in the Hong Kong-Guangdong Border Region", *International Journal of Urban and Regional Research* 29 (2005): 890.

表 13-5 港人（18 岁及以上）在中国内地居住的地点分布

在中国内地的居住地点	2005 年 5 月至 7 月 人数（千人）	2005 年 5 月至 7 月 比例（%）	2007 年 12 月至 2008 年 3 月 人数（千人）	2007 年 12 月至 2008 年 3 月 比例（%）
广东省	68.0	74.1	129.0	83.0
深圳	23.8	26.0	48.6	31.3
广州（包括番禺）	12.7	13.8	25.6	16.5
东莞	18.5	20.1	17.4	11.2
佛山	3.5	3.8	9.8	6.3
广东省内其他地点	9.5	10.3	27.6	17.7
广东省以外地点	23.8	25.9	26.4	17.0
总　计	91.8	100.0	155.4	100.0

资料来源：参见香港特别行政区政府统计处《主题性住户统计调查第三十八号报告书——香港居民在内地居住的情况及意向》，2009。

注：可选择多项答案。

2009 年，香港政府中央政策组就居住于深圳、东莞和广州的港人的生活需要发表报告。报告指出，一般居内地港人面临最严峻的生活难题是，他们不是注册居民，缺乏当地的社会福利和公共服务保障。就退休人士而言，以往内地生活物价低，吸引他们回内地居住，但近年他们却要面对内地物价上升和港元对人民币贬值的压力，影响退休生活质量。[1] 另外，在内地缺乏社会服务支持也影响香港青年北上发展事业的计划。在《纲要》公布后，有意见调查就指出，受访香港青年认为珠三角与香港邻近，又是内地的重点经济中心，有吸引力成为香港人才开拓内地事业的跳板。不过，受访青年也认为，当地的治安环境和匮乏的社会服务支持或会令他们却步。[2]

针对这些问题，要求港府完善跨境社会福利和社会服务的呼声越来越强烈。就退休长者而言，他们在内地或需要港式的安老服务，如老人

---

[1] 香港特别行政区政府中央政策组：《一项对居于深圳、东莞和广州的香港人的需要，以及他们融入当地小区的研究》，2009。

[2] 香港青年协会：《珠三角发展规划——香港青年的发展机遇与两地人才互动》，《青少年问题研究系列（四十二）》，http://yrc.hkfyg.org.hk/chi/ys42.html，2009。

院等。除了居所，在内地就医也是影响港人返内地养老的一大问题。由于没有社会保障，一旦生病，医疗费负担会极为沉重，故港府正研究协助在内地养老的长者购买当地医疗保险。另外，跨境社会福利对没有收入的退休长者也很重要。一项调查显示，香港一成八左右的长者有计划回内地定居养老。目前香港长者回内地养老的一个障碍是长者津贴。同一个调查显示，两成六原本不考虑回内地定居的长者表示，若政府落实取消长者津贴离港限制，会考虑到内地定居，原因是内地生活指数低和生活环境较好等。[1] 港府现设有"综援长者广东及福建省养老计划"，让长者可在广东和福建两省长期居住，又可继续领取香港综援。有政党建议，该计划应扩大至广州和福建以外的地方，并让长者定居内地之后，以内地常住地址申请高龄津贴（俗称"长者津贴"）。[2] 2008年初，广州工联咨询服务中心对逾百位在穗居住的香港老人（其中75%的受访者为70岁以上）进行了电话访问，内容涵盖了粤港两地的养老、医疗、房屋及福利等方面，其中长者津贴领取限制成为热点。调查结果还显示，有近80%的老人因受长者津贴政策限制而放弃领取。[3] 目前香港的政策规定，第一次申领"长者津贴"的长者，申请长者津贴前要连续居港一年；而非首次申领"长者津贴"的长者，一年内不可以离开香港超过56日。这无疑为长期在内地养老的香港长者制造了福利障碍。内地物价上涨，加上港币贬值，增加了在内地生活的香港人的压力，尤其是香港老人要求取消长者津贴离港限制的呼声越来越大。香港工联会理事长黄国健指出，过去两年，香港老人向工联内地咨询服务中心的求助近1000宗，他们要求特区政府放宽香港福利可携安排。[4] 另外，近年不断有社福组织和长者申请司法复核，希望政府完全撤消申请综援和"长者津贴"的居港期规定，令政府担心，会加重福利负担。[5] 故此，港府正研究一系列跨境

---

[1] 中新网，http://www.chinanews.com/ga/2011/07-31/3222281.shtml，2011年7月31日。
[2] 《倘撤长者津贴离港限制，26%长者愿定居内地》，《明报》2011年8月1日，第A14页。
[3] 中国新闻网：《内地居住香港老人领取长者津贴限制年内有望放宽》，http://www.chinanews.com/ga/gaynd/news/2008/08-19/1353399.shtml，2008年8月19日。
[4] 中国新闻网：《内地居住香港老人领取长者津贴限制年内有望放宽》，http://www.chinanews.com/ga/gaynd/news/2008/08-19/1353399.shtml，2008年8月19日。
[5] 《长者津贴倘删离港规定，社署：年增开支6亿》，《明报》2011年12月13日。

"福利可携"方案的可行性。

此外，对于居住在内地的港人家庭而言，子女教育是最关切的问题。有建议教育机构可到内地开办和香港教育课程接轨的学校，令学童不需每日大费周章过关回港上学。

四 "新港人"及"跨境婚姻"带来的社会政策和服务议题

20世纪70年代以来，中国大力推行计划生育政策，并将其视为一项基本国策。"一胎化政策"造成两个后果：一是内地幼儿人口比例不断下降，中国进入"严重少子化"国家行列；二是内地家庭尤其是城市家庭对孩子的重视程度日益加强。出于对香港医疗服务质量的信任以及对子女今后生活的考虑，近年来，内地孕妇来港产子的数目递增。根据统计处数字，内地孕妇来港产子数由2001年的8000多名上升到2010年的逾4万名（见图13-1）。内地孕妇的来港潮无疑冲击着香港的医疗服务产业，一度造成医院产科床位、医疗人员数量紧张或不足，也迫使特区政府考虑增加医院产科资源的议案。内地孕妇来港产子问题成为香港十大健康新闻之首，公众给予了很大的关注度。有人批评说内地孕妇在耗用本地市民的福利资源，也有人认为其是扩展了香港的医疗服务并刺激其发展。但不管是哪种意见，一个不争的事实是内地孕妇来港产子，已经对香港的医疗服

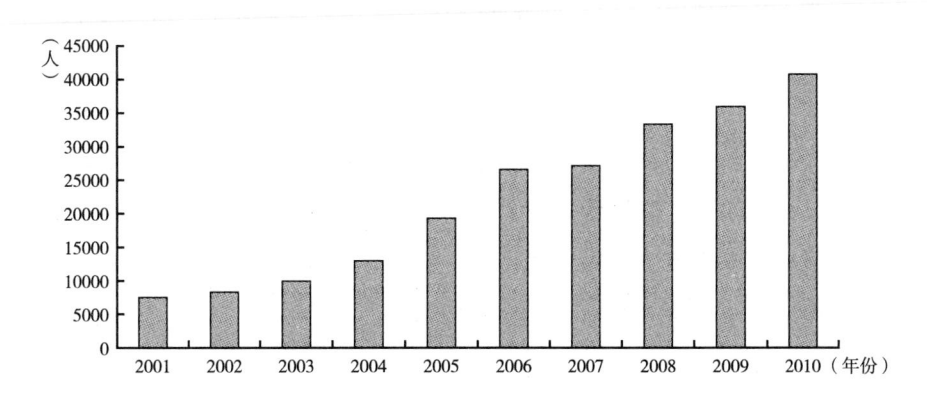

图13-1 近10年来内地孕妇来港产子数

务造成了影响或冲击，政府必须直面由此带来的两地社会政策和服务的融合议题。

2012年是中国的龙年，许多新婚夫妇都希望能在这一年抱得"龙仔""龙女"，这便使得香港孕妇产子医疗服务需求量大增并趋于紧张，同时加剧了香港本地孕妇与赴港产子的内地孕妇的矛盾。为了应对这一局面，香港政府目前主要采取行政措施来处理问题。香港自2007年开始实行内地孕妇到港产子预约配额制，因为本地需求的增加，香港政府将2012年的内地孕妇配额定为3.5万人，比2011年的配额减少近20%。香港特别行政区现任行政长官梁振英则宣布，从2013年起内地孕妇到港私家医院产子将不再有配额。他还说，不保证2013年在港出生的内地婴儿可以获得香港永久居民身份。当然，通过行政手段（具体来说是通过配额的控制）能暂时有效地缓解内地孕妇赴港产子带来的问题。但如若要真正解决该问题，就必须从整体和长远的角度，真正实现两地社会政策和服务的有机融合。

此外，"跨境婚姻"的增多不仅直接冲击着香港本土的社会政策，也必将促进两地社会政策和社会服务的融合。特区政府统计处2010年主要统计数据显示，近几年香港与内地的跨境婚姻每年都超过两万宗。2011年4~5月，香港教育学院文理学院、教院学生会、青年智库Roundtable Community和圆思顾问公司联合进行的一项香港青年对"内地、香港爱情及婚姻"看法的调查，在成功访问的724人中，有35.4%的受访者表示"如果有机会，会选择同内地人拍拖"，另外则有29.6%的受访者更是表示"如果有机会，会选择同内地人结婚"。调查还显示，有较多的受访者（44.0%）认为现时香港对于跨境婚姻的支持及保障并不足够，[①] 两地婚姻形成的异地分居生活方式改变着家庭结构或模式，内地、香港跨境婚姻带来的生活适应、语言及婚姻关系等问题，需要政府投入更多的资源和关注并不断加强家庭和婚姻的支持服务，这些连同离婚率、子女生活和教育等问题一起对两地的社会政策产生影响，带动两地社会政策将向融合的大方向发展。

---

① 《教院和Roundtable调查发现：逾四成香港青年不选择中港爱情和婚姻》，http://www.ied.edu.hk/media/news.php?id=20110531，2011。

五　讨论与结论：香港经验对内地社会政策和服务发展的启示

虽然不少学者认为香港和内地社会政策在宏观模式或类型上相同或相近，但由于经济社会发展阶段不同，两地的社会政策在具体发展程度上也存在差异。从某些方面来说，香港的社会政策起步比内地早，一些社会问题也是内地将要面对的问题。从这种意义上来说，香港的一些经验对于内地在"十二五"期间发展社会政策具有启示和借鉴意义。

1. 重视社会政策规划，提高社会支出水平

"十二五规划"提出要加强内地社会建设，持续改善人民生活水平，而这些都必须依靠社会政策的不断完善来达致。改革开放以来，内地经济建设取得了举世瞩目的成就，但在推动社会全面发展方面存在很多不足。政府属于发展型政府，政府系统缺乏对"社会政策"概念的清晰认知。内地的社会福利未能积极回应居民的需要，社会服务的发展也滞后于社会发展。

相对于内地，香港较为重视社会政策的规划，建立了较为完备的社会政策体系，搭建了一个社会安全网，并将社会服务制度化。内地可借鉴香港的这些经验，在充分评估的基础上，不断完善社会政策的规划与政策体系建设，将相关的社会福利措施或社会服务制度化。另一方面，目前内地的社会政策支出水平依然很低，与香港的社会政策支出水平相比有很大的差距。"十二五"期间内地要有效地解决民生问题，推动社会建设，就必须努力提高社会支出水平，为社会政策的发展提供资金基础和原动力。

2. 发展社会组织，健全社会管理体制

"十二五规划"提出，内地要"完善社会管理格局，创新社会管理机制，形成社会管理和服务合力""发挥人民团体、基层自治组织、各类社会组织和企业事业单位的协同作用""广泛动员和组织群众依法有序参与社会管理"。一直以来内地都存在"大政府，小社会"的格局，政府成为社会管理的单一主体。要健全社会管理机制，内地可借鉴香港经验，通过政府、市场与社会力量多元共治来构建参与型的社会。香港基层社区自治模式以及精简的行政管理体制也值得内地借鉴：无区级、街镇级政府，区议会、社区管理委员会、社区团体和组织构成基础治理架构。此外，香港还通过建立一套政府咨询制度来征集民意，开拓公众参与的途径。

在香港的社会管理体制中，社会组织发挥着巨大的作用，2002年香港社会组织的产值约占香港GDP的1.8%，并且承担了家庭服务及儿童照顾、社区发展等大量的社会服务内容。而目前内地对社会组织的作用和定位缺乏清晰认识，社会组织运作不规范，且其承担的社会服务功能十分不足。借鉴香港经验，完善和大力发展社会组织，是内地健全社会管理体制的一个重要突破口。

3. 发展养老服务，应对老龄化社会

根据2010年全国第六次人口普查统计数据，"60岁及以上人口比例"和"65岁及以上人口比例"两个指标都显示中国已经进入"老龄化社会"（见表13-6）。但就目前的情况来看，内地养老福利服务存在诸多问题：养老政策未受足够重视，政策目标狭隘，受益面较小，养老服务内容单一，"重政府轻社会"，养老服务社会化程度低，养老服务队伍的专业化水平和素质亟待提升等。

表13-6 2010年全国第六次人口普查统计数据

	总人口数	人口结构			
		0~14岁	15~59岁	60岁及以上	65岁及以上
		2.22亿，占16.60%	9.40亿，占70.14%	1.78亿，占13.26%	1.19亿，占8.87%
与2000年相比	↑5.84%	↓6.29个百分点	↑3.36个百分点	↑2.93个百分点	↑1.91个百分点

资料来源：2010年第六次全国人口普查主要数据公报（第1号）。

在这方面，香港的一些经验对内地具有借鉴意义，如将养老福利服务列为整个社会福利服务的重点，并将其制度化，不断降低享受老年福利服务的门槛，尽量做到对所有老人进行"普救"，重视养老福利服务

中的"软件"建设，发展多样化的养老服务内容，并且通过政府、市场、社会组织多方合作来发展社会化养老。目前内地的老年福利政策依然是重经济救助轻服务提供，而香港则较为重视服务提供，建立了包括社区支援服务、安老院舍服务、长者健康与医疗服务三大内容的老年福利服务。

除此之外，香港在保障性住房建设、家庭政策等方面也有许多经验值得内地借鉴学习。

第十四章 结论：中国社会政策的特征与未来挑战

一 当代中国社会政策的基本特征

任何国家的社会政策发展都离不开特定的时空环境和人文环境，要受到经济、政治、社会、人口、文化和意识形态等多种因素的影响和制约。因此，当代世界各国的社会政策和福利模式各有其特征。中国是一个有着悠久文明的古国，是一个人口数量巨大、地域辽阔的大国，是一个有着巨大城乡差别、地区差别的国家，更是一个处在大规模社会经济转型中的发展中国家。在这样的系络中，我国社会政策有其独特之处。我国社会政策最显著的特色是一个"变"字：在计划与市场之间"变"，在国家与社会之间"变"，在公平与效率之间"变"，在城市与乡村之间"变"，在中央与地方之间"变"。而不变的则是二元经济社会结构和户籍身份这一中国社会政策的载体。具体来说，尽管我国社会政策依然处在不断的演变中，但还是具有以下明显的基本特征。

（一）碎片化社会身份基础上的"一国多制"

由于我国的社会政策体系建基在城乡二元结构、户籍制度和单位体制之上，因此，我国的社会政策体系比较复杂，而且破碎。以社会保障政策为例，其主要内容包括社会保险、社会救助、社会福利、慈善事业等几大部分；具体项目则包括：城镇基本养老保险制度、农村养老保险制度、城镇职工基本医疗保险、城镇居民基本医疗保险、新型农村合作医疗制度，城乡居民最低生活保障制度，失业、工伤、生育保险制度，社会救助，优抚安置，残疾人事业，老龄工作，防灾减灾，以及廉租住房制度。这些项目不仅存在城乡分野，而且存在身份、所有制的差异，干部、工人和没有进入单位的居民，分别纳入不同的社会保护体制，享有不同水平和质量的福利与服务。①

可以说，我国现行的社会政策体系实际上是"一国多制"的框架安排。更进一步分析，可以发现这种"一国多制"的社会政策体系是以碎片化的社会身份而不是以统一的公民身份为基础建立起来的。这种碎片化的社会身份是国家根据户籍身份、阶级身份、所有制身份、职业身份、行政身份等要素建构起来的。

在社会身份本位基础上发展起来的社会政策存在着明显的"亲疏有别"：重城市，轻农村；重工人，轻农民（包括农民工）；重国有单位，轻非国有单位。社会政策设计主要考虑国有企业及其职工乃至所有的党政机关、事业单位工作人员的利益和需要，而较少考虑集体企业、"三资"企业、私营企业及其职工、个体工商户，特别是没有就业的城镇居民的利益和需要。虽然也为农民以及农民工制定了一些社会保障政策，但大都没有得到有效执行，"口惠而实不至"。广大的农民工还没有被全面纳入社会保障网。

（二）重经济福利轻社会服务

社会政策既注重收入维持和经济保障，也重视社会福利服务。社会福利服务不仅包括教育、医疗、住房、就业等基本公共服务，还包括老人看护、残障人士照顾等个人社会服务。个人社会服务是现代福利国家的重要内容。

改革开放以来，我国社会政策的重点放在城镇职工的社会保障制度上。而社会保障主要关注的是经济福利。正如郑功成指出的，所谓社会保

---

① 岳经纶：《社会政策视野下的中国社会保障制度建设》，《公共行政评论》2008年第4期。

障,其实就是国家依法建立并由政府主导的各种具有经济福利性的社会化的国民生活保障系统的统称。① 而社会保障的重点又放在由劳动者和用人单位缴费的社会保险上。可以说,社会保险"主宰"了我国的社会保障政策。相比之下,社会救济、社会福利、优抚安置等项目没有得到足够的重视,国家在这些社会保障项目上投资极为有限,造成了资金投入与实际需要之间的严重不对称,导致社会救济对象和优抚对象保障标准偏低,基本需要得不到满足,生活相对贫困。

在我国,个人社会服务被理解为社会福利。而社会福利的主要内容是老年人福利、儿童福利、残疾人福利等,主要对象(受益者)是老年人、孤儿、残疾人、五保户等。目前,我国的福利服务对象十分有限。随着国民经济的发展和人民生活水平的提升,个人社会服务的需求将不断加大,需要社会保障政策作出及时的回应。有学者指出,在我国,过去把建立以社会保险为核心的社会保障制度放在优先位置,在一定程度上忽略了对最困难社会群体进行救助和提供服务。②

(三) 重城镇轻农村

新中国成立后实施的工业化战略合理化了对农民的剥夺,也进一步加深了城乡之间的差别。在计划经济时期,农民主要依赖集体和家庭获得基本生活保障,我国为农民提供的社会保护十分有限。而在城市,国家为城市居民提供了包括教育、医疗、住房、就业和社会保障在内的全方位的社会保护。相应的,教育、医疗卫生和社会保障的公共资源主要流向城镇,而不是农村。③ 其结果是在二元经济结构的基础上形成了城乡社会政策体系的二元化,以及农村社会发展严重滞后于城镇。我国的文盲和贫困人口主要集中在农村。农村的婴儿死亡率超过城市的两倍。绝大部分农村劳动者长期缺乏任何养老保险,大多数农村老人没有社会化的养老服务。1991~

---

① 郑功成:《中国社会保障制度的变迁与评估》,中国人民大学出版社,2002。
② 常宗虎:《重构中国社会保障体制的有益探索——全国社会福利理论与政策研讨会综述》,《中国社会科学》2001 年第 3 期。
③ 徐道稳:《迈向发展型社会政策——中国社会政策转型研究》,中国社会科学出版社,2008。

1998年，我国社会保障支出占GDP的比重不到1/10，其中，农村社会保障支出只占GDP的0.1%~0.2%。也就是说，占总人口70%的农民只享有到不足3%的社会保障支出，而占总人口30%的城市居民却享用了97%以上的社会保障资源。① 进入21世纪以来，虽然国家加大了对农村的投入，加大了扶持与建立农村社会保障制度的力度，但是，社会保障制度的城乡落差并没有得到有效消解，在一定程度上反而强化了二元性，在"保障模式的二元性"之上还出现了"管理体制的二元性"及"保障内容的二元性"。②

（四）失衡的中央与地方政府职责

实施社会政策、提供基本公共服务是现代政策的基本职能。在当代世界，政府是社会福利和公共服务的主要提供者。一般来说，政府在社会福利提供上存在两种倾向。一是普遍性的社会政策：把福利和服务作为一种权利，向所有人提供，或者说至少向某个类别的所有人（如老人、儿童）提供；一是选择性的社会政策，只向有需要的人提供福利和服务。普遍性的服务以相同的条件向所有人提供，其主要问题是高成本。相对而言，选择性服务通常更有效率：花钱少、效果好。不过，选择性服务要先认定服务接受者，管理上很复杂，行政成本高，而且划分标准很难控制。

社会政策的普遍性与选择性模式通常与中央政府和地方政府在社会政策提供（递送）体系的职能分工及责任分担有关。各级政府在社会政策提供中的不同角色对公众福祉具有直接的影响。一般来说，中央政府在社会政策提供中的责任越大、角色越重，则国家的基本公共服务和社会福利的提供越均衡，也有利于建立大一统的社会保障和社会福利制度。

在我国，由于政府间财政关系复杂，财政支出高度分权化，社会政策的支出责任主要由地方来承担。地方政府在有限的财力下，承担了社会政策的大部分支出，包括教育、公共医疗和社会福利支出。以2004年为例，90%以上的文教、科学、卫生、抚恤和社会福利支出都是由地方

---

① 徐道稳：《迈向发展型社会政策——中国社会政策转型研究》，中国社会科学出版社，2008。
② 施世骏：《农村社会政策》，载岳经纶等主编《中国社会政策》，上海人民出版社/格致出版社，2009。

政府承担（见表14-1）。一项研究指出，县、乡两级政府提供了大部分重要的公共服务，具体来说，即70%的教育支出，55%~60%的医疗卫生支出，100%的失业保险、社会保障以及社会福利支出等。县、乡两级政府基本上承担了占我国人口75%的农村人口的公共产品供给。[①] 作为社会政策融资重要内容的社会保障的统筹范围主要在县和市两个范围内进行，社会风险分担和分散的社会化程度低。中央政府尽管在社会政策领域承担了相当的财政转移支付责任，但是，直接由中央政府承担的社会政策项目非常少见。几乎可以说，我国还没有一项适用于所有国民的社会福利安排。

表14-1 主要支出类别占预算内支出的比重及中央政府与地方政府分摊比例（2004）

	总量（亿元）	占预算内支出的比重(%)	中央政府所占比重(%)	地方政府所占比重(%)
经常性支出				
行政管理费	5252	19.2	15.5	84.5
国防支出	2200	8.1	98.7	1.3
文教、科学和卫生事业费	5403	19.8	9.6	90.4
经济服务	2190	8.0	12.3	87.7
抚恤和社会福利支出	3116	11.4	9.6	90.4
政策性补贴支出	796	2.9	52.5	47.5
政府债务利息支出	759	2.8	97.7	2.3
其他	2915	10.7	29.0	71.0
资本性支出				
基本建设支出	3438	12.6	39.1	60.9
企业挖潜改造资金	1244	4.6	22.1	77.9

资料来源：《中国财政年鉴2005》，转引自经济合作与发展组织《中国公共支出面临的挑战：通往更有效和公平之路》，清华大学出版社，2006，第33页。

（五）非政府组织在社会政策中的缺位

政府是社会福利和公共服务的主要提供者，但不是唯一的提供者。公民社会（非政府组织）不仅要参与社会政策的制定和规划，而且也是政

---

① 黄佩华：《中国：国家发展与地方财政》，中信出版社，2003。

府实施社会政策和提供社会服务的重要伙伴。当代社会政策非常强调混合福利，不仅重视市场机制和企业的作用，更重视第三部门在福利提供上的参与。发挥第三部门在社会福利及服务中的作用，既可改变自上而下的利益分配模式，又可以推动公民社会发展。

在我国，长期以来，政府主导，甚至垄断了社会政策的制定和实施。计划经济时期，国家排除了市场和社会在福利服务中的角色。改革开放以来，国家强调个人分担社会福利的责任，提出了社会福利社会化、市场化和产业化等政策主张。通过在社会福利提供中引入市场机制，国家不再包揽社会福利提供的责任，转而要求个人和家庭分担更大的责任。市场机制在教育、医疗、住房等领域日益成为主导者。可是，政府在强调了减轻国家责任、倡导社会服务的市场化的同时，并没有提升和加强公民社会在福利和服务提供中的作用。与此相联系的是，慈善事业的发展也没有得到充分的发展。由于得不到政府的有效培育和支持，我国的第三部门发展滞后。由于国家弱化了福利提供的责任，那些没有能力从市场中购买福利服务的人，也得不到公民社会组织的帮助，基本服务和需要不能得到有效提供与满足。

二 民生时代下中国社会政策的挑战

中国自市场化转型以来，经济发展迅速，在经济领域创造了一个又一个"奇迹"。对于中国独特的发展轨迹，甚至有人提出"中国模式"的概念。不过，虽然国家财政正随着国力的增强而快速增长，但许多普通民众的生活水平的提高速度却远远滞后于GDP的增长速度，这种情况也被许多学者批评为"国富民穷"。随着中国改革的不断深入，各种深层次矛盾不断凸显，原先的GDP主义显然难以继续统领中国的发展思维，中国高层领导人开始重新思考中国的发展道路。2003年10月，中共六届三中全会提出了"科学发展观"新理念，2005年五中全会又提出要"更注重社会公平，使全体人民共享改革开放发展成果"，2007年十七大又明确提出了"民生纲领"，强调"更加注重社会建设，着力保障和改善民生"。据此有学者指出中国已"进入一个改善民生、共享发展成果的新时代"。① 民生时代要求更加注重社会政策的作用，着力推动社会政策的发展。但不可否认，在现阶段，中国社会政策的发展却面对着许多挑战和制约。

（一）公民权利重塑

自社会政策概念诞生之日起，其便与公民权利息息相关。社会政策概念的较早阐述者、英国学者马歇尔认为公民权利是社会政策的基础，并将享受社会政策所提供的福利或服务视为公民权利的一部分。② 马歇尔还将公民权利细分为公民的、政治的以及社会的权利，这三种权利的实现是有先后顺序的，一般是先实现公民的、政治的权利，最后才实现社会的权利。公民社会权利的制度化则主要通过诸如失业保险、医疗和教育服务等社会政策的提供来体现。③

在漫长的封建专制社会，中国民众并无公民权利可言。新中国成立后，国家颁布了《宪法》赋予民众许多公民权利。只不过，在计划经济时期，这种公民权利往往被"群体化"而很难具体落实到个人，而且，国家和政府征服了市场与社会，公民权利则处于国家权力或行政权力的支配之下。改革开放以后，市场与社会逐渐发育壮大，中国公民权利意识也开始增强，这不仅表现在要求权利承载个体化，而且表现在权利认知的自觉化、权利主张的普遍化、权利要求的纵深化。④ 公民权利意识增强以及公民权利形态的重塑，使得中国公众对获得尊严、得到平等的社会机会以及生存生活保障有了更进一步的期望和要求。这种期望和要求对于中国社会政策的发展是一种机遇，因为社会的需要和公民的权利要求是社会政策发展的主要动力。然而，在中国社会政策发展还不完善的现阶

---

① 郑功成：《我国进入一个全面改善民生、共享发展成果的新时代》，《理论参考》2008 年第 1 期。
② T. H. Marshall, *Class, Citizenship and Social Development* (Chicago: The University of Chicago Press, 1990).
③ T. H. Marshall, *Class, Citizenship and Social Development* (Chicago: The University of Chicago、Press, 1990).
④ 周叶中、司久贵：《中国公民权利发展的回顾与展望》，《武汉大学学报（社会科学版）》2001 年第 3 期。

段，公民权利意识的重新唤起和扩张，无疑对社会政策的发展产生了挑战。这要求中国社会政策在发展的过程中，必须时刻做到以实现公民权利为出发点和依归。

（二）福利需要增长与多元化

"需要"（need）理论是社会政策领域的基础理论，在社会政策、社会福利研究的最初阶段，学者们就意识到必须将人类的需要问题与社会福利或社会服务结合起来，强调通过社会福利制度安排、社会服务提供来满足人们的基本需要。刘继同指出，中国社会福利观念与制度中普遍缺乏实质公民权与社会权利的要素和坚实的价值基础；国家与公民在福利提供与需要满足过程中的不平等关系模式客观存在。① 这种情况在计划经济时期的"单位福利制度"下尤为明显。经济体制改革后特别是全面市场化以后，中国又开始形成以推行社会保险制度为主导的改革思路，国家不合时宜地有意识地弱化自己在公共福利提供中的角色，其结果是公众的许多基本需要得不到满足，形成庞大的社会弱势群体。② 因此，许多学者指出建立满足社会需要、以人类需要为本位的社会福利制度才是发展型的、适合和谐社会的制度，也是中国社会福利转型及社会政策发展的基本方向。③

1997年亚洲金融危机以后，和其他东亚国家一样，中国的经济和社会转型过程不断加快。就业形势严峻化、通胀、人口结构老龄化、生育率下降以及核心家庭化等问题使中国社会成员的基本福利和保障需要不断增加和多元化。例如，通胀使得"低保户"对低保金有了新的要求，而且中国许多家庭沦为"低保户"有着复杂和多重的致贫因素，单一的低保金救济对他们来说显然是不够的。由于出生率持续下降，人均寿命逐渐增长，中国老年人口的总数和比重都在不断增加或加大。医学经验表明，老年人是最容易遭受病患的群体，我国老年人群体中许多人患有高血压、糖

---

① 刘继同：《社会福利：中国社会的建构与制度安排特征》，《北京大学学报（哲学社会科学版）》2003年第6期。
② 岳经纶：《社会政策学视野下的中国社会保障制度建设——从社会身份本位到人类需要本位》，《公共行政评论》2008年第4期。
③ 彭华民：《论需要为本的中国社会福利转型的目标定位》，《南开学报（哲学社会科学版）》2010年第4期。

尿病等慢性疾病，他们有着强烈的医疗保障需要。大学生就业难、起薪低使得这个群体对于保障性住房有着强烈的需要。幼儿教育开支大使得将义务教育扩展延伸并覆盖幼儿园阶段的呼唤愈加强烈。多元群体对福利需要多元化的趋势，要求中国社会政策必须更加注重整体规划及具体贯彻实施，提高政策效果的可及性。

（三）社会支出制约

从某种意义上说，社会政策就是国民收入的第二次分配。社会政策是财政支出列表中的重要项目，社会政策指示了一部分税收财政的去处，反过来，社会政策的实际落实需要得到财政的支持。所谓社会支出，也叫社会政策支出，是指国家财政中用于医疗、教育、住房、社会保障等社会政策领域的支出。GDP 与社会支出的比例或是公共支出结构中社会支出的比重，能在某种程度上反映该地区社会政策的发展状况或是公共政策格局。在西方发达国家，社会支出通常占据了公共支出的2/3。在英国2004~2005年度预算中，用于教育、医疗等领域的社会政策支出高达3200亿英镑，占英国该年度公共开支的2/3。法国与德国社会支出则占到 GDP 的 1/4，而在传统的福利国家瑞典，社会支出与 GDP 的比重更是超过了 1/3。[1]

在改革开放的前二十多年里，中国实行赶超战略，将绝大多数财政投向经济建设领域，一切以经济建设为中心。在这样的财政分布格局下，中国经济增长指标都达到甚至远远超过规划的预期，而在社会保障、公共卫生和医疗方面则没有提出量化的指标要求[2]，民生状况堪忧，造成了"增长失衡"的现象[3]。OECD 在 2005 年发布的首份《中国经济调查》报告就曾指出，中国为了确保未来国内生活水平的提高，应在社会福利、养老和医疗体系等方面采取措施，并通过加大开支支持这些方面的改革。[4] 近年

---

[1] Hartley Dean, *Social Policy* (London: Polity, 2006).
[2] 王梦奎：《中国社会经济政策的主调：在中国发展高层论坛上的主题发言》，《中国经济时报》2006年3月27日。
[3] 中国经济增长与宏观调控课题组：《增长失衡与政府责任——基于社会性支出角度的分析》，《经济研究》2006年第10期。
[4] 赵晓萌：《OECD 报告认为中国经济仍将保持强势增长但需增加社会支出》，《财经界》2010年第5期。

来，中国政府虽然开始重视社会政策，并对社会政策予以更多的财政支出，但社会政策支出占总公共开支的比例依然很低，社会政策支出的增长速度依然跟不上 GDP 的增长速度（见图 14-1）。在中国民生时代来临之际，偏低的社会政策支出比例依然是制约中国社会政策发展的一个重要因素。

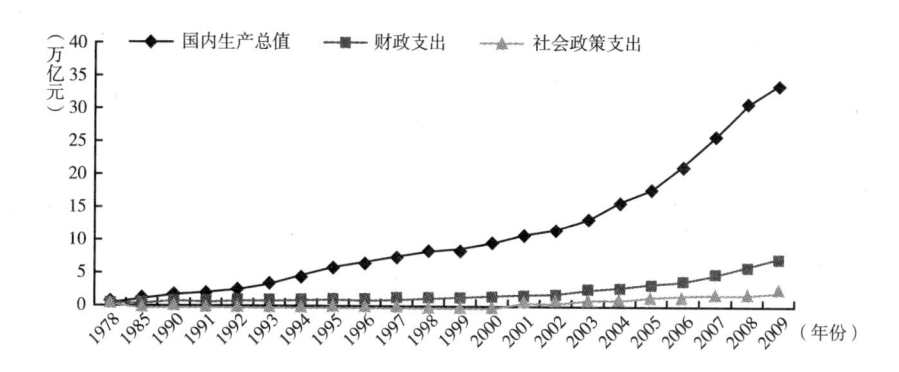

图 14-1 中国国内生产总值、财政支出、社会政策支出统计

资料来源：《中国统计年鉴》各年。其中"社会政策支出"的数值主要是由《中国统计年鉴》中的"教育""社会保障与就业""保障性住房支出""医疗卫生"等指标计算得到。

（四）不断扩大的贫富差距与贫穷问题

在计划经济年代，我国奉行平均主义的分配原则，虽然城乡差距大，但是社会整体贫富差距小，是世界上收入分配最平等的国家之一。改革开放以来，特别是 20 世纪 90 年代初以来，我国收入差距迅速拉大，出现了两极分化的趋势，成为世界上贫富差距最严重的国家之一。自 1992 年以来，我国总体基尼系数一直等于或大于 0.4，2004 年达到了 0.4418。[①] 按照世界银行收入分配程度的国家排位资料，2005 年，我国在 120 个国家中排第 85 位，显示我国的贫富差距大于所有发达国家。导致贫富分化的主要原因包括城乡差别、行业差别、低工资政策、不合理的税收制度以及腐败等。如何通过社会政策来抑制贫富差距的扩大，是我国政府必须解决的问题。

---

① 程永宏：《改革以来全国总体基尼系数的演变及其城乡分解》，《中国社会科学》2007 年第 4 期。

在贫富差距扩大的同时,贫困人口的总量仍旧很大。根据《小康》杂志社主编、社会科学文献出版社2006年出版的首部《中国全面小康发展报告(2006)》的资料,目前中国贫困人口有4800多万人,占总人口的比重大约为3.7%。其中,全国农村贫困人口约2600万人,城镇居民最低生活保障线下有2200多万人。如果根据国际贫困线,每人每日支出不足1美元为贫困,按照世界银行估计,目前中国约有1.35亿人还处在国际贫困线以下,相当于总人口的1/10。①

(五)失衡的社会结构

与贫富分化相联系的另一个问题是社会结构的分化。改革以来,中国社会不同阶层间的分化日益明显,我国社会结构发生了很大的变化。一方面,传统的产业工人阶级日趋边缘化,另一方面,农民工群体不能实现无产阶级化,而中产阶级则成长缓慢。可是,一个新兴的富裕阶层却在迅速崛起。2009年3月30日,招商银行在北京的私人银行部对外发布了中国国内第一份私人银行报告。根据报告,2008年中国可投资资产在1000万元人民币以上的高净值人群高达30万人,人均持有可投资资产约2900万元人民币,共持有可投资资产8.8万亿元人民币。2009年,预计中国高净值人群将达到32万人,高净值人群持有的可投资资产规模超过9万亿人民币。而根据2009年4月15日发布的《2009胡润财富报告》,我国共有82.5万个千万富豪和5.1万个亿万富豪,每1万人中有6个千万富豪。京粤沪千万富豪人士占全国数量的48%,千万富豪平均年龄为39岁。

中国社会科学院社会学所"当代中国社会结构变迁研究"课题组2001年进行的全国抽样调查表明,中国的阶层结构大致可以划分为五大社会经济等级、十大社会阶层。② 按照这个分类,占我国人口大多数的工人、农民等都处于社会底层,当中包括居住在农村的数亿农民、进城务工的1亿多农民工以及城镇中数几千万下岗、失业职工,退休人员和非正规

---

① 舒富民主编《中国全面小康发展报告(2006)》,社会科学文献出版社,2006。
② 陆学艺编《当代中国社会阶层研究报告》,社会科学文献出版社,2002;陆学艺编《当代中国社会流动》,社会科学文献出版社,2004。

就业的劳动者，这些人差不多占到我国总人口的70%。在现有的社会政策结构中，他们很难有希望进入社会的中上层。而企业家、政府官员、大学教授等经济精英、政治精英、知识精英，由于都受过良好的教育，爬升到社会结构的上层，在经济、政治、社会系统中占据了首要地位，而且有可能通过利益关系形成特殊利益集团，不仅控制了大量的社会财富，而且能影响国家决策，从而实现既得利益的制度化。

三 发展社会政策，构建适度普惠型社会福利体系

长期以来，我国社会政策发展滞后，社会福利的供给也主要是针对"无劳动能力、无法定抚养人、无生活来源"的老年人、残疾人和未成年人等特定弱势群体，属于补缺型社会福利模式。进入21世纪，伴随着国家经济持续高速发展以及民众对于社会福利需求的增大，我国政府开始探索推进社会福利由"补缺型"向"适度普惠型"转变。可以说，建构适度普惠型社会福利模式是我国社会政策发展的一个重要目标，也是推进我国社会福利发展事业的一个必然选择。"适度普惠型社会福利"是一个崭新的命题，它介于"补缺型"和"制度型"福利模式之间，是一个动态的发展过程。这主要是考虑到社会福利模式的选择不能脱离一个国家或地区的经济发展水平。由于我国还是一个发展中的大国，不可能像西方发达国家那样建立一个"从摇篮到坟墓"的福利国家，为公民提供全面、综合和高水平的福利与服务。因此，一个合理的制度选择是建设适度普惠型的社会福利制度。

当前中国已经到了社会政策发展和社会福利模式转型、重建的关键时期。从计划经济时期的城乡二元制福利体系，到改革开放以来国家对福利供给的市场化、商业化改革，再到党的十六大以来我国公共政策的范式逐渐从经济政策向社会政策转变[1]，我国社会福利制度一直处在不断变动之

---

[1] 王思斌：《社会政策时代与政府社会政策能力建设》，《中国社会科学》2004年第6期；王绍光：《从经济政策到社会政策：中国公共政策格局的历史性转变》，载岳经纶等编《中国公共政策评论》（第1卷），上海人民出版社，2007；岳经纶、郭巍青编《中国公共政策评论》（第2卷）（社会保障与社会政策专辑），上海人民出版社／格致出版社，2008。

中，并没有形成一套与中国国情相适应的福利制度。因此，在经历60年的社会主义建设和30年的快速经济增长后，学者开始深入思考中国社会福利事业的发展方向和远景目标。如徐道稳提出"构建发展型福利社会"，郑功成提出"迈向中国特色社会主义福利社会"[1]，刘继同提出"构建中国特色福利社会"[2]，康新贵提出建设"多元化的福利社会"[3]，等等。中国发展研究基金会的《中国发展报告2008》也明确提出了"构建全民共享的发展型社会福利体系"的主张。[4] 2007年前后，民政部提出"适度普惠型社会福利"，迅速成为公共话语中占主导地位的一种主张，获得了政府、学界、百姓的一致认同。从补缺型向普惠型福利的过渡必然成为我国社会福利模式建构的核心问题。[5]

民政部门对适度普惠型社会福利的定义是"社会福利惠及全部老年人、残疾人和困境儿童，这即是某种程度的、一定范围内的普惠"。[6] 王思斌则认为，适度普惠型社会福利是由政府和社会基于本国（或当地）的经济和社会状况，向全体国民（居民）提供的、涵盖其基本生活主要方面的社会福利。[7] 还有学者指出，"适度普惠"是以"普惠型"福利为目标定位，但又有补缺型福利的特征；它是一个"大福利"概念，指各种面向所有社会成员的多方面福利需求的福利，其中包括：就业保障、生活保障、安全保障、养老福利、健康福利、教育福利、住房福利等；其基本特征是：福利内容多样化、福利对象普及化、福利供给多元化、福利水平适度化。[8]

---

[1] 郑功成：《中国社会保障改革与发展战略——理念、目标与行动方案》，人民出版社，2008。
[2] 刘继同：《社会福利制度战略升级与构建中国特色福利社会》，《东岳论丛》2009年第1期。
[3] 康新贵：《多元化的福利社会——对中国发展道路的探索》，《社会科学论坛》2009年第3期。
[4] 中国发展研究基金会：《中国发展报告2008：构建全民共享的发展型社会福利体系》，2008。
[5] 王思斌：《我国适度普惠型社会福利制度的建构》，《北京大学学报（哲学社会科学版）》2009年第3期。
[6] 窦玉沛：《中国社会福利的改革与发展》，《社会福利》2006年第10期。
[7] 王思斌：《我国适度普惠型社会福利制度的建构》，《北京大学学报（哲学社会科学版）》2009年第3期。
[8] 侯志阳、孙琼如：《迈向"适度普惠"时代：中国社会政策的理性抉择》，《南昌航空大学学报（社会科学版）》2009年第4期；恒猛：《从"补缺型"到适度"普惠型"——社会转型与我国社会福利的目标定位》，《当代世界与社会主义》2009第2期。

总的来说，我国现行的补缺型社会福利制度正面临巨大的挑战，补缺型社会福利制度不仅存在福利内容单薄、福利水平低下的问题，而且存在城乡二元分割和福利权力地方化的弊端。这些问题导致了我国社会福利制度的碎片化，不利于统一的劳动力市场的建构，更不利于统一的公民身份的形成，妨碍科学发展观的落实以及社会主义和谐社会的构建。因此无论是落实科学发展观，构建和谐社会，还是实现基本公共服务均等化，建立统筹城乡的社会保障制度，都亟须加快社会政策的发展，积极探索适度普惠型社会福利理论及制度的建构，这既是我国社会建设的重要内容，也是社会管理体制改革的重要组成部分。

第一，发展社会政策，构建适度普惠型社会福利体系对构建社会主义和谐社会、落实科学发展观具有重大意义。适度普惠型的社会福利制度是实现社会公义的重要制度安排，普惠型的社会福利制度可以为社会建立起公平的利益分配机制、利益补偿机制，有效协调各阶层的利益，整合社会关系，遏制市场力量的负面影响，发挥政府的社会福利功能和利益整合功能，为社会成员公平分享经济发展成果创造条件，从而促进社会的稳定与团结。

第二，发展社会政策，构建适度普惠型社会福利体系可以为政府职能转变、实现基本公共服务均等化提供新的视角和途径。适度普惠型社会福利制度的构建，可以增强政府的福利供给职能，凸显政府的公共服务职能，强调政府的社会整合功能，从而把政府的主要精力和大部分公共财政转移到社会事业的发展和福利服务的供给上来，进而改变政府在干预市场方面的"越位"和在社会福利服务上的"缺位"状态，从而满足人民群众的基本福利和服务的需要，真正做到发展为了人民，发展成果由人民分享。

第三，构建适度普惠型社会福利体系的目标设定有助于我国相关社会政策的制定。近年来党和政府高度关注民生问题，提出了许多新的社会政策和项目，大幅度增加了民生支出，如全面实现免费义务教育、推动新型农村合作医疗、出台以全民医保为目标的新医改方案等，使我国进入了社会政策快速扩展的时代。这些具体的、单项的社会政策与福利改革措施的实施，需要一套清晰的福利社会重建的制度安排和目标选择。将建构适度普惠型的社会福利制度作为我国发展社会政策的目标,而不仅是将其视为处理经济发展过程产生问题的手段,这能为我国社会保障改革探索新的方向提供指引。

第四,有助于探索建构中国特色社会主义福利社会。关于中国发展的长远战略,在政治方面,中央已经确立了建设社会主义民主政治的目标;在经济方面,则确立了建设社会主义市场经济体制的目标。在社会领域,我们认为,应该在关注民生的基础上,明确建立"社会主义福利社会"的长远政策目标。而大力发展社会政策,构建适度普惠型福利政策则是实现这一长远政策目标的必然措施。

四 结语

现阶段正值中国社会政策迅速发展和扩张的时期,虽然一些政策内容和形式不断变迁,但从总体上看,现阶段中国的社会政策依然具有明显的基本特征,包括政策碎片化,重经济福利轻社会服务,重城镇轻农村,中央和地方的职责失衡,非政府组织缺位等。事实上,这些基本特征很多也是当前社会政策发展不完善的表现,或者说是需要进一步解决的问题。民生时代要求我们更加注重社会政策的作用,着力推动社会政策的发展。但也必须看到,中国社会政策的发展还面临着许多挑战和制约,比如公民权利意识增强,社会福利需要不断增长并趋于多元化,社会支出水平依然偏低,贫富差距拉大,贫困问题依然严重,社会结构失衡等。结合中国的实际情况,我们认为,建立一个适度普惠型的社会福利制度是未来中国社会政策发展的合理方向选择。

后　　记

经过多方努力，本书终于得以顺利出版，甚是欣慰！

2011年5月，香港教育学院大中华研究中心举办了一场主题为"大中华地区福利体制变革"的学术研讨会。来自两岸四地的学者展开了热烈的讨论，并形成许多真知灼见。会议茶歇期间，本书的三位著者不约而同地走到一起，聊起了当前国内社会政策领域的研究和出版状况，大家的一致判断是，过去的十多年间，虽然中国社会政策研究方兴未艾，取得长足进步，相关学术论文大幅增长，但是，整体来说，相对于我国社会建设和社会发展的需要，社会政策方面的学术书籍还是显得比较零星稀少。这样一个与公众福祉和社会发展密切相关的学术领域，亟须加快学术研究与相应的学术出版。莫家豪教授当即提议，可否尝试在过往研究和教学实践的基础上，合著一本以变迁中的中国社会政策为主题的学术书籍，共同推动该领域研究的发展。莫教授的这一提议得到了其他两位著者的积极响应，其中岳经纶教授补充指出，在主要内容方面，可以按照国际社会政策著作的惯例，既要有整体理论分析，又包括具体政策实践的考察。就这样，这次简短的闲聊成为本书出版的触发点。

研讨会结束后，三位著者回到各自的工作岗位，虽然教学与研究任务十分繁重，但编著出版本书的念头却时常萦绕于心头。同年8月底，第七届社会政策国际论坛在中山大学举行，三位著者于会议期间再次会面并商讨起本书的框架编排及具体内容。时值国家《十二五规划纲要》在学界被广泛讨论，特别是《纲要》中以专门章节的形式阐述了港澳地区的功能及定位，十分引人注目；而且时任国务院副总理李克强访港，宣布了包括医疗、教育等民生和社会事业在内的一系列支持香港发展的新措施。在这种背景下，三位著者认为大中华地区在社会政策方面的相互学习和合作将成为今后的重要议题，于是决定增加部分篇章，在大中华视域下，从比较的角度来考察中国社会政策，即通过对香港、澳门社会政策以及内地与香港社会政策融合的剖析，借鉴港澳社会政策的经验和教训，进而来反思中国社会政策的特征与挑战。这显然也是本书有别于其他讨论中国社会政策书籍的一个特色。

在此之后，大家分头整理文稿，同时保持着密切的联系。虽然工作于穗港两地，但空间距离并没有给大家的沟通协调造成障碍。这期间最大的挑战在于，一些基础文稿撰写的时间较早，电子版稿件已经遗失，且不少文稿的数据或论述需要更新，我们在此花费了大量的时间和精力。功夫不负有心人，本书终于定稿并如期出版。不过，由于种种原因，有关台湾社会政策的一些内容没能载入本书，这算是一个遗憾。

本书有体系但不唯体系，每一章都可成为一篇独立的论文。事实上，本书是著者有关社会政策方面的论文结集，是著者过往教学和科研实践的总结。本书一些篇章的主要内容已经在学术书刊中发表，其中中文书刊包括《中国公共政策评论》《社会保障研究》《探索与争鸣》《浙江大学学报（人文社会科学版）》《当代社会政策研究Ⅵ》等，英文刊物有 *Issues & Studies* 和 *Journal of Current Chinese Affairs* 等，特此向这些书刊及其编者表示感谢。此外，有一篇文章的原文为岳经纶教授与黄黎若莲教授合作撰写，还有一篇文章的原文为岳经纶教授与其博士生邓智平一起撰写，感谢黄黎若莲教授和邓智平同意将合著的论文收入本书。本书各章节撰写分工的具体情况是：第一章　岳经纶、黄耿华；第二章　莫家豪、黄耿华；第三章　岳经纶、黄耿华；第四章　莫家豪；第五章　莫家豪、黄耿华；第六章　莫家豪、黄耿华；第七章　岳经纶、黄黎若莲；第八章　岳经纶、黄耿华；第九章　莫家豪；第十章　岳经纶、邓智平；第十一章　莫家豪；第十二章　莫家豪；第十三章　莫家豪；第十四章　岳经纶、黄耿华。

本书的出版，要特别感谢中山大学中国公共管理研究中心/政治与公共事务管理学院与香港教育学院的支持。感谢中国社会科学院房莉杰博士提供的协助，感谢社会科学文献出版社的大力支持以及童根兴、谢蕊芬编辑的辛勤付出。当然，由于时间仓促，书中的错漏在所难免，概由著者负责。

莫家豪　岳经纶　黄耿华
2013 年 3 月

图书在版编目(CIP)数据

变迁中的社会政策：理论、实证与比较反思/莫家豪，岳经纶，黄耿华著. —北京：社会科学文献出版社，2013.9
ISBN 978-7-5097-4761-2

Ⅰ.①变… Ⅱ.①莫… ②岳… ③黄… Ⅲ.①社会政策-研究-中国 Ⅳ.①D601

中国版本图书馆CIP数据核字（2013）第127876号

变迁中的社会政策
——理论、实证与比较反思

著　　者 / 莫家豪　岳经纶　黄耿华

出 版 人 / 谢寿光
出 版 者 / 社会科学文献出版社
地　　址 / 北京市西城区北三环中路甲29号院3号楼华龙大厦
邮政编码 / 100029

责任部门 / 社会政法分社 (010) 59367156　　责任编辑 / 谢蕊芬
电子信箱 / shekebu@ssap.cn　　　　　　　　责任校对 / 赵敬敏
项目统筹 / 童根兴　　　　　　　　　　　　　责任印制 / 岳　阳
经　　销 / 社会科学文献出版社市场营销中心 (010) 59367081　59367089
读者服务 / 读者服务中心 (010) 59367028

印　　装 / 北京鹏润伟业印刷有限公司
开　　本 / 787mm×1092mm 1/16　　　　　　印　张 / 17.75
版　　次 / 2013年9月第1版　　　　　　　　　字　数 / 282千字
印　　次 / 2013年9月第1次印刷
书　　号 / ISBN 978-7-5097-4761-2
定　　价 / 59.00元

本书如有破损、缺页、装订错误，请与本社读者服务中心联系更换
版权所有　翻印必究